Interne Unternehmenskommunikation
in resilienten Organisationen

Ulrike Buchholz • Susanne Knorre

Interne Unternehmens-kommunikation in resilienten Organisationen

 Springer Gabler

Prof. Dr. Ulrike Buchholz
Hochschule Hannover
ulrike.buchholz@hs-hannover.de

Prof. Dr. Susanne Knorre
Unternehmensberatung
Hannover
s.knorre@knorre-consulting.com

ISBN 978-3-642-30723-2
DOI 10.1007/978-3-642-30724-9

ISBN 978-3-642-30724-9 (eBook)

Die Deutsche Nationalbibliothek verzeichnet diese Publikation in der Deutschen Nationalbibliografie;
detaillierte bibliografische Daten sind im Internet über http://dnb.d-nb.de abrufbar.

Springer Gabler
© Springer-Verlag Berlin Heidelberg 2012

Springer Gabler ist eine Marke von Springer DE.
Springer DE ist Teil der Fachverlagsgruppe Springer Science+Business Media
www.springer-gabler.de

Inhaltsverzeichnis

Prof. Dr. Ulrike Buchholz lehrt seit 2001 an der Hochschule Hannover das Fach Unternehmenskommunikation. Ihre Arbeitsgebiete sind Interne Kommunikation, Kommunikation in Veränderungsprozessen, Strategisches Kommunikationsmanagement und Unternehmenskommunikation in der Managementlehre. Sie studierte Linguistik, Germanistik und Indogermanischen Sprachwissenschaft in Münster und promovierte über die Sprachphilosophie Wilhelm von Humboldts. Bis zur Berufung leitete sie die weltweite interne Kommunikation der Infineon Technologies AG, München. Davor war sie in der Unternehmenskommunikation der Siemens AG verantwortlich für Projekte vor allem im Bereich der Führungskräftekommunikation und des Change Managements.

Prof. Dr. Susanne Knorre arbeitet als Unternehmensberaterin mit den Schwerpunkten Kommunikation und Management sowie Strategie- und Organisationsentwicklung. Nach Studium der Politischen Wissenschaften und Volkswirtschaftslehre sowie dem Staatsexamen für den höheren allgemeinen Verwaltungsdienst war sie im Wirtschaftsministerium in Rheinland-Pfalz u.a. als Leiterin des Ministerbüros tätig. Sie promovierte in der Zeit über die Entwicklung der deutschen Tarifautonomie. Danach wechselte sie zur Preussag AG und übernahm 1998 die Leitung der Konzernkommunikation. Von 2000 bis 2003 war sie Wirtschaftsministerin in Niedersachsen.

Susanne Knorre ist seit 2007 nebenberufliche Professorin für Unternehmenskommunikation am Institut für Kommunikationsmanagement der Hochschule Osnabrück.

Teil I

Einführung

Das finanz-, wirtschafts- und gesellschaftspolitische Umfeld, in dem sich Unternehmen bewegen, ist in bisher nicht bekanntem Maße komplex und risikoreich. Es ist vor allem geprägt von der höheren Frequenz und Stärke, mit der sich potenzielle Risiken in reale, existenzbedrohende Krisen und Umbrüche für Unternehmen, Branchen oder Standorte entladen. Um in einem solchen risikobehafteten, sich schnell wandelnden Umfeld die Zukunft des Unternehmens zu sichern und damit zugleich weiterhin Werte für seine Bezugsgruppen schaffen zu können, müssen Unternehmen ihr Führungshandeln verstärkt darauf ausrichten, ihre Organisation widerstandsfähiger zu machen.

Insbesondere in der angelsächsischen Fachdiskussion wird deshalb seit einigen Jahren ausführlich über die Frage diskutiert, wie sich Unternehmen in einem solchen Umfeld als resilient erweisen können (vgl. Stephenson 2010). Dieser in den Sozialwissenschaften sowie in der Psychologie verwendete Begriff bezeichnet die Fähigkeit, Krisen unbeschadet zu überstehen und wird von der individuellen Ebene zunehmend auf die Ebene der Organisationen übertragen. Diesem Gedankengang wird auch in diesem Buch gefolgt. Die Forschungsfragen sind dabei nahezu identisch: Welche Merkmale muss ein Individuum oder eine Organisation haben, damit sie sich als resilient erweisen? Wie bzw. unter welchen Bedingungen lassen sich diese Merkmale herstellen, um die Widerstandskraft zu erhöhen? Resilienz und Widerstandsfähigkeit werden als Begriffe im Folgenden synonym verwendet, Adaptionsfähigkeit und Agilität bezeichnen hier die wichtigsten Qualitäten von Organisationen, die Resilienz ermöglichen.

Einig ist sich die Literatur im Grundsätzlichen, nämlich dass sich resiliente Organisationen insgesamt als agil bzw. in ihrem Handeln als anpassungs- bzw. adaptionsfähig in dem Sinne erweisen müssen, dass sie wachsam Bedrohungen vor allem für ihr Geschäftsmodell und die wesentlichen Ergebnistreiber erkennen und abfedern können. Resiliente Unternehmen zeichnen sich nicht durch besondere „Härte" aus, sondern durch hohe Wachsamkeit und Flexibilität, sie können Niederlagen und Rückschläge verarbeiten, indem sie durch entsprechendes Handeln ihre Strukturen anpassen und ändern, ohne ihre organisatorische Einheit und kulturelle Identität zu verlieren. „A resilient organization ef-

U. Buchholz, S. Knorre, *Interne Unternehmenskommunikation in resilienten Organisationen*,
DOI 10.1007/978-3-642-30724-9_1, © Springer-Verlag Berlin Heidelberg 2012

fectively aligns it's strategy, operations, management systems, governance structure and decision-support capabilities so that it can uncover and adjust to continually changing risks, endure disruptions to its primary earnings drivers, and create advantages over less adaptive competitors." (Starr et al. 2003, S. 3).

Es geht also in dieser Diskussion nicht um ein temporäres Krisenmanagement im klassischen Sinne, in dem lediglich einzelne Fehlerquellen für zeitlich begrenzte, außergewöhnliche Ereignisse abgestellt werden. Es geht desweiteren nicht um neue Entscheidungsregeln für den Fall von Unsicherheit und Risiko, wie sie die Betriebswirtschaftslehre entwickelt hat, um selbst unter Bedingungen mit unbekannten Variablen noch rational entscheiden zu können. Beide Managementansätze sind in Anbetracht der immer geringeren Planbarkeit von zukünftigen Entwicklungen bereits jetzt an ihre Grenzen gestoßen.

Es geht nunmehr darum, dass Unternehmen und Management grundsätzlich in der Lage sind, das eingeübte plandeterminierte Entscheiden durch ein flexibleres, situationsgerechtes Agieren zu ergänzen, wenn nicht zu ersetzen. Ein resilientes Unternehmen ist agil, d. h. es registriert wachsam Veränderungen im wettbewerblichen, politischen oder sozialen Umfeld, es verarbeitet diese Beobachtungen intern im Sinne eines organisationalen Lernens und nutzt dann diese Lerneffekte dazu, die Geschäftsstrategie und das gesamte Geschäftsmodell zu überprüfen und wenn nötig neu zu erfinden – und dies alles als Teil ihrer alltäglichen Entscheidungsprozesse. Das Denkmodell der Widerstandsfähigkeit ist somit der ressourcenbasierte Sichtweise des Managements zuzuordnen, selbst dann wenn es ihren Ausgangspunkt in einer Veränderung der Marktstrukturen nimmt.

Abgesehen davon, dass die Resilienzdiskussion in der deutschen Literatur generell nur wenig Niederschlag gefunden hat, soll hier ein Gesichtspunkt beleuchtet werden, der bisher in der Resilienzforschung vor allem implizit eine Rolle gespielt hat, nämlich die Bedeutung der internen Kommunikation bzw. der Internen Unternehmenskommunikation, also dem von der Unternehmensführung gezielt eingesetzten internen Kommunikationsmanagement.

Wenn resiliente Unternehmen sich vor allem durch hohe Wachsamkeit gegenüber dem risikoreichen Umfeld einerseits, eine hohe Veränderungsfähigkeit und – bereitschaft andererseits auszeichnen, dann sind diese Eigenschaften nur dann zu erreichen, wenn die Organisationsmitglieder bzw. Mitarbeiter die neuen Bedingungen der Existenzsicherung nicht nur verstehen, sondern auch aktiv dazu beitragen, sie zu erfüllen. Wollen Unternehmen ihre Widerstandsfähigkeit erhöhen, indem sie ihre Agilität und Adaptionsfähigkeit verbessern, dann müssen sie notwendigerweise Intensität und Qualität der internen Kommunikation durch ein entsprechend ausgerichtetes Kommunikationsmanagement erhöhen.

Es geht also im Folgenden um den Beitrag, den die Interne Unternehmenskommunikation[1] leisten kann, um die Resilienz von Organisationen zu erhöhen. Die Gliederung der Kapitel folgt dazu den grundlegenden Wertschöpfungsbeiträgen, die von der Internen Unternehmenskommunikation geleistet werden können und sollen. Infolgedessen geht es

---

[1] Im Folgenden wird die Schreibweise „Interne Unternehmenskommunikation" gewählt, wenn sich der Begriff auf die Organisationseinheit bezieht, die in Unternehmen die interne Kommunikation aus Sicht der Unternehmensführung verantwortet.

zunächst um die Schaffung immaterieller Werte, die zum ökonomischen Erfolg genauso beitragen wie zur Verbesserung der Resilienz. Danach geht es um die Beiträge, die die Interne Unternehmenskommunikation leistet, um einerseits die Kernprozesse des Unternehmens zu unterstützen, andererseits das Humankapital im Sinne der Resilienz weiter zu entwickeln.

Im ersten Kapitel werden dementsprechend die Kulturmerkmale resilienter Organisationen erörtert, sprich die Werte und Werthaltungen, die die Interne Unternehmenskommunikation schaffen muss, damit Unternehmen sich überhaupt als resilient erweisen können. Diese Kulturmerkmale beziehen sich vor allem auf die Haltung, mit der dem volatilen Unternehmensumfeld und den daraus resultierenden Unsicherheiten für die zukünftige Entwicklung begegnet wird. In diesem Kontext werden die zentralen Fragestellungen nach dem Wertschöpfungsbeitrag der Internen Unternehmenskommunikation neu, d. h. im Hinblick auf den Resilienzgedanken erörtert. So ergänzt die organisationale Eigenschaft der Agilität das bekannte Schema der Wertschöpfung. Orientierung – der zweite zentrale Wert den die Interne Unternehmenskommunikation sicherzustellen hat – wird im Kontext von Resilienz zu einer noch vielschichtigeren Herausforderung. Denn die höhere Frequenz von Adaptionen und damit Veränderungen im Unternehmen darf weder ziellos sein noch so wirken, wenn man die wertschöpfende Funktion eines zweck- und zielgerichteten Unternehmens weiter erhalten will.

Interne Kommunikation sorgt aus Sicht der Resilienzforschung zum einen für das strategische „Alignment" sprich die strategische Orientierung, indem sie den internen Zielgruppen die strategischen Ziele ihres Unternehmens und die daraus resultierenden Entscheidungen sinnstiftend erklärt. Zum anderen aber übernimmt die Interne Unternehmenskommunikation zugleich die Aufgabe, diese strategische Orientierung immer wieder systematisch und kontrolliert zu hinterfragen bzw. dieses Hinterfragen möglich zu machen dadurch, dass Beobachtungen, Irritationen oder Impulse aus dem Unternehmensumfeld wachsam registriert und in den Entscheidungsfindungsprozess des Unternehmens eingebracht werden. Dieses ist der zusätzliche Gesichtspunkt, den das Denkmodell der Resilienz in die Betrachtung der internen Unternehmenskommunikation mit einbringt.

In diesem Kontext wird ebenfalls erläutert, wie die Interne Unternehmenskommunikation die Strategiefindung im Unternehmen nicht nur unterstützen, sondern selbst mit gestalten kann. In resilienten Unternehmen erkennen Mitarbeiter und Führungskräfte einerseits die Sinnhaftigkeit der eingeschlagenen Unternehmensstrategie. Andererseits aber können Mitarbeiter zugleich akzeptieren, dass der erlebte Alltag widersprüchlich sein kann und dass es weiteren, oft unvorhergesehenen Wandel geben wird. Der wiederum führt dazu, dass Entscheidungen häufiger korrigiert werden und Verbindlichkeiten von Aussagen zeitlich begrenzt sind. Stärker als jemals zuvor ist deshalb die Kontingenz von Managemententscheidungen sichtbar zu machen und als Handlungsprinzip zu erklären, das an sich einen Sinn hat.

Daran anschließend wird jeweils ein neues Verständnis von Change Management und Krisenkommunikation erklärt. Change Management als Disziplin für den Ausnahmefall wird abgelöst durch ein permanentes Resilienzmanagement, denn die Veränderungs-

bzw. Lernfähigkeit einer Organisation ist grundsätzlich auf höherem Niveau und in viel schnellerer Projektfrequenz gefragt als noch vor wenigen Jahren. Veränderungsfähigkeit ist mehr denn je gleichbedeutend mit Existenzsicherung durch höhere Wachsamkeit und flexibleres Anpassen der Geschäftsstrategie an unvorhergesehene Umbrüche im Umfeld, kurz Agilität bzw. Adaptionsfähigkeit. Das gilt für die Krisenkommunikation erst recht. Als Ziel der Internen Unternehmenskommunikation kristallisiert sich deshalb der Erhalt der Handlungsfähigkeit selbst in Krisen und Umbruchsituationen heraus. Mehr noch: Gerade im Fall akuter Krisensituationen soll die interne Kommunikation dazu beitragen, dass das Unternehmen dadurch geradezu gestärkt aus der Krise hervorgeht, weil die gesamte Organisation in die Krisenbewältigung involviert wird.

Im zweiten Kapitel stehen die Strukturen und Prozesse der internen Kommunikation im Mittelpunkt, die darauf ausgerichtet sind, die operativen Geschäftsprozesse des Unternehmens im Sinne verbesserter Resilienz zu unterstützen. Resiliente Unternehmen sind in der Lage, ihre Fähigkeiten zur Abschätzung des politischen, ökonomischen und sozialen Umfeldes einzusetzen, um sowohl die internen Leistungsprozesse als auch das Management der Bezugsgruppen zu optimieren. Entscheidungen über Investitionen in Sach- und Humankapital können auf diese Weise in einer beherrschbaren Balance von erforderlichem Risiko und notwendiger Sicherheit fallen. Zentrale Herausforderung ist in diesem Zusammenhang eine dramatische Verbesserung der Selbstbeobachtung, die in das Aufgabenfeld der Internen Unternehmenskommunikation fällt und den Dreh- und Angelpunkt dieses Kapitels bildet.

Diese Selbstbeobachtung kann ein Unternehmen nur dann entwickeln, wenn möglichst viele Organisationsteile bzw. Mitglieder in vertikaler und horizontaler Hinsicht darin einbezogen sind und sich auch einbeziehen lassen. Die Möglichkeiten der Internen Unternehmenskommunikation, sowohl in vertikaler als auch horizontaler Perspektive zu agieren, werden deshalb in Bezug auf komplexe Unternehmensgruppen bzw. Konzerne sowohl mit hierarchischen als auch heterarchischen Strukturen dargestellt. Aus den intern kommunizierten Beobachtungen entspringt am Ende nicht nur die Formulierung von neuen Strategien in einem Gegenstromprinzip zwischen Führung und Mitarbeitern bzw. zwischen Zentrale und dezentralen Einheiten, sondern auch die Akzeptanz von Veränderungen. Diese stärkere Involvierung der Mitarbeiter in die Umfeldbeobachtung und der aktive Beitrag zur Strategiefindung verlangen eine starke Abteilung der Internen Unternehmenskommunikation, die sich in der Unternehmenshierarchie im Führungskreis verankert. Organisationsfragen der Internen Unternehmenskommunikation werden deshalb an dieser Stelle beantwortet.

Diese Fähigkeit zur (Selbst-)beobachtung nicht zuletzt mittels kollaborativer Web 2.0 Technologien zu stärken, das Gegenstromprinzip in der internen Kommunikation zu organisieren und damit die notwendigen Strategiewechsel mit den verfügbaren internen Ressourcen zu versöhnen, werden als die zentrale Aufgaben der Internen Unternehmenskommunikation erläutert, auf die sich auch das strategische Controlling richtet. Es arbeitet sich in resilienten Organisationen weniger an der Problematik der monetären Bewertung des Kommunikationserfolges ab, sondern stellt den messbaren Beitrag zur Entwicklung flexibler unternehmerischer Überlebensstrategien in den Vordergrund.

Nach alledem sind auch die so genannten Exzellenzkriterien, mit denen die Qualität von Unternehmenskommunikation gemessen wird, aus neuer Perspektive zu betrachten. In resilienten Unternehmen wird der Beitrag der Internen Unternehmenskommunikation im Rahmen eines ganzheitlichen Qualitätsmanagements gemessen, der die wertreibenden Beziehungen zwischen Kommunikation im Sinne eines umfassenden Bezugsgruppenmanagements und den Ergebniszielen des Unternehmens deutlich macht.

Im dritten Kapitel wird schließlich danach gefragt, welchen Beitrag die Interne Unternehmenskommunikation leisten kann, um die Resilienz der Mitarbeiter zu verbessern. Nach der hier vertretenen Auffassung wird organisationale Resilienz zwar nicht nur von der individuellen Resilienz seiner Mitglieder beeinflusst, sondern darüber hinaus von den organisationsinternen Regeln und Ressourcen. Dennoch bleibt die Resilienz der Organisationsmitglieder ein Merkmal resilienter Organisationen insgesamt, die es zu fördern gilt.

Widerstandsfähigkeit als individuelle Qualität setzt jedoch vor allem kommunikative Fähigkeiten von Mitarbeitern und Führungskräften voraus, die es einerseits ermöglichen, Unternehmenskrisen oder -umbrüche individuell zu verarbeiten, andererseits aber die Unternehmensziele gemeinsam weiter zu verfolgen oder neu zu definieren. In diesem Kontext werden sowohl Social Media als auch die klassische Führungskräftekommunikation neu erörtert. Dies hat nicht zuletzt Auswirkungen auf das Rollenverständnis der Internen Unternehmenskommunikation.

Während die Interne Unternehmenskommunikation in den beiden vorangegangenen Kapiteln mehr denn je als strategische Managementfunktion entwickelt wurde, die ihre speziellen Kenntnisse des Umfeldes bzw. seiner Bezugsgruppen als Input in die interne Entscheidungsprozesse mit einbringt, wird sie in diesem Kontext vor allem als Befähiger der internen Kommunikation gesehen, der die für resiliente Unternehmen und deren Mitarbeiter notwendigen Kommunikationsfähigkeiten und -umgebungen fördert. Dazu ist nicht zuletzt eine präzise Kenntnis der Kommunikationsgewohnheiten und Rezeptionsleistungen notwendig, die eine Überforderung der Mitarbeiter in einem Unternehmen mit deutlich erhöhter interner Kommunikation möglichst ausschließt. Die Renaissance der direkten Kommunikation einschließlich der Führungskräftekommunikation wie auch der Einsatz von Social Media verlangen eine Interne Unternehmenskommunikation, die sich zunehmend als Coach oder Facilitator versteht.

Das gilt ebenfalls für die Mobilisierung von Mitarbeitern, also die Fähigkeit von Unternehmen, ihre Mitarbeiter als Fürsprecher im Interesse des Unternehmens auch außerhalb der eigentlich zugewiesenen Funktion zu aktivieren, die als neue Qualität in resilienten Unternehmen zu betrachten ist. Aber auch das Thema Diversity erhält als Merkmal resilienter Organisationen eine neue Bewertung, indem eine vielfältige Belegschaft mit heterogenem persönlichem Hintergrund vor allem als Beitrag zur Erhöhung der Agilität von Unternehmen gesehen wird.

In einem Abschlussbeitrag wird dieses neue, erweiterte Rollenverständnis der Internen Unternehmenskommunikation in resilienten Organisationen perspektivisch weiter entwickelt.

An dieser Stelle bleibt zunächst ein einfaches Fazit: Resiliente Organisationen zeichnen sich durch einige hervorragende Eigenschaften aus, die sich auf der Basis der vorliegenden Literatur wie folgt zusammenfassen lassen:

- Wachsamkeit für die Bedrohungen aus einem volatilen Umfeld
- Realistische Einschätzung der eigenen Vulnerabilität
- Veränderungsbereitschaft und Anpassungsfähigkeit aller Organisationsteile an veränderte Bedingungen
- Durchgehende Sinngebung des eigenen Tuns trotz häufiger Strategiewechsel
- Flexible Weiterentwicklung des Geschäftsmodells auch in Krisen
- Verwendung der Adaptionsfähigkeit als Wettbewerbsvorteil

Jedes dieser Merkmale bedingt eine deutlich verbesserte interne Kommunikation. Die Interne Unternehmenskommunikation wird in resilienten Unternehmen viel stärker als die klassische externe Unternehmenskommunikation zu einem integralen Bestandteil des „General Managements", in deren Mittelpunkt Fragen der effektiven Führung, der Organisationsentwicklung und der Steuerung von resilienten Organisationen stehen.

Die Managementfunktionen der Internen Unternehmenskommunikation, die darauf ausgerichtet ist, die Resilienz von Unternehmen zu verbessern, lauten zusammengefasst wie folgt:

- Die Veränderungsfähigkeit der Organisation erhöhen, indem rasche und einschneidende Strategiewechsel sowie deren Begleitumstände Akzeptanz bei den Mitgliedern finden können, weil sie in einem neuen Umfeld als sinnvoll und notwendig verstanden werden;
- Die Identität einer Organisation bewahren, indem stets eine Orientierung über den eingeschlagenen Weg sowie über gemeinsame Erfolge im Wandel gegeben wird, so dass die Wertschöpfungskompetenz trotz Risiken und tief greifender Veränderungen des Unternehmens erhalten bleibt;
- Kommunikationsstrukturen bereit stellen, die eine kooperative Selbstbeobachtung zum Zweck der Strategieentwicklung systematisch ermöglichen, indem die Mitglieder der Organisation für die Dynamik des Wandels sensibilisiert werden und ihr individuelles Wissen erweitert und kollektiv verarbeitet wird;
- Kommunikationsstrukturen bereit stellen, die kollektives Lernen unterstützen, indem sie den horizontalen, oft auch informellen Austausch in der Organisation fördern und Vernetzungen anregen;
- Einen systematischen Dialog zwischen Mitarbeitern und Führung in Gang setzen und halten, indem beide Parteien sich im Sinne eines vertikalen Gegenstromprinzips gegenseitig über Themen austauschen und zugleich Orientierung über Ziele und Strategien herbeigeführt wird.

Eine auf diese Funktionen hin gesteuerte Interne Unternehmenskommunikation macht Unternehmen wachsam für Veränderungen und Bedrohungen, weil sie Führungskräfte und Mitarbeiter, ihr Wissen, ihre Beobachtungsfähigkeit und ihre Bewertungen mehr denn je in das Allgemeine Management mit einbezieht. Interne Unternehmenskommunikation betrachtet sie zunehmend weniger als Bezugs- und Zielgruppen im traditionellen Sinne, sondern eher als interne Ressourcen, die sich im Kontext eines strategischen Handelns durch interne Kommunikation entfalten lassen. Interne Unternehmenskommunikation in resilienten Unternehmen bedeutet das Managen von Beziehungen zwischen Partnern mit gegenseitigen Rechten und Pflichten. Diese teilen eine gemeinsame Verantwortung, nämlich die Existenzsicherung des Unternehmens im volatilen Umfeld.

Teil II

Kulturmerkmale resilienter Organisationen: Der Beitrag der Internen Unternehmenskommunikation zum Aufbau von Erfolgspotenzialen

Kompakt

Wer gegenwärtig dem zeitgemäßen Anspruch an eine exzellente Interne Unternehmenskommunikation folgen will, richtet sie konsequent auf den Gesamterfolg des Unternehmens aus und generiert Mehrwert durch die aktive Teilhabe am Wertschöpfungsprozess. Dies manifestiert sich idealerweise in Kommunikationsmaßnahmen, die die Identifikation der Mitarbeiter mit dem Unternehmen stärken, ihre Motivation fördern und, vor allem mit Blick auf das Change Management, ihre Leistungsreserven mobilisieren. Indem die Interne Unternehmenskommunikation dabei gezielt auf Wissen, Einstellung und Verhalten einwirkt, sorgt sie für eine Ausrichtung der Mitarbeiter an der Zielsetzung des Unternehmens und dafür, dass sie stets eine Verbindung von ihrem individuellen Arbeitsplatz zum großen Ganzen herstellen können und so das Gefühl haben, ein organischer Teil dieses Ganzen zu sein.

In Unternehmen, deren Geschäfte mit dem Prinzip der Resilienz geführt werden, weil sie den gezielten Umgang mit Unsicherheit als den entscheidenden Faktor für das Fortbestehen und die Fortentwicklung betrachten, entsteht ein neuer, weiter führender Anspruch an die Kommunikationsleistung, nämlich das Erzeugen und Erhalten von Agilität.

Jetzt gilt es, die Mitarbeiter in die Lage zu versetzen, organisationale Verformungen auszuhalten und sich ihnen immer wieder selbständig anzupassen, ohne dass die organisationale Identität aufgegeben wird. Will sie unter diesen geänderten Vorzeichen weiterhin wertschöpfend sein, heißt das für die Interne Unternehmenskommunikation konkret vor allem, Vielfalt zu fördern (Diversity Management), eine kooperative organisationale Selbstbeobachtung zu gestalten (erweitertes Issues Management) und dabei für eine intelligente und durchaus auch eigenständig verlaufende Vernetzung zu sorgen (u. a. Social Media, Enterprise 2.0), die Mitarbeiter laufend und immer wieder neu in das Unternehmensgeschehen einzubinden (u. a. Gegenstromprinzip) und sie für ein Engagement über das normale Maß hinaus zu begeistern (Advocacy Management) sowie auf Basis eines intelligenten Informationstypen-Managements das Verstehen von Zusammenhängen über ein gezieltes Themenmanagement zu erleichtern und insgesamt Resilienzwissen aufzubauen.

Unternehmen sehen sich inzwischen vermehrt mit einer deutlich höheren Frequenz und Stärke an Umbrüchen und Krisen konfrontiert, insbesondere wenn sie in einem wettbewerbsintensiven Umfeld agieren. Resiliente Organisationen sind in der Lage, ihre Geschäftsziele auch in solchen turbulenten Zeiten mit ihren unerwarteten Wendungen und Einflüssen verfolgen und erreichen zu können, indem sie sich den Gegebenheiten stets flexibel anpassen und sich von möglichen negativen Begleitumständen immer wieder rasch erholen (vgl. Stephenson 2010, S. 3; Dalziell und McManus 2004, S. 7; Starr et al. 2003, S. 3; Ungericht und Wiesner 2011, S. 192; Heitger und Serfaß 2011, S. 20).

Im Mittelpunkt der Aufmerksamkeit solcher Organisationen stehen dabei drei Faktoren, die das Planen und Handeln bestimmen:

- die Kenntnis und Handhabung der *Störanfälligkeit* (Vulnerabilität) ihrer strategischen, operativen und finanziellen Prozesse (Sheffi 2005; Dalziell und McManus 2004, S. 4 f.; MacManus et al. 2007, S. 2; Stephenson 2010, S. 66, 86 f.; Heitger und Serfaß 2011, S. 25),
- die in diesem Zusammenhang notwendige *Wachsamkeit* gegenüber äußeren Einflüssen sowie gegenüber internen Ressourcen und Abläufen (McManus et al. 2007, S. 2; Starr et al. 2003, S. 3 f.; Stephenson 2010, S. 64, 73 f.; Heitger und Serfaß, S. 25),
- sowie vor allem ihre *Agilität* („Adaptive Capacity", vgl. Dalziell und McManus 2004, S. 5 f.; MacManus et al. 2007, S. 2; Stephenson 2010, S. 66, 99 f.; Starr et al. 2003, S. 3 f.; Heitger und Serfaß 2011, S. 22).

Vulnerabilität wird hier verstanden als die Verknüpfung der Wahrscheinlichkeit für den Eintritt einer Störung mit deren Konsequenzen für ein Unternehmen (Sheffi 2005, S. 20; Dalziell und McManus 2004, S. 5; vgl. auch Stephenson 2010, S. 87). Die Störanfälligkeit ist von Unternehmen zu Unternehmen unterschiedlich und steht, wie Abb. 2.1 zeigt, unter einem vielfältigen, je nach Unternehmen unterschiedlich zu bewertenden internen und externen Einfluss. Es gibt viele ablaufbezogene und strukturelle Faktoren, die ein Unternehmen berücksichtigen muss, wenn es seine Störanfälligkeit in den Griff bekommen will (vgl. Sheffi 2005, S. 17–34; McManus et al. 2007, S. 12–15; Starr et al. 2003, S. 4 f.). Insbesondere muss die Unternehmensleitung sich über die internen und externen Interdependenzen und Verbindungen bewusst und sich über die Belastbarkeit dieser Beziehungen im Falle einer Krise im Klaren sein („Connectivity Awareness", vgl. Stephenson 2010, S. 79–81; ebenso S. 96 f.). Hier ist also ein ausgeprägtes Bezugsgruppenmanagement

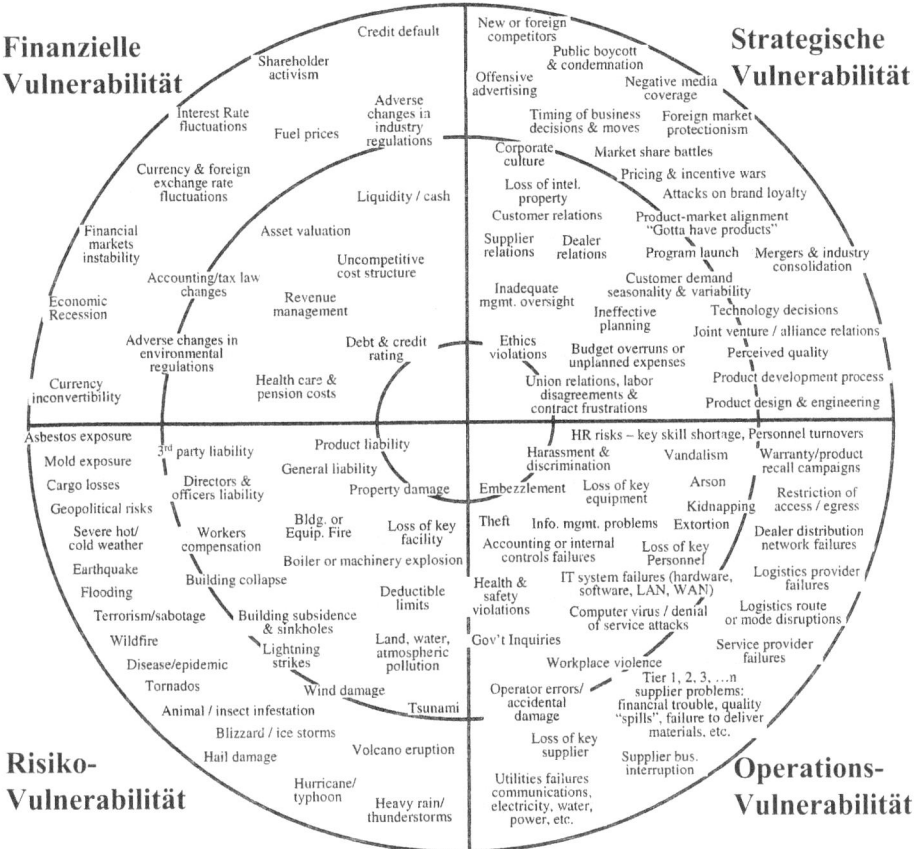

Abb. 2.1 Vulnerabilitätskarte aus Sheffi 2005, S. 25

gefragt. Diese Beziehungen und die sie gestaltende Kommunikation werden häufig als Schlüsselvulnerabilität bezeichnet, ebenso wie der Informationsfluss von extern in die Organisation sowie innerhalb der Organisation selbst (vgl. etwa McManus et al. 2007, S. 12; Stephenson 2010, S. 85 f., 103 f., 106 f.; Heitger und Serfaß 2011, S. 22 f., 25; Sheffi 2005, S. 277 f.). Die Strategie resilienter Organisationen ist darauf ausgerichtet, die eigene Vulnerabilität, und damit eben auch die Anfälligkeit der Informationsflüsse und der wechselseitigen Abhängigkeiten, so zu managen, dass Störungen und Krisen möglichst ohne negative Folgen für den Geschäftsablauf bleiben. Eingebunden in den Wertschöpfungsprozess ist es die Aufgabe aller Unternehmensfunktionen, auf Basis ihres spezifischen Potenzials die Umsetzung der Unternehmensstrategie zu ermöglichen. In dieser Hinsicht muss die Interne Unternehmenskommunikation dafür Sorge tragen, dass die Organisation ein Bewusstsein für Wachsamkeit entwickelt, entsprechende Routinen dafür anlegt und pflegt, Resilienzwissen aufbaut und stets bereit ist, flexibel mit Störungen umzugehen. Damit verbunden sind hohe Ansprüche an das Informations- und Kommunikationssystem und an die diesem System zugrunde liegende Unternehmenskultur. In resilienten Organisationen ist die (interne) Kommunikation also von zentraler Bedeutung, was der Internen Unternehmenskommunikation als der ausführenden Dachfunktion unmittelbar eine Position im General Management zuweist.

Diese Positionierung ist in der wissenschaftlichen und praxisgeleiteten Diskussion neu. Tatsächlich stellt sich der gesamtunternehmerische Wertschöpfungsbeitrag der hier zu betrachtenden Disziplin inzwischen völlig anders dar als bisher üblich. Vor 30 oder 40 Jahren, als die Unternehmenslenker unter zunehmendem Wettbewerbsdruck begannen, ihr überhaupt strategische Relevanz beizumessen, wurde ihre Wertschöpfung vor allem unter Kostenaspekten betrachtet, statt mit konsequentem Blick auf ihr Unterstützungspotenzial für die Umsetzung der Unternehmensstrategie. Ein entsprechendes Umdenken ist zwar im Verlauf der letzten rund 10 Jahre zu beobachten. Dies ist aber heute noch keineswegs die übliche Betrachtungsweise, und eine konsequente Anwendung ist schon gar nicht zu bemerken. Zu einer organisationalen Resilienz gehört aber genau dieser gesamtstrategische Blickwinkel.

Nun muss man natürlich einräumen, dass die Umsetzung der Unternehmensstrategie in den vergangenen Jahrzehnten weniger komplexen und anfälligen Herausforderungen unterlag als heutzutage im anspruchsvollen volatilen globalen Wettbewerb. Dementsprechend musste die Unternehmensführung lange Jahre auch weniger im Unternehmen organisieren, um die Mitarbeiter zu aktivieren.

In den 70er und 80er Jahren des vergangenen Jahrhunderts war das Geschäftsleben noch überschaubarer als heute. In dieser Zeit wurde die interne Kommunikation überwiegend zur Erzeugung und zum Erhalt von Mitarbeiterzufriedenheit genutzt. Die Unterstützung der Unternehmensführung bestand darin, eine feste Bindung an das Unternehmen zu erreichen sowie eine Steigerung der grundsätzlichen Leistungsbereitschaft herbeizuführen. In diesem Kommunikationskonzept für Zufriedenheit gestaltete die Interne Unternehmenskommunikation die Faktoren Motivation, Identifikation und Integration, indem sie den Mitarbeitern zum ersten Mal auf einer grundsätzlichen Basis von sozialer Wertschätzung Unternehmensziele vermittelte und Hintergründe zu Entscheidungen erläuterte. Dies allerdings erst, nachdem sie endgültig abgesichert und unumstößlich waren. In diesem Zusammenhang wurde auch gezielt der Aufbau eines klassischen Wir-Gefühls gefördert. Insgesamt wurde die organisierte Interne Kommunikation dazu eingesetzt, „oben" und „unten" gezielt zu verbinden, wobei letztlich alles dem grundsätzlichen Ziel diente, das Verständnis der Mitarbeiter für Ziele und Entscheidungen der Leitung zu wecken und sie darauf auszurichten. Durch – aus heutiger Sicht geringstmögliche – Transparenz sollte die Motivation zur Erfüllung der gestellten Aufgaben aufrecht erhalten und mögliche Zweifel und Missverständnisse ausgeräumt werden. Angriffen von außen wurde durch die Beantwortung strittiger Fragen intern ein Gegengewicht entgegengesetzt (Buchholz 2010, S. 6–7).

Der Erzeugung von Mitarbeiterzufriedenheit folgte in den 90er Jahren eine Periode, in welcher die Mitarbeiter als am Unternehmenserfolg maßgeblich mitverantwortliche Mitglieder der Organisation identifiziert wurden und man ein entsprechendes Engagement (ein)forderte. Der immer häufiger schon international geführte Wettbewerb verlangte in dieser Zeit zum ersten Mal massive Verbesserungen von Leistungsgrößen in den Bereichen Kosten, Qualität, Service und Zeit – vielfach Themen, die nur über ein großes Engagement der Mitarbeiter bewerkstelligt werden konnten. Diese waren derartige Anforderungen aber bislang nicht gewohnt und verstanden sie oft schlicht nicht. So wurden zum Teil massive Widerstände aufgebaut. Die Unterstützung der Unternehmensführung durch die Interne Kommunikation bestand nun darin, den Mitarbeitern verständlich zu machen, dass von ihnen die Mitgestaltung einer permanenten Prozessoptimierung erwartet wurde und sie dazu im Rahmen ihrer Aufgabenerfüllung eigenverantwortlich und selbstorganisiert handeln durften und sollten. Zur Gestaltung von Motivation, Identifikation und Integration sorgte die Interne Unternehmenskommunikation als Konzept für Engagement für eine kontinuierliche Darstellung der Hintergründe und Zusammenhänge und rückte die Demonstration der persönlichen Identifizierung mit dem Unternehmen, der eigenen Verantwortlichkeit in den thematischen Fokus. Dabei spielte im Gegensatz zu früher eine systematische, strategisch ausgerichtete persönliche Kommunikation auf allen Managementebenen, vor allem aber durch die direkten Vorgesetzten, eine wesentliche Rolle. (Buchholz 2010, S. 8–10)

In der ersten Dekade dieses Jahrhunderts, als die bislang erfolgreichen Unternehmensstrategien nicht mehr fruchteten und gleichzeitig das anfängliche Engagement der Mitarbeiter durch jahrelange zum Teil als widersprüchlich empfundene Unternehmensprogramme und dabei keineswegs immer erfolgreiche Veränderungsprojekte stagnierte, wurde und wird bis heute die Interne Kommunikation schließlich für die (Re)Mobilisierung eingesetzt. In den Unternehmen wechseln Geschäftsmodelle und Organisationsstrukturen entsprechend eines immer dynamischeren Wettbewerbs rasch und nicht selten nachhaltig. Der Nutzen der Internen Kommunikation für die Unternehmensführung wird unter diesen Umständen offensichtlich, wenn es ihr gelingt, die Mitarbeiter aus ihrer Stagnation zu holen und eine Steigerung ihrer Leistungsbereitschaft zu forcieren. Dabei kommt es vor allem darauf an, eine wettbewerbsfähige Einstellung zu generieren, die sich in eine leistungsfähige Flexibilität der Mitarbeiter bei immer wieder fluktuierenden Unternehmensstrukturen niederschlägt. Die Gestaltung von Motivation, Identifikation und Integration ist insbesondere durch eine professionelle, konsequente Ausrichtung der Kommunikationsmaßnahmen auf die Bedürfnisse der Mitarbeiter zu erreichen sowie, abseits von einem traditionellen Wir-Gefühl, durch die Formung eines zeitgemäßen Gemeinschaftssinns (Buchholz 2010, S. 11–17).

Inzwischen sehen sich die Unternehmen zunehmend mit Umbrüchen und Krisen konfrontiert, die eine deutlich höhere Frequenz und Intensität aufweisen, insbesondere, wenn sie in einem wettbewerbsintensiven Umfeld agieren. Für die Interne Unternehmenskommunikation heißt das, ihren Wertschöpfungsbeitrag neu zu legitimieren und ihr Konzept auf die geänderten Anforderungen auszurichten: War es über die vergangenen Jahrzehnte, wie gezeigt, zunächst das Hervorrufen von Zufriedenheit der Mitarbeiter, dann das Bewirken von Mitarbeiterengagement und später das Erreichen ihrer (Re)Mobilisierung, ist die neue Herausforderung für die Interne Unternehmenskommunikation das Erzeugen und Erhalten von Agilität (Abb. 2.2).

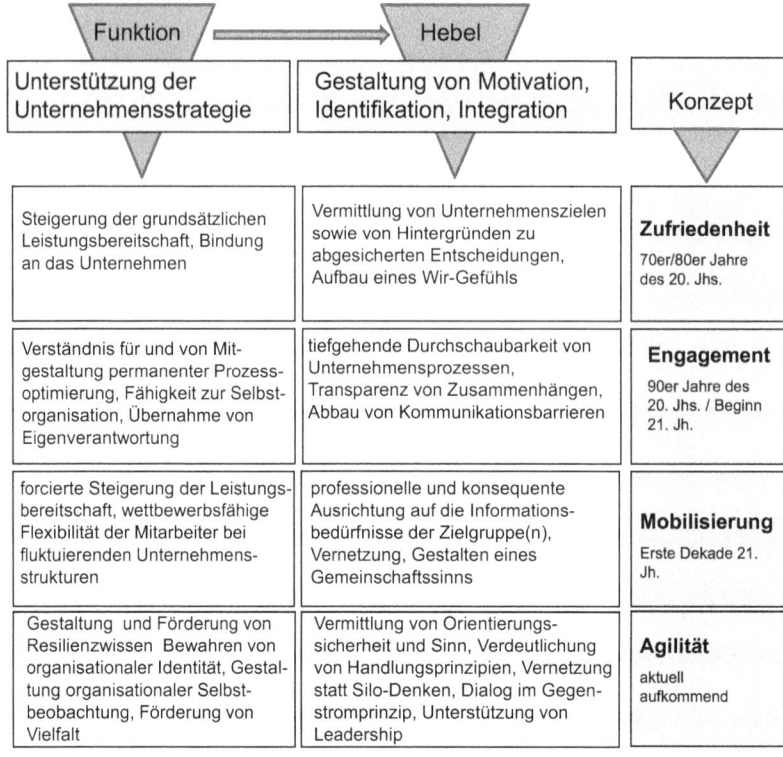

Abb. 2.2 Entwicklung der Internen Unternehmenskommunikation im Zeitverlauf

Agilität, mit deren Hilfe eine Organisation Veränderungen möglichst unbehindert, das heißt in Echtzeit bewältigen kann, ist dadurch gekennzeichnet, dass sie Unternehmensziele systematisch mit dynamischen, variablen Aktionsplänen koordiniert. Dieser Umstand unterscheidet sie von dem Konstrukt einer bloßen Reaktionsfähigkeit oder einer reaktiven Flexibilität, wie sie gut aufgestellte Unternehmen schon heute an den Tag legen. Agilität ist also im Wesen einer Organisation begründet und nicht so sehr in deren Aktivitäten. Daher macht sie eine spezifische Unternehmenskultur erforderlich, die insbesondere charakterisiert ist durch Resilienzwissen, Kreativität, Transparenz und Kommunikation (vgl. Stephenson 2010, S. 105, 245).

Was bedeutet das nun im Einzelnen für die Funktion und die Aufgaben der Internen Unternehmenskommunikation? Nach wie vor gilt, dass wirkungsvolle Kommunikation nach außen wie nach innen an der Unternehmensstrategie ausgerichtet sein und einen nachweislichen Beitrag zum Gesamtwertschöpfungsprozess des Unternehmens leisten muss. In Zeiten wo die Unternehmensstrategie im Resilienzprinzip großen Druck ausgleichen und dabei immer wieder Verformungen erleben und überwinden muss, hat die Interne Unternehmenskommunikation die Aufgabe, quasi als eine Konstante die Mitarbeiter in die Lage zu versetzen, sich solchen organisationalen Verformungen immer wieder anzupassen, ohne dabei die grundsätzliche Ausrichtung des Unternehmens aus den Augen zu

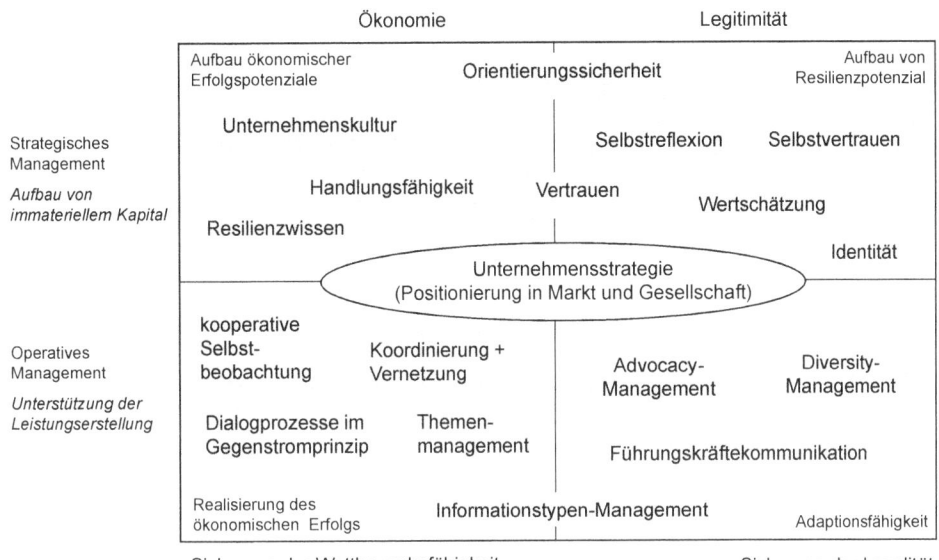

Abb. 2.3 Das Unterstützungspotenzial der Internen Unternehmenskommunikation im Wertschöpfungsprozess resilienter Organisationen. (Eigene Darstellung in Anlehnung an Zerfaß 2007, S. 26)

verlieren. Im Kommunikationskonzept für Agilität gestaltet sie die Faktoren Motivation, Identifikation und Integration vor allem, indem sie den Mitarbeitern eine Orientierungssicherheit verschafft, mit deren Hilfe sie die Navigation durch unwegsames, unsicheres oder unbekanntes Gelände leichter bewerkstelligen können. Dazu muss sie vor allem dafür sorgen, dass sich die Mitglieder der Organisation vielfältig miteinander vernetzen und sich so kontinuierlich direkt und gegebenenfalls schnell austauschen können, ohne ausschließlich über hinderliche hierarchisch vorgegebene oder auch nur so angelegte Kommunikationsstrukturen gehen zu müssen. Über diese selbständigen Interaktionen hinweg muss die Interne Unternehmenskommunikation bei den Mitarbeitern aber zusätzlich auch ein grundsätzliches breites Wissen über die Resilienzstrategien und –Ansatzpunkte ihres Unternehmens generieren.

Zur Erklärung des Wirkungsmechanismus im Rahmen des organisationalen Wertschöpfungsprozesses kann man ein Modell von Ansgar Zerfaß adaptieren, in welchem er die Kommunikation mit einer wertorientierten Unternehmensführung in Zusammenhang bringt (Zerfaß 2007, S. 26).

Die Darstellung in Abb. 2.3 zeigt das Unterstützungspotential der Internen Unternehmenskommunikation im Wertschöpfungsprozess eines Unternehmens mit organisationaler Resilienz. Grundsätzlich agieren Unternehmen auch unter Resilienzbedingungen nach wie vor mit Blick auf ihre Wettbewerbsfähigkeit, Innovationskraft und Profitabilität, um so den Unternehmenswert kontinuierlich steigern zu können. Dafür gelten unverändert die Grundsätze der Ökonomie, nämlich die Maximierung des Outputs bei einem möglichst geringen Mitteleinsatz. Mit Blick auf die Ressource „Mitarbeiter" als wesentliche organisationsinterne Komponente geht es hier um die Sicherung der Wettbewerbsfähigkeit. Diese ökonomische Betrachtung kennzeichnet die linke Spalte der Abbildung.

Doch für erfolgreiches wirtschaftliches Handeln reicht eine einseitige Ausrichtung an ökonomischen Werten bekanntermaßen nicht aus. Für die Aufrechterhaltung seiner Handlungsfähigkeit benötigt ein Unternehmen vielmehr hinreichende Unterstützung aller Bezugsgruppen, mithin auch seiner Mitarbeiter, die diese Entscheidungen und daraus resultierende Handlungen autorisieren und legitimieren. Die Zuweisung von Legitimität durch die Bezugsgruppe der Mitarbeiter (ausgewiesen in der rechten Spalte der Abbildung) ist also wie die Ausrichtung an ökonomischen Grundsätzen eine ebenso wirkungsvolle Einflussgröße auf das Kommunikationsmanagement. Mit Blick auf die Ressource „Mitarbeiter" geht es hier nun um die Sicherung ihrer Loyalität. Vor allem in unsicheren oder turbulenten Zeiten müssen Mitarbeiter Kontingenz aushalten können, die Richtungswechsel ihrer Unternehmensleitung mittragen, auch wenn sie sie nicht sofort nachvollziehen könnten, und dabei unbeirrt eigeninitiativ und in weiten Teilen eigenverantwortlich agieren und interagieren. Das kennzeichnet Loyalität im Modell einer wertorientierten Unternehmensführung resilienter Organisationen.

Insgesamt wird also in der ökonomischen Dimension die Wettbewerbsfähigkeit gesichert, die ihrerseits – unter dem sie stützenden Aspekt der Legitimität – auf einer sicheren Basis von Loyalität begründet ist. Anders gesagt führt also Loyalität zu Wettbewerbsfähigkeit und damit zum Erreichen der Unternehmensziele im Rahmen der Unternehmensstrategie. Andererseits ist aber auch die Existenz vieler für die Wettbewerbsfähigkeit wirksamer Faktoren notwendig, um Loyalität zu erreichen oder zu erhalten. Das Kommunikationsmanagement der Internen Unternehmenskommunikation muss nun beide Dimensionen so miteinander in Beziehung setzen, dass ihre Maßnahmen sowohl das strategische Management im Aufbau von immateriellem Kapital, als auch das operative Management bei der konkreten Leistungserstellung unterstützen. (Vgl. dazu auch Zerfaß 2007, S. 25). Im Bereich des strategischen Managements geht es dabei mit Blick auf ökonomische Erfordernisse um den Aufbau von Erfolgspotenzialen. Mit Blick auf die Legitimierung des unternehmerischen Handelns durch die Mitarbeiter geht es im Gegensatz zu den Ansätzen vorhergehender Konzepte (Buchholz 2010, S. 17–21) nun in resilienten Organisationen um den gleichzeitigen Aufbau von Resilienzpotenzial.

Oberste Zielsetzung im Rahmen des strategischen Managements ist nun aber für die Interne Unternehmenskommunikation nicht mehr die Bindung der Mitarbeiter an das Unternehmen (Buchholz 2010, S. 20), wie es jahrzehntelang in Kongruenz mit der Personalführung und -entwicklung ihre Aufgabe war. Einen Mehrwert liefert das Kommunikationsmanagement dann, wenn es den Mitarbeitern in Zeiten großer andauernder Veränderung bei oft fluktuierenden Strukturen eine Orientierungssicherheit gibt. Dies ist im Zusammenspiel mit den anderen Komponenten des Kommunikationsmanagements für die Interne Unternehmenskommunikation der einzige wirksame Weg, die Loyalität der Mitarbeiter zu sichern und darüber die Wettbewerbsfähigkeit positiv zu beeinflussen. (Siehe dazu auch Kap. 3.)

Für eine wirkungsvolle Adaptionsfähigkeit im Bereich des operativen Managements muss die Interne Unternehmenskommunikation im Rahmen des Aufbaus von Resilienzpotenzial (strategisches Management) weiter dafür sorgen, dass die Mitarbeiter für die Bewältigung unsicherer Entscheidungsgrundlagen Selbstvertrauen entfalten können und zum Beispiel die für organisationale Resilienz überlebenswichtige Improvisationsfähigkeit zum Einsatz bringen. Dazu gehört aber auch, Vertrauen in die Führungspersonen und deren Strategien zu schaffen, was wiederum nicht zuletzt mit dem vermittelten Gefühl der Wertschätzung einhergeht. Gemeint ist eine respektvolle Grundhaltung gegenüber den Menschen, eine Wertschätzung von Individualität in der gesamten erlebbaren Vielfalt in und außerhalb der Organisation. Ebenso umfasst der Aufbau von Resilienzpotenzial die Fähigkeit zur Selbstreflexion, die benötigt wird, um sich in unsicheren Zeiten dennoch sicher eigeninitiativ und selbstständig verhalten zu können. Hier muss die Interne Unternehmenskommunikation ein entsprechendes Bewusstsein schaffen und fördern. Vor allem jedoch muss sie im Rahmen des Aufbaus von Resilienzpotenzial die Identität ihrer Organisation als wertschöpfende Einheit bewahren und den Mitarbeitern gegenüber dokumentieren. Denn ein maßgebliches Kennzeichen zukünftiger Unternehmensformen wird – wie schon jetzt häufig zu beobachten – die Fluktuation bestehender Strukturen, die Organisation von Unternehmen in sich immer wieder verändernden Partialzentren sowie häufige, zum Teil große strategische Umbrüche sein (vgl. etwa Kap. 8). Hier muss die Interne Unternehmenskommunikation Sinn und inhaltliche Orientierung geben sowie immer wieder Identitätsmerkmale kommunizieren.

Diese hier umrissenen Anforderungen im Rahmen des Aufbaus von Resilienzpotenzial stehen in enger Verbindung mit der ökonomischen Dimension, in welcher, ebenfalls basierend auf Vertrauen in die Führungspersönlichkeiten und deren Handeln, durch die (Mit)Gestaltung einer Resilienz orientierten Unternehmenskultur sowie das Generieren von Resilienzwissen eine angemessene marktwirtschaftliche Orientierung der Mitarbeiter geschaffen wird. Wesentliche Aspekte der Unternehmenskultur sind die Bereitschaft zur Übernahme von Verantwortung und ihre Unterstützung durch die Führungsstrukturen, die Bereitschaft und Fähigkeit, eigeninitiativ und gleichzeitig kooperativ zu handeln und dabei vielfältige Positionen zu akzeptieren und zu nutzen, sowie sich im kontinuierlichen Status des Lernens und Veränderns zu bewegen und Kontingenzen als normal zu akzeptieren. Dies sind gleichzeitig wichtige Bestandteile eines organisationalen Resilienzwissens. Wenn die Mitarbeiter den grundsätzlichen Prozess der Strategiefindung verstehen und ein aus gegebenem Anlass resultierendes situativ orientiertes Handeln der Unternehmensführung durchschauen können, sind sie in der Lage, im Sinne eben dieser Strategie selbständig und schnell zu agieren. Wissen und Transparenz sichern die Akzeptanz von veränderten und veränderbaren Zwecken und Strategien. Starke Werte, basierend auf Fairness und Integrität, sowie ihre zuverlässige Realisierung im Unternehmensalltag durch alle Mitglieder (gestützt durch verständliche und sinnvolle Kommunikationsregeln) macht die notwendige Veränderung immer wieder möglich und erhöht letztlich die grundsätzliche Veränderungsfähigkeit einer Organisation. Beide Komponenten zusammen führen dazu, dass auch unter schwierigen Bedingungen die Handlungsfähigkeit erhalten bleibt, welche in resilienten Organisationen zu einem Gutteil auf einer starken Fähigkeit zu improvisieren beruht, wodurch auch Unerwartetes gemeistert werden kann.

Diese mit Blick auf die Unterstützung des strategischen Managements beschriebenen grundsätzlichen strategisch ausgerichteten Komponenten des Kommunikationsmanagements zielen letztlich auf die konkrete Unterstützung der Leistungserstellung eines Unternehmens und dienen so dem operativen Management. Die Aufgabe der Internen Unternehmenskommunikation für die Realisierung des ökonomischen Erfolgs ist es vor allem, geeignete Kommunikationsstrukturen und –verfahren bereitzustellen und zu pflegen sowie die adäquaten Inhalte zum Aufbau von Resilienzwissen zu vermitteln.

Wie bereits erläutert, sind in resilienten Organisationen Mitarbeiter mit ausgeprägter Eigeninitiative, Flexibilität und Tatkraft sowie einer hohen Wahrnehmungs- und Reflexionsfähigkeit gefragt. Damit sie die ihnen übertragene Entscheidungskompetenz für schnelle und erfolgreiche Lösungen einsetzen können, müssen sie mit ausreichend organisationalem Wissen ausgerüstet sein, das sie sich in hohem Maße in der Interaktion mit anderen Mitarbeitern aneignen. Die Interne Unternehmenskommunikation muss deshalb dafür sorgen, dass sich die Mitarbeiter immer wieder neu miteinander vernetzen können. Sie muss einen beständigen Dialog ermöglichen, Interaktionsmöglichkeiten auf vertikal und horizontal wirksamen Plattformen schaffen, welche die Unternehmensrealität erlebbar und dadurch verständlich machen. Eine solche Vernetzung macht zudem auch erst eine weitere wesentliche Komponente resilienter Organisationen möglich, nämlich das organisationale Lernen in Form einer kooperativen Selbst- und Umweltbeobachtung, welche verbunden ist mit einem immer wachen Bewusstsein für Risiken und Verwundbarkeit. So werden die Mitarbeiter durch interne Kommunikation planmäßig in die Selbstbeobachtung mit einbezogen, nicht zuletzt durch eine systematisch organisierte Outside-in-Kommunikation (vgl. Kap. 7). Die Interne Unternehmenskommunikation betreibt und koordiniert dazu flexible Kommunikationsstrukturen, die adäquat auf einen schnell veränderten Kommunikationsbedarf reagieren können. Auf diese Weise wird eine instrumentelle, geplante Kommunikation gezielt mit einer informellen, alternierenden Kommunikation zusammengeführt.

Eine weitere Aufgabe der Internen Unternehmenskommunikation zur Unterstützung des operativen Managements ist die Gestaltung eines vertikal orientierten Dialogs im Gegenstromprinzip (vgl. Kap. 8 und 14). Organisationales Lernen beruht nicht nur auf der horizontalen Interaktion zwischen den Mitarbeitern, sondern auch auf einem kontinuierlichen vertikalen Gedankenaustausch zwischen den Organisationsebenen. Die Interne Unternehmenskommunikation muss dazu Verfahren und Instrumente entwickeln sowie konkrete Begegnungsmöglichkeiten schaffen. Auf diese Weise ist es möglich, voneinander zu lernen und das errungene Wissen in Lösungen und eine fortdauernde Weiterentwicklung der Strategie umzusetzen. Dieses Generieren von organisationalem Wissen wird von der Internen Unternehmenskommunikation unterstützt durch ein entsprechendes Themenmanagement, das sich in der Selektion organisationsrelevanter Kernfragen sowie der zielgruppengerechten Aufbereitung ihrer Inhalte niederschlägt (vgl. Kap. 13).

Die Aufgaben der Internen Unternehmenskommunikation zielen im Rahmen der Leistungserstellung des Unternehmens auf der operativen Managementebene aber nicht nur auf die Realisierung des ökonomischen Erfolgs. Gleichzeitig muss sie auch für eine Verbesserung individueller Resilienz sorgen, was zu einer Stärkung der Adaptionsfähigkeit der Organisationsmitglieder führt. Hierzu bringt die Interne Unternehmenskommunikation ihr spezifisches Know-how aus ihren verschiedenen Handlungsfeldern ins Spiel. Dazu zählt zum Beispiel die Führungskräftekommunikation (vgl. Kap. 14), die in andauernden Veränderungsprozessen unter den Vorzeichen großer Umbrüche eine neue Dringlichkeit erhält. Auch das sogenannte Advocacy-Management zählt dazu, das darauf ausgerichtet ist, den Mitarbeitern ihre Multiplikatorenfunktion gegenüber externen Bezugsgruppen nahezubringen und sie entsprechend zu mobilisieren. Dieses derzeit noch keineswegs gängige Handlungsfeld gewinnt in resilienten Organisationen eine besondere Bedeutung (vgl. Kap. 17). Ebenso stellt die Akzeptanz, ja Wertschätzung von Widersprüchen, Spannungen und Unterschieden einen integralen Bestandteil der Unternehmenswerte resilienter Organisationen dar. In diesem Sinn setzt das Unternehmen auch seine Ziele im Einklang mit den Interessen seiner Bezugsgruppen um. Aufgabe der Internen Unternehmenskommunikation ist es daher, die Mitglieder der Organisation für die Thematik zu sensibilisieren und ihnen eine Anleitung zu geben, die Werte in ihre tägliche Arbeit zu integrieren. Der zentrale Aspekt eines solchen Diversity Managements ist das Aktivieren der Akzeptanz von und Offenheit gegenüber Widersprüchen und Vielfalt (vgl. Kap. 16).

Alle hier genannten Handlungsfelder verbindet schließlich ein differenziertes Informationstypen-Management, das gleichzeitig aber auch der Realisierung des ökonomischen Erfolgs dient, indem es mit der Schaffung geeigneter Kommunikationsstrukturen und –verfahren verknüpft ist. Dieses Informationstypen-Management greift das unterschiedliche Rezeptionsverhalten der Menschen in der Organisation auf und bedient es entsprechend (vgl. Kap. 13). Die Unterstützung der Leistungserstellung im operativen Management profitiert davon, indem sich die Mitarbeiter für ihre Arbeit das nötige übergeordnete organisationale Wissen aneignen, das für das sichere Führen volatiler Prozesse in unsicheren Zeiten nötig ist. Bei der eher noch zunehmenden Flut an Informationen, die zudem auch noch widersprüchlich sein können, ermöglicht das Management der Informationstypen eine rasche und effektive Informationsselektion. Somit wird gleichermaßen die individuelle Adaptionsfähigkeit wie die Fähigkeit zur zielgenauen Umsetzung von Arbeitsaufträgen unterstützt.

Wie zu Anfang dieses Kapitels erläutert, ist die Strategie resilienter Organisationen darauf ausgerichtet, die Vulnerabilität des Unternehmens zu managen, um so im Falle einer Störung oder Krise stets handlungsfähig bleiben und womöglich sogar gestärkt daraus hervorgehen zu können. Die Interne Unternehmenskommunikation muss dazu die Fähigkeit der Organisation und ihrer Mitglieder adressieren, situativ zu agieren. Ein solches situatives Agieren kann auch das Verlassen zuvor gefasster Strategien bedeuten und erfordert eine grundsätzliche Adaptionsfähigkeit. Wie gezeigt wurde, muss die Kommunikationsstrategie der Internen Unternehmenskommunikation vor dem Hintergrund dieser Anforderungen einem Konzept für Agilität folgen, will sie in solchen resilienten Organisationen einen effizienten Wertschöpfungsbeitrag erbringen. Das in diesem Kapitel entwickelte, an Zerfaß angelehnte Modell zur Verdeutlichung des Unterstützungspotenzials der Internen Unternehmenskommunikation ist eine geeignete Grundlage, das Kommunikationskonzept adäquat auszufüllen und umzusetzen.

Kompakt

Die Bindung der Mitarbeiter an ihr Unternehmen ist nach wie vor eine wichtige
Komponente auch von organisationsinternen Kommunikationsmaßnahmen. Entsprechende vertrauensbildenden Maßnahmen werden aber immer mehr erschwert
durch die zunehmend erlebten Umbrüche und Strukturveränderungen infolge
dynamischer Wachstumsstrategien. Hinzu kommt, dass in resilienten Organisationen Mitarbeiter benötigt werden, die sehr selbständig sind, eine große Bereitschaft
zeigen, eigeninitiativ und flexibel zu agieren, sowie improvisieren und dabei auch
unkonventionelle Wege gehen können müssen.

Dadurch ändern sich die Anforderungen an das Kommunikationsmanagement.
Es kann für die Interne Unternehmenskommunikation nun nicht mehr um Bindung
gehen, sondern um ein intelligentes Begleiten der organisationsinternen Arbeits-
leistungen, wodurch die individuelle Ausführung der Arbeitsaufgaben unterstützt
wird. Jetzt muss es darum gehen, den Mitarbeitern eine zuverlässige Orientierung zu
ermöglichen, um damit das in unsicheren Zeiten häufig praktizierte Fahren auf Sicht
zu erleichtern. Denn in solchen Zeiten müssen sich die Mitarbeiter für das Finden
von Lösungen rasch vernetzen und gemeinsam Szenarien entwerfen sowie schnell
und unter Umständen improvisiert handeln können. Dazu müssen sie zum einen
wissen, wo im Unternehmen welche Lösungskompetenzen zu finden sind, und vor
allem auch, mit welchen grundsätzlichen Handlungsprinzipien das Unternehmen
unterwegs ist.

Vor diesem Hintergrund ist es die eine Aufgabe der Internen Unternehmenskommunikation, im Sinne der Unternehmensleitung Interpretationshilfen für
Inhalte und Sachverhalte zu geben, damit die gewünschten Umsetzungen möglichst
problemlos erfolgen können. Eine Voraussetzung ist Transparenz, aber vor allem
muss die Interne Unternehmenskommunikation eine bedarfsgerechte Selektion von

Inhalten gestalten, also ein gezieltes Themenmanagement betreiben. Aufgabe ist es, die grundsätzlichen Werte und Prinzipien offenkundig zu machen, Problembereiche und Differenzen kenntlich zu machen, ohne sie einseitig zu bewerten, aktuell im Unternehmen geführte Diskussionen transparent zu machen und das Für und Wider von bestimmten Vorgehensweisen zu verdeutlichen.

Mitarbeiter, die sich ihrem Unternehmen verbunden fühlen und sich mit der Organisation identifizieren, engagieren sich meistens stärker für die Interessen und Ziele ihres Arbeitgebers. Sie sind eher bereit, Veränderungen und neue Entwicklungen zu akzeptieren und bleiben dem Unternehmen auch dann treu, wenn sich eine attraktive Beschäftigungsalternative bietet (vgl. Felfe 2010, S. 13–14). Insbesondere Mitarbeiter, die zur Steigerung des Unternehmenswertes beitragen, also Leistungsträger im eigenen Unternehmen zu halten, ist daher seit Jahrzehnten eine maßgebliche Aufgabe der Personalentwicklung. Zahlreiche Publikationen zum sogenannten Retention- oder auch Personalbindungsmanagement der vergangenen Jahre zeigen, dass das Thema „Mitarbeiterbindung" offenbar an Aktualität nichts verloren hat. Insbesondere in der Folge der zunehmenden Globalisierung und des demografischen Wandels sowie des unter anderem daraus resultierenden Fachkräftemangels scheint die Bindung der Leistungsträger für den wirtschaftlichen Erfolg eines Unternehmens an Bedeutung zu gewinnen.

Andere Publikationen hingegen hinterfragen auch, ob das „Halten von Mitarbeitern in einer sich stetig wandelnden, immer komplexer werdenden Umwelt erstrebenswert ist" (Szebel-Habig 2004, S. 9; vgl. auch Felfe 2010, S. 16, 18). Denn in turbulenten und schwer berechenbaren Zeiten bringt die erforderliche Flexibilität mit sich, dass Belegschaften auch verkleinert oder ganze Unternehmensteile veräußert werden können. Wer da von Mitarbeiterbindung spricht, kann es schwer haben, glaubwürdig zu bleiben. Außerdem ist schon heute eine lebenslange Beschäftigung bei einem Arbeitgeber die Ausnahme. Von Arbeitnehmern wird Flexibilität und Mobilität erwartet. Felfe stellt daher zu Recht die Frage in den Raum, ob es von Mitarbeitern noch erwartet werden kann, sich an ein Unternehmen zu binden, das seinen Teil des Vertrages immer weniger erfüllen wird (2010, S. 18). So sind Mitarbeiterbindungsprogramme, wenn sie denn überhaupt eingesetzt werden, inzwischen auch häufig schon auf bestimmte Mitarbeitergruppen beschränkt und decken nicht mehr die gesamte Belegschaft ab (vgl. Szebel-Habig 2004, S. 23).

Wenn Unternehmen die Mitarbeiterbindung verstärken wollen, erhoffen sie sich vor allem positive Effekte auf ihre Unternehmensziele wie etwa Wachstum durch Wissensmanagement, loyale Kunden, höhere Produktivität und Rentabilität, niedrigere Fluktuationskosten, positives Unternehmensimage oder Sicherheit (Szebel-Habig 2004, S. 24; Felfe 2010, S. 13). Die Unterstützung der Mitarbeiterbindung dient mithin direkt der Wertschöpfung. Diese Erkenntnis führte dazu, dass auch Kommunikationsexperten in den vergangenen Jahren das Thema als Aufgabe identifiziert und sie in den Funktionsrahmen der Internen Kommunikation positioniert haben (Quirke 2008; Buchholz 2006, 2010).

So bezeichnet etwa Bill Quirke die beiden höchsten Stufen seiner Rolltreppe der Kommunikation (Communication Escalator) mit „Involvement" und schließlich „Commitment" (Quirke 2008, S. 158, 236). Insbesondere das Ausmaß des „Involvements", also der Bindung der Mitarbeiter, ihre Bereitschaft, sich aktiv an der Umsetzung der Unternehmensstrategie zu beteiligen, ist nach Quirke eine entscheidende Einflussgröße für die Interne Kommunikation (Quirke 2008, S. 153, 237).

Auch neuere Untersuchungen zeigen, dass das Thema „Bindung" weiterhin eine Rolle bei den Verantwortlichen der Internen Kommunikation spielt. So weisen Simone Huck-Sandhu und Klaus Spachmann in einer Studie nach, „dass die klassischen Ziele Information, Motivation, Integration und Bindung … nach wie vor als wichtig angesehen werden" (2010, S. 14). Die Studie zeigt aber auch, dass daneben weitere Ziele an Bedeutung gewinnen, „von denen einige als spezifische Ausprägungen einer orientierenden internen Kommunikation verstanden werden können", wie etwa Vertrauen schaffen oder Sicherheit und Zuversicht bieten (ebd.).

Die Bindung an ein Unternehmen basiert – wie auch in anderen Lebensbereichen – auf Beziehungen, in unserem Fall zwischen den Mitarbeitern oder zwischen diesen und dem Unternehmen und können von unterschiedlicher Qualität sein (Felfe 2010, S. 11; Szebel-Habig 2004, S. 34). Werden sie positiv erlebt, stellen sie eine wichtige Ressource dar. „Die Gewissheit dazuzugehören, vermittelt das Gefühl von Sicherheit, Geborgenheit sowie Orientierung und verhindert umgekehrt sozialen Einsamkeit und Isolation" (Felfe 2010, S. 12). Bindung vermittelt Identität, denn Attribute, die der sozialen Gruppe, in unserem Fall dem Unternehmen, zugeschrieben werden, gelten auch für die einzelnen Mitglieder. Sind diese Merkmale positiv besetzt, können sie das Selbstwertgefühl der Betroffenen stärken. „Darüber hinaus kann angenommen werden, dass eine positiv erlebte Bindung die Auswirkung negativer Faktoren abmildern und abpuffern hilft und damit die verbundenen Risiken reduziert" (Felfe 2010, S. 13).

Doch eine Fokussierung auf die Bindung der Mitarbeiter birgt selbst auch Risiken, die sich vor allem in der Innovationsfähigkeit und grundsätzlichen Veränderungsfähigkeit niederschlagen (Felfe 2010, S. 14). Denn das durch eine (übermäßig) starke Bindung und einen darauf basierenden alles beherrschenden Korpsgeist gebildete Prinzip der Seilschaften verhindert oft die so wichtige Erneuerung von Strukturen und Fortentwicklung von Strategien und Unternehmenskulturen. Das Denken wird eingeengt, und Entscheidungsalternativen werden ausgeblendet. Darüber hinaus erhöht eine starke Bindung den Konformitätsdruck und führt zur Selbstzensur. Abweichler werden gemaßregelt und wieder „eingeordnet". So kann das unreflektierte Beharren auf lang gelebte Werte, Prinzipien und Sichtweisen dazu führen, dass ein Unternehmen seine eigene Position im Wettbewerb völlig überschätzt, Probleme nicht eingesteht oder vielleicht nicht einmal mehr als solche wahrnimmt und somit Chancen und Risiken nicht mehr richtig einschätzt. So kann eine ausgeprägte Mitarbeiterbindung zu wettbewerbsentscheidenden Fehlentscheidungen führen.

Gerade die Sensibilität für betriebliche Abläufe, das realistische Einschätzen der Störanfälligkeit eigener Prozesse und Strukturen ist ein Hauptkennzeichen resilienter

Organisationen (Stephenson 2010, S. 73–74, 86–87; McManus et al. 2007, S. 10–12; Sheffi 2005, S. 272–274). Unternehmen, die so ausgewiesen sind, können Chancen schneller ergreifen als ihre Mitbewerber und ihre Strategien dynamisch an veränderte Umweltbedingungen anpassen. Gewohnte Prozesse und Strukturen werden kontinuierlich und systematisch hinterfragt. Solche Unternehmen zeichnet eine grundsätzliche Veränderungsfähigkeit aus, die sie mit einer schnellen Reaktionszeit und Erneuerungsfähigkeit in Einklang bringen. Ihre adaptiven Fähigkeiten verbinden sie mit einer verbesserten Innovationsfähigkeit, die sie aufgrund immer wieder zu erwartender, nicht selten heftiger Turbulenzen nicht mehr an einem langfristigen Planungshorizont ausrichten. Situatives Handeln ist auch gefragt, weil Kundenpräferenzen ebenso schnell wechseln, wie Mitbewerber ihrerseits Innovationen auf den Markt bringen. So führt die Behändigkeit resilienter Organisationen insgesamt zu Effizienz- und Produktivitätssteigerung.

Die Erwartungen an die Mitarbeiter sind ebenfalls einem kontinuierlichen Wandel unterworfen. Nicht nur, dass von ihnen weiterhin eine hohe Eigenverantwortung für den eigenen Arbeitsbereich erwartet wird, was die Fehlerkontrolle einschließt. Es wird auch erwartet, dass sie im Wandel der Organisation unterschiedliche Aufgaben übernehmen können und diese gewohnt erfolgreich und produktiv umsetzen. Es dürfte klar sein, dass ein klassisch hierarchisch organisiertes Unternehmen damit Schwierigkeiten hat. Denn kontinuierlicher Wandel bedeutet auch, sich von starren Arbeitszeiten, festgeschriebenen Tätigkeiten mit definierten Rollen sowie lokal beschränkten Arbeitsplätzen zu verabschieden. Das wiederum hat eine Individualisierung zur Folge, die sich zum Beispiel nachhaltig auf das Informations- und Kommunikationsverhalten der Mitarbeiter auswirkt (s. dazu Kap. 13). Auf der anderen Seite darf nicht verkannt werden, dass solche Arbeitsbedingungen auch viel Stress bedeuten. Denn die Mitarbeiter können nicht mehr auf geregelte und verlässliche Rahmenbedingungen zurückgreifen, sondern müssen sich ständig neu orientieren (Felfe 2010, S. 16).

Diese Problematik zeichnet sich offenbar bereits in der weiter oben zitierten Studie von Huck-Sandhu und Spachmann ab, die eine tendenzielle Verschiebung der Hauptziele der Internen Kommunikation hin zu „Vertrauen schaffen" und „Sicherheit bieten" beobachtet, ohne dass die Verantwortlichen, wenn sie der Problematik überhaupt schon gewahr geworden sind, bereits eine grundsätzliche Lösung gefunden hätten. Aber wesentliche Bindungsfaktoren wie Verlässlichkeit und eben auch Vertrauen scheinen vor dem Hintergrund des hohen Flexibilisierungs- und Veränderungsdrucks von Mitarbeitern spürbar in Frage gestellt beziehungsweise geradezu nachgefragt zu werden.

Bindung ist eben nicht zuletzt mit einer hohen Verlässlichkeit verbunden. Es wird nicht einfach sein, sich immer wieder neu binden zu müssen oder auch nur zu wollen, wo sich Unternehmen immer wieder neu und zum Teil kaum wiedererkennbar aufstellen müssen. Unternehmensentscheidungen stehen schon heute unter zunehmendem Einfluss externer, globaler Finanzmärkte und werden auch in Zukunft unter Bedingungen gefällt werden, die zu keineswegs immer unmittelbar nachvollziehbaren Handlungen (Verkäufe, Zukäufe, Fusionen) führen. Nicht selten wird dabei zunächst der Eindruck entstehen, dass die Entscheidungen des Managements fremdbestimmt sind. So erschweren die überall zu verzeichnenden ständig auftretenden Umbrüche und Strukturveränderungen infolge dynamischer Wachstumsstrategien die Bindung an ein Unternehmen, da dieses oft kaum noch als Einheit wahrnehmbar oder das Vertrauen in die Lösungskompetenz des Managements erschüttert ist. Die Aufgabe der Internen Kommunikation ist es daher, auch bei kontinuierlicher Veränderung Vertrauen in die Führungsmannschaft und ihre Strategien zu schaffen und zu erhalten sowie die Identität des Unternehmens als wertschöpfende Einheit zu bewahren und für die Mitarbeiter sichtbar zu machen.

Es stellt sich in diesem Zusammenhang die Frage, inwieweit das Konstrukt der Bindung unter den geschilderten Umständen für die Personalführung weiterhin sinnvoll ist. Es darf erwartet werden, dass Mitarbeiter in Zukunft eher eine rationale Beziehung mit ihrer Organisation eingehen, verbunden mit einem Kosten-Nutzen-Kalkül (Felfe 2010, S. 19). Individuelle Ziele und Lebensentwürfe werden mit den Möglichkeiten, die das eigene Unternehmen bietet, abgeglichen. Eine feste Bindung wäre dabei wohl nur hinderlich. Und damit wäre es auch nicht realistisch, „Bedürfnisse nach Bindung und Zugehörigkeit im organisationalen Kontext" (Felfe, ebd.) befriedigen zu wollen. Wenn aber möglicherweise der Bereich der Human Resources dennoch gute Gründe finden wird, an der Ausrichtung auf die Mitarbeiterbindung festzuhalten, ergibt sich aus den neuen Herausforderungen für die Interne Unternehmenskommunikation tatsächlich eine neue Zielsetzung.

Eine grundsätzliche Aufgabe der Internen Unternehmenskommunikation ist es, im Sinne der Unternehmensleitung – die über den Unternehmenszweck und seine Zielrichtung bestimmt – Interpretationshilfen zu geben, damit die gewünschten Handlungen möglichst reibungslos in Gang gebracht werden können. Strukturen werden erst durch Kommunikation wahrnehmbar und mit Hilfe von Kommunikation anwendbar (Buchholz und Knorre 2010, S. 30). Damit werden sie also durch Kommunikation sozial konstruiert und eben auch verändert. Veränderung wiederum bedeutet, eingefahrene Denkmuster zu überwinden und die Interpretation von Inhalten und Sachverhalten neu zu konzipieren. Die Wirkung organisatorischer Maßnahmen hängt mithin wesentlich davon ab, wie diese von den Unternehmensmitgliedern interpretiert und in Handlungen umgesetzt werden. Es geht also um Einstellungen und Verhalten, die jenseits von gewohnten Mustern fruchten müssen, um zielgerichtete Entscheidungen innerhalb neuer Strukturen und Regeln zu bewirken. In resilienten Organisationen werden feste Muster besonders stark von grundsätzlichen Veränderungen oder auch nur Richtungswechseln oder Anpassungen aufgebrochen. Hierfür benötigen die Mitarbeiter eine besonders ausgeprägte Orientierungsfähigkeit.

Orientierung zu ermöglichen, stellt neben der Interpretationshilfe eine zweite grundsätzliche Funktion der Internen Unternehmenskommunikation dar. Mitarbeiter müssen verstehen, wofür ihr Unternehmen steht und wohin der Weg führt. Die Interne Unternehmenskommunikation richtet ihre Arbeit dazu konsequent auf den Gesamterfolg des Geschäftes aus und generiert Mehrwert durch die Teilhabe am Wertschöpfungsprozess des Unternehmens. Diese Teilhabe definiert sich durch die Lösung von Kommunikationsaufgaben zugunsten der Anspruchsgruppe „Mitarbeiter" (inklusive Führungskräfte) im Sinne der Nutzenstiftung für diese Anspruchsgruppe.

Einen Nutzen hat diese Anspruchsgruppe dann, wenn sie

- Orientierung und Ausrichtung finden kann in einer komplexen, sich laufend verändernden Unternehmenswelt,
- eine Gesamtvorstellung der Unternehmensaktivitäten erhält,
- selbst Verbindung zu diesem Ganzen herstellen kann,
- das Gefühl hat, ein organischer Teil dieses Ganzen zu sein.

(vgl. Buchholz und Knorre 2010, S. 26)

Gelingt es, durch diese Nutzenstiftung die Steuerung des Unternehmens zu erleichtern, dann ist die Leistung der Internen Unternehmenskommunikation Wert schöpfend. Ihr Ziel ist also die Integration der Mitarbeiter in die Unternehmensstrukturen und -prozesse, so dass die Umsetzung der Unternehmenswerte und Geschäftsstrategien optimal unterstützt werden. Hebel für die Zielerreichung sind vor allem die Stärkung der Identifikation mit dem Unternehmen, die Förderung der Motivation, sich in die Entwicklung des Unternehmens einbringen zu wollen, sowie die Mobilisierung von Leistungsreserven. Aktiviert werden die Hebel durch das Einwirken auf Wissen, Einstellung und Verhalten.

Auch in resilienten Organisationen stehen Identifikation, Motivation und Integration in einem unmittelbaren Zusammenhang mit der Leistung der unternehmensinternen Kommunikation. Auch hier geht es dabei um Interpretationshilfen. Aber die genannten Faktoren lassen sich nicht mehr in der Mitarbeiterbindung fokussieren. Wenn tief greifende Strukturveränderungen und nachhaltige Strategiewechsel keine geregelten und verlässlichen Rahmenbedingungen für die Arbeitsroutinen mehr möglich machen, von den Mitarbeitern große Eigeninitiative, Eigenverantwortung und Flexibilität erwartet wird, und Individualisierung ein Kennzeichen zukünftiger Arbeits- und Informationsprozesse sein wird, muss die Interne Unternehmenskommunikation in erster Linie dafür sorgen, dass die Mitarbeiter die Navigation durch unwegsames, unsicheres oder unbekanntes Gelände leichter bewerkstelligen können. Ein Mehrwert entsteht mithin dann, wenn die Mitarbeiter in resilienten Organisationen eine zuverlässige Orientierungssicherheit gewinnen können.

Statt über eine in ihrer Grundlage eher statischen Mitarbeiterbindung können Identifikation, Motivation und Integration in resilienten Organisationen also besser erreicht werden über das Konstrukt einer biegsameren Orientierungssicherheit. Dieses Konstrukt spiegelt darüber hinaus die Erfordernis eines strategischen Bezugsgruppenmanagements wider (vgl. Kap. 12). Denn „Orientierungssicherheit" bildet die Perspektive der Bezugsgruppe Mitarbeiter ab, von denen Eigeninitiative, Eigenverantwortung und persönliche Flexibilität erwartet wird, während eine „Mitarbeiterbindung" die Perspektive des Unternehmens einnimmt, was den Bedürfnissen der Bezugsgruppe nicht ausreichend gerecht wird.

Gegenüber „normalen" Zeiten im Wettbewerb ist es in stürmischen Zeiten noch einmal mehr bedeutsam, dass die Mitarbeiter wissen, welcher ihr individueller Beitrag zur Erreichung der Unternehmensziele ist. Denn wenn alles kurzfristig drunter und drüber geht, muss jeder seinen Platz kennen und sein Handeln in ein übergeordnetes Ganzes einbinden können und auch eingebunden wissen. Orientierung erhält in resilienten Organisationen eine besondere Bedeutung. Denn um in turbulenten Umwelten erfolgreich manövrieren zu können, handeln sie nach dem Prinzip „Fahren auf Sicht" (Heitger und Serfass 2011, S. 25). Wenn alles jederzeit in Frage gestellt werden kann, erhöht sich die Schwierigkeit vorausplanen zu können. Dies wird noch einmal verstärkt durch eine wachsende Unberechenbarkeit äußerer Bedingungen. Unternehmensstrategien werden auf unverzichtbare Bestandteile hin geprüft und immer wieder neu ergänzt (Heitger und Serfass 2011, S. 26). Die Fähigkeit, regelmäßig mögliche Szenarien zu entwerfen, in Alternativen zu denken und gegebenenfalls kurzfristig zu improvisieren, müssen die Mitglieder resilienter Organisationen daher sehr gut beherrschen (Heitger und Serfaß 2011, S. 23, 24; Ungericht und Wiesner 2011, S. 192; Stephenson 2010, S. 112; Coutu 2002, S. 55). Denn nur so eröffnen sich flexible Handlungsoptionen, aus denen bei Bedarf ausgewählt werden kann.

Für die Navigation in derart offenen Szenarien werden „Landkarten" angelegt, die das jeweilige situative Potenzial kenntlich machen (Heitger und Serfass 2011, S. 26). Dabei zu entdeckende Widersprüche werden als gegeben betrachtet und als Bestandteil einer strategischen Vielfalt wertgeschätzt. In diesen Landkarten bewegen sich die Mitglieder resilienter Organisationen mit Hilfe von definierten Orientierungspunkten oder Wegweisern, die das Unternehmen zur Verfügung stellt. Solche Wegweiser sind zum Beispiel Leitbilder oder gemeinsam getragene Prinzipien, die als Entscheidungshilfe für den aktuell einzuschlagenden Weg dienen. So ausgerüstet gehen die Mitarbeiter auf eine in vieler Hinsicht offene Reise (Learning Journey, vgl. Heitger und Serfass 2011, S. 26), experimentieren, erfolgreich, manchmal aber auch erfolglos, identifizieren Gelegenheiten im Abgleich mit verschiedenen Bezugsgruppen und nutzen oder verwerfen sie.

Aufgabe der Internen Unternehmenskommunikation ist es, eine unternehmensgerechte Kartierung anzulegen und – etwa mit Hilfe von Wegweisern – grundsätzliche Wege für die Reise aufzuzeigen. Dazu sorgt sie für ausreichende Gelegenheiten zur Vernetzung der Unternehmensmitglieder untereinander oder für die Verknüpfung von selbst generierten Netzwerken, in denen auch externe Mitglieder berechtigt sein können. Als Navigationshilfe dienen die Merkmale der Unternehmenskultur, vor allem ein resilienzorientiertes Wertesystem, welches auf Vertrauen fußt und von einer Ausrichtung auf ein gemeinsames Ziel getragen wird. Ebenso gehört dazu eine offene, effektive und besonders beziehungsorientierte Kommunikation, die für einen regen Austausch in den Netzwerken sorgt und wirksame Entscheidungen auch in turbulenten Zeiten ermöglicht. In diesen Netzwerken, in denen sich die Mitarbeiter grundsätzlich frei bewegen, muss die Interne Unternehmenskommunikation aber auch definierte und von ihr in gewissem Rahmen kontrollierbare Kommunikationsräume schaffen (zum Beispiel über eine effiziente Führungs(kräfte)kommunikation und/oder eine strategisch wertvolle Nutzung von Social Media (vgl. Kap. 15), wo sie den Mitarbeitern die Perspektive des Unternehmens offerieren und sie mit wünschenswertem Resilienzwissen ausstatten kann.

Auf diese Weise schafft die Interne Unternehmenskommunikation über die Kartierung, die Navigationshilfen und das Anlegen geeigneter Kommunikationsräume die Möglichkeit für die Mitarbeiter, sich innerhalb eines verlässlichen Unternehmensgefüges flexibel verhalten zu können und dem Unternehmen dadurch eine kontinuierliche Handlungs-fähigkeit auch in unsicheren oder turbulenten Zeiten zu erhalten. Mit diesem Konstrukt der Orientierungssicherheit stiftet die Interne Unternehmenskommunikation für alle Mit-glieder der Organisation Nutzen und erleichtert die Steuerung des Unternehmens. Damit stellt die Orientierungssicherheit ihren zentralen Wertschöpfungsfaktor dar und löst die Mitarbeiterbindung als oberste Ausrichtung ihrer Handlungen und Maßnahmen ab.

Strategieentwicklung in unsicheren Zeiten:
Interne Unternehmenskommunikation
zwischen verlässlicher Orientierung
und kontinuierlichem Wandel

4

Kompakt

Vielleicht liegt es daran, dass die Interne Unternehmenskommunikation in der Praxis zunächst einmal daran arbeiten muss, überhaupt in die aktuellen Unternehmens- bzw. Geschäftsstrategien eingeweiht zu werden, dass das Verständnis dafür, was strategisches Denken und Handeln im Kern ausmacht, oft verlorengegangen ist. Im Kern geht es bei der Kommunikation von Strategien nämlich darum, eine Strategie zu erklären und sie im gleichen Moment zumindest grundsätzlich wieder zur Weiterentwicklung freizugeben. Die Aufgabe der internen Kommunikation ist es dementsprechend nicht nur, die Orientierung über die jeweiligen strategischen Pläne der Unternehmensführung herzustellen, sondern zugleich ein Verständnis dafür zu schaffen, dass sich solche Pläne womöglich schnell ändern können, ja sogar müssen.

In einem volatilen Umfeld hat dieses flexible, situative Verständnis eines strategischen Denkens und Handelns mehr denn je seine Berechtigung. Die Aufgabe der Unternehmensführung bzw. der Internen Unternehmenskommunikation bewegt sich damit auf einem schmalen Grat: Einerseits müssen Mitarbeiter und Führungskräfte von der Sinnhaftigkeit der gewählten Strategie überzeugt sein, andererseits aber zugleich akzeptieren, dass der erlebte Alltag widersprüchlich sein kann und dass es weiteren, oft unvorhergesehenen Strategiewandel geben wird. Deshalb kommt die Interne Unternehmenskommunikation nicht umhin, genau diesen strategischen Prozess als solchen zu erklären. Ansonsten lauern gleich zwei Gefahren: zum einen ein viel zu langes Festhalten an einmal aufwändig abgestimmten Strategieformulierungen, von denen sich die Unternehmensführung eigentlich schon wieder verabschiedet hat, zum anderen ein weitgehender Verzicht auf inhaltliche Positionierungen, weil man sich nie sicher ist, dass sie für einen längeren Zeitraum gelten. Interne Kommunikation in resilienten Unternehmen hat dagegen ihren Clausewitz gelesen.

U. Buchholz, S. Knorre, *Interne Unternehmenskommunikation in resilienten Organisationen*,
DOI 10.1007/978-3-642-30724-9_4, © Springer-Verlag Berlin Heidelberg 2012

Die aktuelle Managementliteratur ist geprägt von der Frage, wie Unternehmen sich auf eine höhere Komplexität einstellen können – eine Komplexität, die sich vor allem dadurch auszeichnet, dass in allen Entwicklungen in und um die Unternehmen unvorhergesehene oder unbeabsichtigte Effekte auftreten, die sich einer Planung weitgehend entziehen. Die Long-Tail-Theorie der politischen Risiken (vgl. Bremmer und Keat 2009) besagt, dass Unternehmen damit rechnen müssen, dass Katastrophen, Konflikte, existenzbedrohende Einschnitte oder revolutionäre Entwicklungen viel wahrscheinlicher sind als gedacht, so dass eine neue Form der Risikobetrachtung erforderlich ist, die von der gewohnten Vorstellung der Gauß'schen Normalverteilung Abschied nimmt (vgl. auch Sargut und McGrath S. 73).

Wenn Unternehmen sich aber auf immer schnellere drastische Umbrüche und Veränderungen einstellen müssen, dann ist nicht nur eine intensive Beobachtung des politischen, ökonomischen und sozialen Umfeldes notwendig (vgl. Kap. 7), sondern vor allem ein klar definiertes, von den Organisationsmitgliedern geteiltes Verständnis von Strategie bzw. von strategischen Prozessen in Unternehmen. Die „organizational resilience"' (vgl. Sheffi 2005) also die Fähigkeit von Unternehmen, sich nach Krisen oder Veränderungen wieder erfolgreich aufzustellen, sprich sich elastisch zu zeigen und nach einem Schock wieder „in Form" zu kommen, diese Fähigkeit beruht nicht nur auf kurzfristigem Krisenmanagement, sondern auf einem Strategieverständnis, das vor allem von einer hohen Flexibilität und Anpassungsfähigkeit geprägt ist.

In einem volatilen Umfeld tun Unternehmen gut daran, den internen wie externen Zielgruppen zu erklären, wie ihre strategische Steuerung funktioniert und wie es ihnen gelingen kann, auf Veränderungen im geschäftlichen Umfeld rasch zu reagieren oder diese sogar zu antizipieren, ohne den roten Faden der geordneten Entwicklung, ohne das Zusammenwirken einer wertschöpfenden Organisation zu verlieren. Gerade internen Zielgruppen „ex cathedra" in rascher Abfolge neue Geschäftsstrategien vorzulegen, reicht nicht aus, um die notwendige Orientierung zu erhalten. Die verbreitete Forderung nach dem „strategic alignment" (vgl. Kaplan und Norton 2004, S. 12/13), in der die Orientierung der Mitarbeiter über die Geschäftsziele und -strategien gefordert wird, weil diese Orientierung zu verbessertem Engagement und schließlich verbesserten Ergebnissen führt (vgl. van Riel 2011, S. 2), um eine zusätzliche Ebene zu erweitern. Hier geht es darum, den Prozess der Strategie- bzw. Entscheidungsfindung als solchen von Grund auf zu erklären.

Der strategische Prozess als solcher und sein Beitrag zur Existenzsicherung des Unternehmens muss deshalb in den Fokus der internen Unternehmenskommunikation gerückt werden. Oder anders gesagt: Es geht um die Erklärung der Meta-Ebene der Unternehmensstrategie und damit um den Aufbau von Resilienzwissen (vgl. Kap. 2) – eine Aufgabe, die der Internen Unternehmenskommunikation zugleich einen anderen Platz in der unternehmerischen Strategieentwicklung zuweist.

Denn die wenigsten Unternehmen haben intern eine gemeinsam geteilte Vorstellung davon, welche Qualitäten ihre Unternehmens- bzw. Geschäftsstrategie grundsätzlich aufweisen muss, unter welchen Prämissen sie zustande kommt und warum sie verändert wird. Dementsprechend unvollständig ist die Einbeziehung der Unternehmenskommunikation in den Strategieprozess, in dem die Leitplanken der Unternehmenspolitik entwickelt werden. Stattdessen wird es als die zentrale Aufgabe der internen Unternehmenskommunikation angesehen, die Ergebnisse einer Strategiesitzung, die der Führungskreis hinter verschlossenen Türen erarbeitet hat, im Unternehmen weiter zu kommunizieren.

Hinzu kommt, dass es ein nach wie vor wenig hinterfragtes Credo der Unternehmenskommunikation ist, wonach die Kommunikation eines Unternehmens möglichst „integriert" sein sollte, dass also alle kommunikativen Aktivitäten eines Unternehmens möglichst „aus einem Guss" sind, es möglichst wenig Kontingenz sondern viel mehr Konsistenz gibt, die man – einmal erreicht – möglichst effektiv aufrechterhält. Doch diese normative Idee reicht nicht mehr, wenn die Long-Tail-Theorie ein prinzipiell zutreffendes Bild von den neuen Bedingungen für unternehmerische Entscheidungen zeichnet. Die aus dem Marketing stammende Vorstellung der integrierten Kommunikation passt nur begrenzt zu den Aufgaben der Unternehmenskommunikation im strategischen Prozess.

Zunächst kommt es darauf an, ein weit verbreitetes Missverständnis in Bezug auf den Strategiebegriff aufzuklären und damit das Verständnis von einer effektiven Strategie neu zu definieren. Die Sehnsucht nach klaren Strategien, denen man folgen kann, ist nichts anderes als der Versuch, sich in komplexen, wandelnden Sachverhalten und Zusammenhängen zurechtzufinden. Je ohnmächtiger Organisationen ihren unsicheren Umwelten gegenüber stehen, je gefangener sich Mitglieder in ihren Organisationen fühlen, desto stärker wird das Bedürfnis nach einem klaren Kurs, nach Orientierung und Handlungsanleitungen – kurz einer verständlichen und überzeugenden Strategie, die verlässlich den Weg weist. Dieses Bedürfnis nach Orientierung spiegelt sich dementsprechend in den Inhalten der internen Unternehmenskommunikation wider. Doch es zu befriedigen ist nur begrenzt mit der Aufgabe eines Strategen bzw. eines Strategie zu vereinbaren. Das zeigt allein schon die begriffliche Klärung (vgl. Horlohe 2011, S. 399 ff.).

Historisch gesehen ist mit dem Begriff des Strategen ein Führungskreis im Stadtstaat Athen bezeichnet, also keine einzelne Persönlichkeit wie man meinen könnte, sondern in der Regel ein Kollegium von bis zu zehn Strategen mit einem Primus inter Pares. Dessen wichtigste Kompetenz bestand darin, mit den Mitteln der charismatischen Führung, sprich mit Ausstrahlung, Redegewandtheit und Erfahrung, die Führung des Stadtstaates in Kriegszeiten sicher zu stellen. Schon dieser Ursprung des Strategiebegriffes lässt den Schluss zu, dass es bei einer Strategie weniger um umfassende Planung geht, sondern vor allem um ein gutes Bauchgefühl, um Entscheidungsstärke und Motivation. Schon hier ist deshalb die besondere Rolle der Kommunikation für den Erfolg eines Strategen angelegt. Schon hier gibt es die Idee, dass man die Köpfe regelmäßig zusammenstecken sollte, um Führungsentscheidungen zu treffen.

Der Begriff der Strategie als Kriegskunst ist schließlich in Mitteleuropa mit dem preußischen General Graf von Clausewitz verbunden. Strategie und Kriegsplan sind bei ihm gleichbedeutend. Clausewitz empfiehlt jedoch keine verbindlichen, ausgeklügelten Musterstrategien, sondern beschränkt sich darauf, allgemeine Tugenden zu benennen, z. B. Beharrlichkeit, Überraschung, Sammlung der Kräfte in Zeit und/oder Raum, List und Kühnheit. Eine „dogmatische" Strategie kennt Clausewitz nicht, denn bei ihm dominiert die Vorstellung, dass alle Handlungen von Unsicherheit und Unvorhersehbarkeit, so genannten Friktionen, geprägt sind.

Folglich muss der Stratege seine Pläne ständig anpassen und verändern. Die Strategie – so Clausewitz – entwirft zwar einen Kriegsplan, aber dann beginnt der eigentliche strategische Prozess: „Da sich alle diese Dinge [d. h. die Entwürfe zu einzelnen Feldzügen, Anm. d. Verf.] meistens nur nach Voraussetzungen bestimmen lassen, die Bestimmungen sich aber vorher gar nicht geben lassen, so folgt von selbst, dass die Strategie mit ins Feld ziehen muss, um das Einzelne an Ort und Stelle anzuordnen und für das Ganze die Modifikationen zu treffen, die unaufhörlich erforderlich werden. Sie kann also ihre Hand in keinem Augenblicke von dem Werke lassen" (Clausewitz 2010, S. 77).

Übertragen auf Unternehmen bedeutet das: Strategien – solche für die Steuerung des Wandels allemal – dürfen also gerade nicht aus unflexiblen, linear aufgebauten Projektplänen bestehen. Sie müssen vielmehr allen Verantwortlichen den Raum und die Souveränität lassen, situativ zu entscheiden, aus dem Tatsächlichen zu lernen und wenn nötig die Strategie zu ändern. Deshalb ist mit dem Strategieverständnis nach Clausewitz zugleich untrennbar das Prinzip der Delegation verbunden, das „untere" Verantwortungsebenen Aufgaben in eigener Verantwortung entscheiden lässt – eben weil sie besser in der Lage sind, „das Einzelne an Ort und Stelle anzuordnen" (ebd.). Denn Zweck einer Strategie ist es nicht, einen einmal festgelegten Plan eins zu eins umsetzen. Zweck ist es, im Wettbewerb erfolgreich zu sein. Es geht darum, eine Organisation so zu verändern, dass sie in einem sich ebenfalls verändernden Umfeld ihre Zwecke besser als vorher erreichen kann. Und darum ist das Scheitern einer Geschäftsstrategie oder eines Projektplans kein Beinbruch und schon gar nicht gleichbedeutend mit unternehmerischem Misserfolg oder Führungsversagen. Strategien sind allenfalls Ziele und als solche veränderbar, während die Zwecke der Unternehmung – zum Beispiel Existenzsicherung sowie Sicherung von Wettbewerbsfähigkeit und Wertschöpfung – den Weg weisen.

Dieses Clausewitz`sche Verständnis von Strategie deckt sich im Übrigen weitgehend mit strukturationstheoretischen Herleitungen des strategischen Managements. Strategien, die als Regel und Ressource verstanden werden, werden erst durch das konkrete situative Handeln inhaltlich gefüllt, d. h. sie befinden sich in einem permanenten rekursiven Kreislauf der Veränderung: „Von der Warte spontanen Handelns zeichnen sich Strategien durch Langfristigkeit aus, und so sind wir gewohnt, es zu sehen. Von der Warte ihrer Regeleigenschaft her gesehen zeichnen sie sich fast im Gegenteil durch ihre zeitliche Begrenztheit aus: Strategien gelten … nur für eine Weile, und das ist von vornherein klar (Ortmann und Sydow 2001, S. 438).

Versteht man sich als echter Stratege, dann schreibt man zwar Konzepte und Pläne, aber nicht um sich sklavisch daran zu halten, sondern um sie immer wieder zu überprüfen und anzupassen. „Ein Manager mindert von ihm selbst gesetzte Differenzen … und er tut dies, indem er sich tunlichst nicht auf eine illusionäre Statik der Verhältnisse verlässt, sondern sich auf deren Dynamik einlässt, das heißt grundsätzlich annimmt, dass Entscheidungen auch dann getroffen werden müssen, wenn absehbar ist, dass sie auch wieder korrigiert werden müssen." (Baecker 2003, S. 337) (Abb. 4.1)

Abb. 4.1 Strategieentwicklung als kommunikativer Prozess

Die Aufgabe der internen Kommunikation bewegt sich zwischen zwei Polen: Einerseits müssen Mitarbeiter und Führungskräfte von der Sinnhaftigkeit der gewählten Strategie überzeugt sein. Das strategische „Business Alignment" (Van Riel et al. 2005, S. 19) der Belegschaft so weit wie möglich herzustellen, ist und bleibt zentrale Aufgabe der Interne Unternehmenskommunikation. Orientierte Mitarbeiter können beispielsweise Personal-, Innovations- oder Vernetzungsstrategien sowie interne Programme zu Arbeitssicherheit oder Umweltschutz sowie Investitionsallokationen in ihrer Bedeutung für die Geschäftsziele einschätzen. Aber reines „Business Alignment" (ebd.) auf der Lern- und Entwicklungsperspektive des Unternehmens (vgl. Kaplan und Norton 2004, S. 12) reicht nicht mehr aus.

Denn die internen Zielgruppen sollen zugleich akzeptieren, dass der erlebte Alltag im Wandel widersprüchlich sein kann und dass es weiteren, oft unvorhergesehenen Strategiewandel geben wird. Der wiederum führt dazu, dass Entscheidungen häufiger korrigiert werden und Verbindlichkeiten von Aussagen zeitlich begrenzt sind. So genannte Exit-Strategien gehören nicht nur zum modernen Management in volatilen Zeiten dazu, sondern werden mehr denn je die Inhalte der internen Kommunikation mit bestimmen. Allein ihre Existenz ist erklärungsbedürftig, ihre Maßnahmen verlangen eine erhebliche Bereitschaft und Fähigkeit zum Wandel von den internen Zielgruppen.

Einerseits ist deshalb stärker als jemals zuvor die Kontingenz von Managemententscheidungen sichtbar zu machen und als Prinzip strategischen Denkens und Handelns zu erklären, das an sich einen Sinn hat. Andererseits muss die interne Kommunikation sicherstellen, dass häufigere und gravierendere Strategiewechsel vorgenommen werden können, ohne dass sich die Unternehmensführung (kommunikativ) verzettelt und das Vertrauen ihrer Mitarbeiter verliert. Beides geht nur, wenn im Unternehmen einige grundlegende Regeln für die geschäftlichen Entscheidungen der Organisation und seiner Mitglieder kommuniziert und akzeptiert sind. Man muss diese Grundregeln nicht gleich Werte oder Unternehmensethik nennen, aber in unsicheren Zeiten mit schnellen Brüchen in der Entwicklung und einem dementsprechend schnelleren Entscheidungsbedarf sind einige Grundregeln, die bei allen Entscheidungen auf allen Ebenen zu berücksichtigen sind, hilfreich und zielführend im Hinblick auf Flexibilität und Zusammenhalt des Unternehmens gleichermaßen.

Strategisches Denken und Handeln setzt also zwingend eine interne Kommunikation voraus, die strategisch denken und handeln kann. Sie muss das situative Anpassen der Unternehmensstrategie ermöglichen, weil sie und nur sie für die Organisation, für das Unternehmen hohe Aufmerksamkeit für das reale Geschehen, präzise Analyse und Veränderungsfähigkeit sicherstellen kann. Oder anders formuliert: die Interne Unternehmenskommunikation muss dafür Sorge tragen, dass das Delegationsprinzip, auf dem die Umsetzung der Strategie basiert, überhaupt funktionieren kann. Delegation setzt Kommunikation voraus, denn die gewählte Strategie muss auf allen Ebenen der Organisation bekannt und verstanden sein, damit „an Ort und Stelle" das Notwendige getan werden kann. Das was „an Ort und Stelle" getan wird, um auf die realen Gegebenheiten möglichst optimal zu reagieren, muss seinerseits wieder an die Führung kommuniziert werden.

Diesen Beitrag zur Entwicklung der Strategie kann die Unternehmenskommunikation nur als Mitglied des Stabes, der im Clausewitz`schen Sinne die Führung eng berät, oder eben als integraler Bestandteil des Führungskreises leisten (zur Bedeutung der hierarchischen Position der Abteilung Unternehmenskommunikation und des Zugangs zur „dominant coalition" vgl. Kap. 9). Es geht es das systematische Organisieren der für die Strategieentwicklung relevanten Kommunikationsströme im Unternehmen. Strategien müssen – wie eben gezeigt – im Gegenstromprinzip, d. h. durch systematische Kommunikation von oben nach unten und von unten nach oben, immer wieder situativ überprüft und gegebenenfalls angepasst werden. Sollen Organisationen erfolgreich geführt werden, indem man Menschen dazu bewegt, sich aktiv einzubringen und ihre Fähigkeiten nicht nur pro forma zur Verfügung zu stellen, dann ist mittels eines strategischen Plans die Sinnfrage zu beantworten und zwar von oben nach unten. Um darüber hinaus in der Lage zu sein, strategisch also situativ zu entscheiden, müssen zugleich Kommunikationsströme von unten nach oben vorhanden sein, die darüber orientieren, ob die eingeschlagene Strategie tatsächlich Erfolg hat.

Und ein weiterer Kommunikationsstrom kommt hinzu, die Kommunikation von außen nach innen (vgl. Kap. 7). Es geht um die Antennen, um neue Signale zu empfangen oder die Seismografen, die man aufstellt, um Erschütterungen aufzuspüren und diese dann in die Organisation zu verarbeiten mit der Frage: Was bedeutet das für uns? Lernimpulse sagen dazu die Organisationsentwickler, Irritationen nennen es die systemischen Berater, Outside-In-Kommunikation die Kommunikationsmanager.

Ein Unternehmen, dass dieses strategische Vorgehen beherrscht, ist natürlich auch in der Lage zu entscheiden, dass es nichts verändern muss, weil die Strategie und die darauf aufbauenden Maßnahmen sich bewährt haben. Aber das sind dann Botschaften anderer Qualität als nur „Wir machen weiter so wie bisher". Solche starken Botschaften sind notwendig, um Mitarbeitern überhaupt Orientierung geben zu können, die Umbrüche und Veränderungen selbst wahrnehmen und bewerten.

Die Aufgaben der internen Unternehmenskommunikation im Zusammenhang mit der Strategieentwicklung eines Unternehmens liegen also darin,

- den gewählten (ursprünglichen) strategischen Plan zu erklären, ohne ihn als alternativlos darzustellen;
- den Prozess der Strategiefindung an sich zu erklären, damit die Veränderung einer Strategie nicht als Misserfolg, das Beibehalten einer Strategie nicht als Hilflosigkeit gewertet wird;
- grundlegende Entscheidungsregeln zu kommunizieren, die bei allen Strategiewechseln beachtet werden;
- die Kommunikationsströme so im Gegenstromprinzip zu organisieren, dass situative Strategieentwicklung möglich wird, weil die Umsetzung der Strategie delegiert wird und in der Praxis auf Erfolg oder Misserfolg überprüft und erörtert werden kann.
- das Unternehmen und sein Umfeld aus interner und externer Perspektive so zu betrachten und bewerten, dass sowohl Erfahrungen als auch Zukunftsbilder für die Strategiefindung berücksichtigt werden können.

Diese Aufgaben, mit denen die Interne Unternehmenskommunikation unmittelbar mit zur Strategieentwicklung beiträgt, sind als Kreislauf zu verstehen, als ein permanenter Soll-Ist-Vergleich. Ihn zu verstehen, weil es in der Organisation ein geteiltes Verständnis von Strategien als solchen gibt, stellt einen zentralen Baustein des Resilienzwissens von Unternehmen dar.

Veränderung als Prinzip: Die Funktion der
Internen Unternehmenskommunikation
im Dauerprozess der Transformation

5

Kompakt

Derzeit gelten Veränderungsprojekte in der Regel noch als Besonderheit, die neben dem Alltagsgeschäft gemeistert und bestenfalls in dieses integriert werden muss. Aber erst mit dem Change Management zu beginnen, wenn die akute Situation es gebietet, dürfte mit Blick auf die umrissenen Rahmenbedingungen in Zukunft nicht mehr Erfolg versprechend sein.

Resiliente Unternehmen haben das erkannt und Veränderung quasi als Routine in ihre Strategien internalisiert. Die Expertise für Veränderung wird im Unternehmen selbst, also bei jedem Einzelnen, lokalisiert und entsprechende Maßnahmen werden nicht zwingend von oben durchgesteuert. Stattdessen wird eine grundsätzliche Wachsamkeit sowie ein kontinuierlicher Abgleich untereinander erwartet, sodass eine Transformation auch von den Akteuren selbst bestritten werden kann und soll. Nur so kann sachbezogen und zeitlich angemessen reagiert werden, nur so können Krisen vermieden und Chancen zeitnah ergriffen werden.

Aufgabe der Internen Unternehmenskommunikation ist es hierbei, die Veränderungsfähigkeit des Unternehmens zu erhöhen, indem sie über eine intelligente Selektion von Themen sowie deren zielgruppenadäquate Gestaltung für den Aufbau und die Entwicklung von Resilienzwissen und für dialogorientierte Kommunikationsstrukturen sorgt. Zum Einen muss sie also stets darauf bedacht sein, die Aufmerksamkeit klar auf relevante Themen zu lenken und den Mitarbeitern dabei eine Orientierung für Handlungsoptionen zu geben. Und zum Anderen muss sie den Austausch in Netzwerken fördern, so dass sich ein kontinuierlicher Dialog über zu erwartende Veränderungen sowie über angebrachte Vorgehensweisen entwickeln kann. Nur eine so gestaltete hierarchieübergreifende Vielfalt an Meinungen, Beobachtungen und Interpretationen von Sachverhalten ermöglicht es dem Unternehmen, Transformationsbedarf schneller und klarer zu erkennen und Probleme auch unkonventionell zu lösen.

U. Buchholz, S. Knorre, *Interne Unternehmenskommunikation in resilienten Organisationen,*   41
DOI 10.1007/978-3-642-30724-9_5, © Springer-Verlag Berlin Heidelberg 2012

Change Management ist in den Unternehmen seit vielen Jahren ein anhaltend bedeutendes, ja häufig ein zentrales Thema, wie nicht zuletzt die umfassenden Studien von Capgemini Consulting aus den Jahren 2003, 2005, 2008 und 2010 zeigen und wie die inzwischen schier unüberschaubare Literatur von Praktikern, Beratern und Wissenschaftlern eindrucksvoll untermauert. Dabei sind die Treiber „Wachstum stärken" und „Kosten senken" nach wie vor die Hauptgründe, sich mit dem Thema Wandel in Unternehmen zu befassen (Kyaw und Claßen 2010, S. 15). Kein Wunder, denn beide Faktoren sind mit Herausforderungen wie sich neu ordnende Märkte, die damit einhergehende Globalisierung, sich wandelnde Kundenanforderungen, kürzere Produktlebenszyklen etc. eng verbunden. Nicht selten gehen beide Ansätze, nämlich „Wachstum" und „Kosten", offenbar auch Hand in Hand und fordern von den Mitarbeitern so schier Unmögliches, was für die Entwicklung des Unternehmens häufig problematisch ist (Kyaw und Claßen 2010, S. 16) und schließlich, quasi mit dem Effekt eines Perpetuum Mobiles, erneut einen Transformationsprozess in Gang setzt. So sind Reorganisations- und Umstrukturierungsprojekte inzwischen bei vielen Unternehmen an der Tagesordnung (Kyaw und Claßen 2010, S. 14; Huck-Sandhu und Spachmann 2011, S. 21). Und in den meisten Fällen ist die komplette Belegschaft betroffen (Huck-Sandhu und Spachmann 2011, ebd.).

Während noch vor wenigen Jahren die Verbesserung der Qualität im Unternehmen ein weiterer wichtiger Grund für Veränderungsprozesse war, spielt dies in jüngerer Zeit kaum noch eine Rolle (Kyaw und Claßen 2010, S. 14). Es darf spekuliert werden, ob tatsächlich bereits ein hoher Qualitätsstandard in allen Prozessen zu verzeichnen ist, der keiner weiteren gesteigerten Aufmerksamkeit bedarf, oder ob es eben die Aufmerksamkeit ist, die angesichts vieler anderer „Wandelbaustellen" nachlässt und einem schleichenden Qualitätsabbau Vorschub leistet. Oder aber, als dritte Möglichkeit, die Unternehmensleitungen beweisen mehr Realitätssinn als früher und haben erkannt, dass sie angesichts der gängigen Vorgehensweise im Gleichschritt mit „Kosten senken" keine Qualitätsinitiativen erwarten dürfen.

Nach der Zukunft von Change Management gefragt, meinen die meisten Befragten, dass Veränderung und Wandel im Verlauf der nächsten 10 Jahre selbstverständlich wird und das Managen solcher Prozesse ebenso (Kyaw und Claßen 2010, S. 12 f.). Dabei wird eine weitere Professionalisierung prognostiziert, wobei die Change Management-Methoden und –Konzepte angesichts der Volatilität der Prozesse selbst wohl eher die Konstante bleiben (ebd.). Viele der Befragten meinen aber auch, dass Change Management weiterhin eher projektbezogen angewandt wird und in Krisenzeiten sogar wegfallen kann, da es als Luxusthema betrachtet wird (ebd.). Der Wandel wird demnach auch in Zukunft von oben durchgesteuert, wobei er immerhin im Fokus einer ganzheitlichen Führungsarbeit stehen wird, anstatt an eine eigens dafür organisierte Abteilung delegiert zu werden. Das bedeutet auch, dass die Mitwirkung der Mitarbeiter stärker bedacht wird und Faktoren wie Wertschätzung und Kommunikation eine größere Rolle spielen als bisher (ebd.), wenn eben nicht Wichtigeres wie die Bewältigung plötzlich auftretender Störungen oder Turbulenzen angefasst werden muss.

Nur wenige Befragte gehen in ihrer Einschätzung der Change Management-Zukunft noch einen (entscheidenden) Schritt weiter: Veränderungen, so mutmaßen sie, werden in Häufigkeit und Schnelligkeit zunehmen (Kyaw und Claßen 2010, S. 12 f.), und die Bewältigung gelingt nur, wenn in den entsprechenden Prozessen auch Emotionalität einbezogen wird (ebd.). Diese ganzheitliche Sicht auf den Menschen im Veränderungsprozess weist darauf hin, dass Transformation nicht mehr rein technisch oder mechanisiert angegangen werden kann, wenn man sie unter den zukünftigen Bedingungen bewältigen können will. Vielmehr müssen die Umstände der Zusammenarbeit im Unternehmen und die Ausrichtung grundsätzlichen Handelns in die Zielsetzung von Wandel einfließen. Das bedeutet, dass Themen wie Werte, Prinzipien, Unternehmenskultur eine gesteigerte Bedeutung erhalten werden – allerdings, wie erwähnt, im Moment noch nach Meinung einer Minderheit der befragten Change Manager. Ebenso wenig verbreitet ist derzeit noch die Vorstellung, dass Wandel eben nicht mehr top-down angesagt und durchgesteuert wird, sondern dass die Mitarbeiter die (Mit)Verantwortung für Veränderung übernehmen, diese also eher von der Basis aus ge- und betrieben wird (Kyaw und Claßen, ebd.). Für resiliente Unternehmen ist dies eine Grundvoraussetzung für Wettbewerbsfähigkeit.

So scheinen sich die Change-Verantwortlichen also darüber einig zu sein, dass Wandel in Zukunft selbstverständlich in den Arbeitsalltag integriert wird. Aber nur Wenige können sich vorstellen, dass man mit den Prozessen grundsätzlich anders umgehen wird als bisher, außer vielleicht, dass mehr „soft facts" einbezogen werden müssen. Tatsächlich führen resiliente Organisationen aber ihre Veränderungsprozesse unter einem ganzheitlichen Führungsansatz. Kennzeichnend ist ihre strategische Veränderungsbereitschaft, die in Form eines Radars ein kontinuierliches Antizipieren von Veränderung einschließt und eine laufende Anpassung ermöglicht (vgl. Stephenson 2010, S. 88–90).

Vielleicht weist aber der deutliche Anstieg der Bedeutung des Faktors „Integration" als Grund für Veränderungsvorhaben (vgl. Kyaw und Claßen 2010, S. 16) darauf hin, dass sich die Verantwortlichen immerhin bewusst sind, dass sich auch bei Veränderung etwas verändern muss. Vermutlich bezieht sich diese Kategorie auch in der Change Management-Studie wie in anderen Untersuchungen auf die Integration der Mitarbeiter. Denn sie verweist in diesem Zusammenhang auf die „OneXYZ-Programme", die in vielen Unternehmen aktuell laufen (ebd.). Außerdem begründet sie den genannten Bedeutungsanstieg damit, dass die Unternehmen offenbar nach Jahren der strategischen Neuausrichtung nun eine Stabilität erreicht haben, in der sie das Gemeinsame betonen und Synergien endlich realisieren wollen (ebd.). Auch das verweist eher auf die Bezugsgruppe der Mitarbeiter. Offen bleibt, ob die angesprochene Stärkung der Integration aber nicht auch mit Blick auf andere Bezugsgruppen, wie etwa die Kunden, zu interpretieren sein könnte. Immerhin ist dieser Aspekt zukünftig eine nicht zu vernachlässigende Größe für die Wettbewerbsfähigkeit von Unternehmen und für resiliente Organisationen geradezu ein Muss. Und viele Unternehmer sind sich dieser Thematik, zumindest mit Blick eben auf Ihre Kunden, schon durchaus bewusst.

In vielen Unternehmen setzt sich offenbar langsam die Gewissheit durch, dass der Wandel in Zukunft nicht mehr alleine mit der gewohnten Ausrichtung auf „hard facts" funktionieren kann – obwohl das Vorgehen selbst (s. weiter oben) wohl noch weiterhin als brauchbar betrachtet wird. Die wachsende Bedeutung des Faktors „Integrationsstärkung" in den

Unternehmen weist darauf hin, dass selbstbewusste Kunden und andere Bezugsgruppen, die als solche gegenüber Unternehmen eine wachsende starke Position einnehmen, auch ebenso selbstbewusste und entscheidungsstarke Gesprächspartner in den Unternehmen erwarten. Dafür müssen die Mitarbeiter mit größeren Entscheidungsspielräumen ausgestattet werden, und es muss ihnen für die dazu notwendige Flexibilität gleichzeitig eine deutliche Orientierungssicherheit geboten werden (vgl. Kap. 3).

Orientierungssicherheit, die die Navigation durch unwegsames, unsicheres oder unbekanntes Gelände erleichtern soll, bedarf einer höheren Integration der Akteure in ein Unternehmen. Denn Integration ist mit (Verhaltens)Wissen verbunden, und Wissen wiederum stärkt die (Verhaltens)Sicherheit, die sich ihrerseits positiv auf die Orientierung auswirkt.

Unternehmer, die das verstanden haben, erkennen auch, dass es dazu einer gemeinsamen Wertebasis bedarf, die von den eigenen Mitarbeitern gelebt und von den externen Bezugsgruppen erlebt werden kann. Diese Anforderung zu erfüllen wird schwierig, wenn die Unternehmensstrukturen durch Zukäufe, Verkäufe oder wechselnde Kooperationen immer wieder andere Akteure zusammenbringt, die möglicherweise mit differierenden Vorstellungen von Zusammenarbeit oder Ausrichtung an externen Ansprüchen ausgerüstet sind. Und solche strukturellen Veränderungen gehen zumeist Hand in Hand mit einer starken Globalisierung, was wiederum die Anforderung mit sich bringt, nationale Kulturen in einem Haus zusammenzuführen. Die eigentliche Herausforderung dabei ist, sie nicht nur als Gemisch verschiedener Lebensweisen und Weltsichten zu tolerieren, sondern sie bewusst in die Unternehmensstrategie zu integrieren. Eine gemeinsame Wertebasis ist die vermutlich einzig sinnvolle Plattform für eine Integration, da selbst diese aufgrund der wechselnden Strukturen und Prozesse nicht als dauerhaft betrachtet werden kann, sondern immer wieder neu mit immer wieder anderen Akteuren ge- und belebt werden muss (vgl. dazu auch Kap. 3).

Ehrgeizige Unternehmensziele, starke Mitarbeiter, anspruchsvolle Kunden und andere kritische Bezugsgruppen sorgen dafür, dass Wandel in Zukunft nicht mehr alleine über die Hierarchie durchgesetzt werden kann. Dazu kann auf diesem Weg zu viel Zeit verloren gehen, und das notwendige organisationale Wissen kommt nicht immer dort zum Tragen, wo es zum Erreichen der ehrgeizigen Ziele notwendig ist. Alleine über die Linie lassen sich die komplexen Umfeldbedingungen also nicht mehr bewältigen. Vielmehr ist eine netzwerkartig gestaltete Organisation mit transformativen Führungsstrukturen notwendig. Und für alle diese genannten Faktoren bedarf es einer gezielten Integration, über die Identität geschaffen werden kann. Spätestens an dieser Stelle dürfte klar sein, dass Veränderungsprozesse nun endgültig auch und vor allem die (Unternehmens)Kulturen zusammenführen müssen, wenn sie den angestrebten Wandel wirklich erfolgreich realisieren wollen.

Aber derzeit ist dieser Ansatz noch immer nicht Standard und wird es wohl auch nicht werden, wenn nicht entgegen der Prognose (s. weiter oben) auch die Herangehensweise an die Prozesse, wenn nicht auch die Instrumente und Methoden für das Herbeiführen des Wandels kritisch unter die Lupe genommen werden. Auch heute noch scheitern viele Veränderungsvorhaben an der mangelnden Integration der Menschen. Leitbilder werden, von oben angeordnet, in arbeitsintensiven Workshops entwickelt und zu Papier gebracht, aber anschließend nicht in der Organisation gelebt, oft, weil sie nicht oder nicht ausreichend kommuniziert werden. Das Gleiche gilt für ganze Strategien. Oben in der Hierarchie wird das Veränderungsvorhaben von Fachleuten geplant und vom Topmanagement abgesegnet. Dieser kleine Kreis hat bis zum Zeitpunkt des Implementierens – von oben nach unten – einige Zeit damit verbracht, sich über die Vor- und Nachteile des Vorhabens Gedanken zu machen, sie abzuwägen, Alternativen zu überlegen und zu verwerfen, Prozesse für eine rasche und nachhaltige Implementierung zu definieren und den Masterplan zu entwerfen. Die betroffenen Menschen werden als Bestandteile der Prozesse und des Masterplans betrachtet. Sobald dieser angestoßen wird, funktioniert er und damit seine Bestandteile nach der ihm eigenen Logik. Auf diese Weise wird „Wandel als ingenieurmäßige Aufgabe im klassischen Sinne" betrachtet (Petersen et. al 2011, S. 28).

Kein Wunder, dass Veränderung vielerorts noch als Bedrohung gesehen wird und bei Umstrukturierungen oder Ressourcenverhandlungen zu Machtkämpfen führt (vgl. Petersen et al. 2011, S. 15). Veränderungen werden mehr mit in der Vergangenheit bewährten Methoden gemanagt als wirklich grundlegend verändert (vgl. Wimmer et al. 2011, S. 18). Um die umrissenen Herausforderungen meistern zu können, muss das Change Management den Fokus auf die Zusammenarbeit der Menschen in den zu verändernden Strukturen und Prozessen legen, um eben diese immer wieder erfolgreich umformen zu können. Dazu ist es notwendig, die Organisation nicht mechanisiert und in ihrem situativen Zustand statisch zu betrachten, sondern als ein ständig bewegtes, nicht immer verfahrenslogisch agierendes soziales System (vgl. Petersen et al. 2011; Wimmer et al. 2011), das auf Kommunikation basiert und nur so funktioniert.

In einem sozialen System, in dem Individuen interagieren, gibt es Interpretationsdifferenzen mit Blick auf die formalen Strukturen. Denn in einem sozialen System sind auch die Strukturen sozial und nicht etwa technisch und damit eindeutig konstruiert. Somit muss mit Hilfe des gegenseitigen Austausches, das heißt also über Kommunikation ein gemeinsames Verständnis der Regelanwendungen herbeigeführt werden, damit es zu konzertierten Handlungen im Sinne der Organisationsziele kommen kann. Der Zweck sowie die Strukturen und Regeln von Organisationen in der hier betrachteten Form existieren nicht aus einer objektiven, technisch konstruierten Realität. Sie werden erst durch Kommunikation wahrnehmbar und mit Hilfe von Kommunikation anwendbar (Buchholz und Knorre 2010, S. 30). Kommunikation kann man daher als das konstituierende Element von Organisationen bezeichnen (ebd.). Unter dieser Voraussetzung kommunizieren alle Organisationsmitglieder laufend in definierten Funktionen und Rollen mit Hilfe von bezeichneten Strukturen und Regeln im Sinne eines definierten Organisationszwecks. Solche kommunikativen Interaktionen sind aber interpretationsbedürftig, damit sie zu (konzertierten) Handlungen führen können. Dazu müssen zunächst einmal Übereinstimmungen herbei geführt werden. Zu diesem Zweck müssen die Organisationsmitglieder miteinander kommunizieren und ihre subjektiven Theorien, Annahmen und Wahrnehmungen miteinander abgleichen. Besonders deutlich wird dies mit Blick auf Veränderungsprozesse. Denn

ob neue Regeln beachtet und angenommen werden, ob neue Strukturen mit Leben ausgefüllt werden, hängt von ihrer Interpretation ab. Organisationstrukturen und –regeln werden durch Kommunikation sozial konstruiert und eben auch verändert. Dazu ist es nötig,
eingefahrene Denkmuster zu überwinden, die Interpretation von Inhalten und Sachverhalten neu zu konzipieren. Die Wirkung organisatorischer Maßnahmen hängt wesentlich
davon ab, wie diese von den Organisationsmitgliedern interpretiert und in Handlungen
umgesetzt werden.

Es geht also um Einstellungen und Verhalten, die jenseits von gewohnten Mustern
fruchten müssen, um zielgerichtete Entscheidungen innerhalb neuer Strukturen und Regeln im Sinne eines veränderten Organisationszwecks ermöglichen zu können. Hier liegt
aber auch die größte Schwierigkeit, denn „Organisationen als soziale Systeme lernen in
den seltensten Fällen aus vorangegangenen Veränderungsbemühungen" (Wimmer et al.
2011, S. 18). Wandel wird immer wieder neu top down nach dem bisherigen Grundmuster
angestoßen, gleichgültig, wie problematisch sich frühere Projekte ins organisationale Ge-
dächtnis eingegraben haben. „So verfestigen sich im Laufe der Jahre ganz bestimmte Bilder
im Bewusstsein der Organisationsmitglieder, die die Basis dafür abgeben, mit welcher inneren Haltung und Einstellung die Personen organisationsintern neuen Changeinitiativen
begegnen" (ebd.). Umso wichtiger ist es, Veränderungsbedarf und –pläne transparent zu
machen und zu diskutieren. Es ist notwendig, dass sich die Treiber eines Veränderungs-
vorhabens mit den Betroffenen ernsthaft verständigen und einen gemeinsamen Kontext
herstellen. Ansonsten sind Missverständnisse vorprogrammiert und darauf basierende
Meinungsverschiedenheiten und Konflikte unausweichlich. Die Veränderer müssen Antworten antizipieren zu Fragen rund um das aktuelle Geschehen und zu den geplanten
nächsten Schritten und in diesen Antworten die Sinnfrage klären. Sinnstiftung ist auf allen
Ebenen der Organisation die zentrale Komponente. Außerdem müssen die Spielregeln des
konkreten Wandels kommuniziert werden.

Hier kommt nun die Interne Unternehmenskommunikation ins Spiel, die das Topmanagement mit dem Einsatz ihrer Instrumente und Kanäle bei der Darstellung der Sinnhaftigkeit des Unterfangens und bei der Anreicherung der Sinnstiftung durch eine Diskussion
in der Organisation unterstützt. Das Führen eines solchen Dialogs ermöglicht und vertieft
nicht nur das Verstehen der Veränderungsnotwendigkeit, sondern generiert auch das nötige Wissen für ihre Umsetzung (ergänzt durch unidirektionales Informationsmaterial). Das
schafft Vertrauen in die Führungspersonen und deren Strategien.

Als Zwischenfazit halten wir also fest, dass Change Management nicht mehr im Sinne
eines Ingenieurverständnisses als mechanisch zu planendes, zu operierendes und zu steu-
erndes Geschehnis verstanden werden kann, das eine „Dominanz der technischen und der
machtorientiert-hierarchischen Sicht auf ,Change'" (Petersen et al. 2011, S. 30) impliziert.
Vielmehr muss die Organisation als soziales System zugrunde gelegt werden, was ein tief-
greifendes Verständnis für soziales Geschehen voraussetzt und vor allem die Kommunikation als zentrale Komponente im Change Management definiert. Diese Sichtweise wiederum verlagert den Schwerpunkt bei der Bewältigung von Veränderungsprozessen weg
vom Managen auf das Verändern selbst und delegiert dieses in die gesamte Organisation,

statt eine verantwortliche Funktion oder Abteilung „Change Management" in das Organigramm einzubauen.

In resilienten Organisationen ist dies der Alltag. Denn sie werden deswegen als resilient bezeichnet, weil sie Veränderung als gegeben hinnehmen, weil sie Wandel internalisiert haben (vgl. Stephenson 2010, S. 100; Starr et al. 2003, S. 3; Ungericht und Wiesner 2011, S. 192). Und weil „Change" der Normalfall ist, muss man ihn auch nicht eigens managen. Resiliente Organisationen erkennen, dass der Ausnahmezustand dauerhaft ist und dass man sich entsprechend offen und flexibel verhalten muss. Eine Konsolidierung, die Geschwindigkeit reduziert und Klarheit, Ordnung und Sicherheit mit sich bringt, ist nicht zu erwarten. Dies sind allenfalls kurzfristige situative Zustände, die jeden Augenblick von Überraschungen erschüttert werden können. In resilienten Organisationen richtet die Führung deshalb ihre Aufmerksamkeit auf das, was die Organisation stark macht. Dazu gehört nicht zuletzt die Fähigkeit, Turbulenzen und Krisen bewusst zu durchleben und sich mit jeder überwundenen Schwierigkeit weiterzuentwickeln, statt nur darauf bedacht zu sein, sie jedes Mal zu überleben. Eine zentrale Komponente für das Erzielen und für die Weiterentwicklung dieser Fähigkeit ist Kommunikation. Die intelligente Vernetzung der Organisationsmitglieder und der darüber erfolgende Austausch über Sachverhalte, aber auch über Hoffnungen und Befürchtungen ermöglicht es den Beteiligten, Realitäten anzuerkennen und mit ihnen im Bewusstsein der Ausrichtung auf gemeinsame Ziele und der Einbindung in ein großes Ganzes zuversichtlich umzugehen.

Eine kommunikationswissenschaftliche Studie, die im Zeitrahmen der jüngsten Wirtschaftskrise durchgeführt wurde (vgl. Huck-Sandhu 2010), zeigt, dass man in den meisten Unternehmen gegenwärtig aber wohl noch nicht von einer grundsätzlich zuversichtlichen Grundeinstellung reden kann. Die Antworten der befragten Mitarbeiter zu Veränderungen und dem wahrgenommenen Umgang damit lässt die Interpretation zu, dass die Herangehensweise des eigenen Unternehmens eher kritisch betrachtet wird.

Mitarbeiter wollen demnach im Zusammenhang mit den erlebten großen Veränderungen – neben der Klärung ihrer persönlichen Betroffenheit – die Notwendigkeit für die Unternehmensexistenz verstehen (ebd., S. 32). Eine solche Notwendigkeit wird umso eher eingesehen, je deutlicher wird, dass der Wandel zu einer Weiterentwicklung oder Modernisierung des Unternehmens beitragen soll (ebd.) – mal abgesehen von Gründen der puren Existenzsicherung. Die gängigen Gründe der Ertrags- und Gewinnsteigerung ohne eine gleichzeitige Fortentwicklung betrachten die befragten Mitarbeiter als eher nicht handlungsleitend, selbst dann nicht, wenn damit auch ein persönlicher Vorteil verbunden sein könnte (ebd.). Alles in allem unterstützen sie Veränderungen eher, wenn damit die Sicherstellung ihres eigenen Arbeitsplatzes verbunden ist (ebd.). Das ist sicher zu erwarten und bestätigt ähnliche Untersuchungen der Vergangenheit. Interessant ist aber vor allem, dass die befragten Mitarbeiter offenbar ihre persönliche Sicherheit eher mit der Weiterentwicklung des Unternehmens verbinden als mit unmittelbar aus der konkreten Veränderung erwachsenden persönlichen Vorteilen – die eben auch nur von kurzer Dauer sein könnten, wenn das Unternehmen im turbulenten Wettbewerb mittelfristig nicht überlebt. Wenn wir auch davon ausgehen können, dass die meisten Unternehmen ihre Existenz mit

einer Weiterentwicklungsstrategie verbinden (die ja nicht immer eine Wachstumsstrate-
gie sein muss), so scheint es aber offenbar noch nicht immer zu gelingen, den eigenen
Mitarbeitern diesen Zusammenhang zu vermitteln. Vielleicht wird noch zu sehr darauf
gesetzt, dass sie automatisch gut finden, was die Unternehmensleitung als wichtig einschätzt. Die zitierte Studie zeigt aber, dass die Einstellung der Führung zur Veränderung
vergleichsweise unbedeutend ist, solange die Mitarbeiter sie nicht nachvollziehen können
(ebd., S. 31). „Mitarbeiter", so ein Ergebnis der Studie „werden (…) nicht wirklich dadurch
motiviert einen Veränderungsprozess zu unterstützen, indem die Unternehmensleitung
die Relevanz dieser Unterstützung ausspricht" (ebd.). Und wo autorisierte Informationen
fehlen, die Zusammenhänge erschließen lassen, nehmen bekanntermaßen Gerüchte ihren
Platz ein. Mitarbeiter setzen in offiziellen Informationsnotständen gerne darauf und weisen ihnen auch eine gewisse Verlässlichkeit zu (ebd., S. 32). Allerdings sind sie immerhin
so realistisch, dass sie die Glaubwürdigkeit von Gerüchten als schwer einschätzbar bezeichnen (ebd.), sie ihnen letztlich also auch nicht weiterhelfen.

Eine die Belegschaft tragende Zuversicht, mit der unerwartete Krisen, überraschende
Wendungen und große Umbrüche gemeistert werden können, wird sich mit dem hier umrissenen vielfach noch gelebten Kommunikationsverhalten nicht einstellen können. Zuversicht stellt sich da ein, wo man erkennt, dass man nicht alleine mit seinen Fragen oder
Sorgen ist und dass es in der Gemeinschaft Antworten und Lösungen gibt. Wenigstens
in diesem Kontext kann man weiterhin von so etwas wie Sicherheit und Verlässlichkeit
reden. Erfolgreiche Führungskräfte vermitteln daher nicht mehr nur das „Was" an ihre
Mitarbeiter, sondern machen auch und vor allem das „Wie" und das „Warum" transparent.
Sie setzen den inhaltlichen und zeitlichen Rahmen und fördern die Gestaltungsfreiheit
darin durch einen offenen, ernsthaft geführten Dialog, der die Entscheidungsprozesse für
alle Beteiligten erleichtert.

Die Aufgabe der Internen Unternehmenskommunikation ist es in diesem Zusammenhang, für Strukturen zu sorgen, über die ein Austausch stattfinden kann. Außerdem ist es
ihre Aufgabe, (vermeintlich) kontingente Entscheidungen und Handlungen zu erklären
und immer wieder die hinter dem organisationalen Handeln stehenden Prinzipien und
Werte deutlich zu machen. Und sofern für die Stützung der Zuversicht eine neben dem
allgemeinen Kontakt im Arbeitsalltag ergänzende Sichtbarkeit und Erlebbarkeit wichtiger Protagonisten wie etwa das Topmanagement notwendig ist, kümmert sich die Interne
Unternehmenskommunikation um geeignete Anlässe und Begegnungsmöglichkeiten

Auf diese Weise werden alle Mitglieder der Organisation zu Veränderungsexperten.
Heute gelten Veränderungsprojekte noch immer als Besonderheit, die neben dem Unternehmensalltag gemeistert werden muss, auch wenn dieser „Exot" immer häufiger in den
Unternehmen anzutreffen ist und die Prognose eine Verstetigung sieht (vgl. Kyaw und
Claßen 2010). Heute kommt Wandel oft noch aus der Not heraus, ist dann unumgäng-
lich und vermittelt überdies eher negative Botschaften. Erst mit dem Change Management
zu beginnen, wenn ein akutes Problem auftritt, dürfte in Zukunft aber nicht mehr Erfolg
versprechend sein. Damit wird Change Management als Spezialgebiet mit ausgewiese-
nen (meist externen) Experten abgelöst durch eine grundsätzliche Veränderungen und

Transformation fördernde Unternehmenskultur. Das bedeutet eben auch, dass die Experitse für Veränderung im Unternehmen selbst zu finden sein wird, was ein gemeinsames, sprachlich (aus)geprägtes Verständnis von Wandel etwa in Form von Begriffen und Konzepten erforderlich macht. Im Wandel zu einer resilienten Organisation ist dies insgesamt eine große Herausforderung. Denn die bestehende Kultur muss womöglich gänzlich „ersetzt", neu aufgebaut werden. Es ist nur wenig aussichtsreich, eine eher veränderungsresistente Kultur langsam in eine resiliente zu verwandeln. Es muss sich ein grundsätzlich neues Kulturverständnis mit stimmigen Werten und Prinzipien etablieren, indem der Unterschied zur bisherigen Weltsicht, auch eben durch die Wahl von Begriffen und Konzepten, verdeutlicht und von der Führung eingefordert wird.

Aufgabe der Internen Unternehmenskommunikation ist es, die Veränderungsfähigkeit der Organisation zu erhöhen, indem sie auf Basis einer adäquaten Themenselektion und Themengestaltung entsprechendes organisationales Resilienzwissen generiert und vermittelt. Da in resilienten Organisationen die Strategiediskussion und –findung als ein kontinuierlicher Prozess betrachtet wird, sorgt sie mit Blick auf die Veränderungsfähigkeit zudem für die schon eben erwähnten Austausch fördernden Kommunikationsstrukturen. Auf diese Weise wird jegliche Transformation nicht wie bisher von oben angeordnet und durchgesteuert, sondern von den Akteuren selbst mit hohem Improvisationsanteil bestritten. Insofern muss sich die Interne Unternehmenskommunikation um die nötige Aufmerksamkeit für die relevanten Themen kümmern, den Rahmen deutlich machen, in dem sich die Akteure bewegen können, und die Gestaltung der Inszenierung kommunikativ unterstützen (was voraussetzt, dass Veränderung eine Dramaturgie erhält und nicht zufällig und situativ gehandhabt wird).

Zu Beginn dieses Kapitels haben wir gesehen, dass die Berücksichtigung von Emotionalität nach Meinung einiger Change-Experten zukünftig in Veränderungsprozessen eine bedeutende Rolle spielen wird. Erstaunlich, dass diesem Thema derzeit erst wenig Aufmerksamkeit gewidmet wird (vgl. Kyaw und Claßen 2010, S. 12 f.). Tatsächlich wird die Beachtung dieser Komponente menschlicher Existenz unerlässlich sein, wenn man allen Mitgliedern einer Organisation die Verantwortung für das Erkennen und Prozessieren von Veränderungsbedarf zuweist. Denn jenseits strikter hierarchischer Vorgehensweisen mit ihrer grundsätzlichen handlungsorientierten Eindeutigkeit und Abgesichertheit ist der ganze Mensch gefragt, der auch mit Vieldeutigkeit und Unsicherheit souverän umgehen können muss. Dabei ist viel „Verstehen" notwendig, aber auch ein Vertrauen auf das „Bauchgefühl". In ambivalenten Zusammenhängen muss man sich einer Vorläufigkeit öffnen können, die der einer (vermeintlichen) Veränderungslogik zugewandte Verstand alleine womöglich nicht situationsangemessen bewerkstelligen könnte. Außerdem können Sorgen, Befürchtungen und Hoffnungen, die sich in unsicheren Situationen automatisch einstellen, auch nicht alleine durch Logik beseitigt oder erfüllt werden. (Das einzubeziehen, vergessen aber auch schon in den aktuellen Veränderungsprozessen viele Verantwortliche. Womöglich ein entscheidender Grund für das Verzögern oder gar Scheitern vieler Projekte.) Veränderung funktioniert nicht nur auf Basis von Analyse und Nachdenken. Veränderung erfolgt auch auf Basis von Assoziationen und Gefühlen, welche der Betroffene mit

Informationen verbindet, die auf einen anstehenden Wandel hinweisen. Informationen lösen eine bestimmte, mit individuellem Kenntnisstand, persönlicher Einstellung und Gewohnheiten verbundene Sicht der Dinge aus, sind also auch emotional konnotiert. Daher sollte die Kommunikation in Veränderungsprozessen mit auch die Emotionalität ansprechenden Inhalten und vor allem über adäquate Kommunikationskanäle, vornehmlich direkte, persönliche Kommunikation, erfolgen (vgl. Buchholz und Knorre 2010, S. 103–107).

Um es noch einmal zu betonen: Resiliente Organisationen haben Veränderung internalisiert, entwickeln ihre Geschäftsstrategie also stets mit Blick auf Transformation und deren Optionen. Damit muss Wandel nicht mehr eigens gemanagt werden, sondern er ist Bestandteil der grundsätzlichen Führungsphilosophie, was ein ausgewiesenes Change-Management nach heutigem Muster entbehrlich macht. Dominik Petersen et al. (2011) identifizieren sechs Prämissen für eine Veränderungskultur und beschreiben damit gleichzeitig wesentliche Aspekte der Unternehmenskultur resilienter Organisationen, ohne dass darauf konkret Bezug genommen wird. Diese Prämissen sind Netzwerk statt Hierarchie, Vielfalt statt Selektivität, Selbstbestimmung statt Fremdbestimmung, Vertrauen statt Macht, Öffentlichkeit statt Beziehung/Interaktion und Wechsel-Wirkung statt Ein-Wirkung (Petersen et al. 2011, S. 43).

Der Netzwerkcharakter äußert sich insbesondere darin, dass anstelle einer „Kommunikation zwischen Anwesenden" in einem konkreten hierarchisch ausgerichteten Interaktionssystem die Kommunikation in der Breite tritt, die im Netzwerk Raum- und Zeitgrenzen überbrückt, alle seine Mitglieder miteinander in Kontakt hält und alle denkbaren Wechselwirkungen ermöglicht (ebd., S. 44, 47). Die Steuerung von Inhalten und Handlungen in einem solchen Netzwerk und aus ihm heraus erfolgt weitgehend selbstreferenziell (ebd.) statt über eine Befehlskette. Auf diese Weise kann jeder zum Erfolg der Transformation beitragen – was nebenbei ihre Akzeptanz erhöht – und ist nicht durch den Filter einer Hierarchie eingeschränkt (ebd., S. 46). Überhaupt wird Vielfalt in einem solchen System wertgeschätzt, da Wandel eng verbunden ist mit Innovation und diese wiederum Vielfalt benötigt, „weil nur sie der Zufälligkeit Raum gibt, der wir das Neue verdanken" (Petersen et al. 2011, S. 45). Darüber hinaus sind die eben genannten erwünschten Wechselwirkungen in einem Netzwerk auch nur möglich, wenn Vielfalt herrscht und gefördert wird.

Ein hierarchischer Aufbau der Organisation mit ihren Linienfunktionen vermag Komplexität zu reduzieren und ermöglicht abgesicherte Prozesse mit geklärten Ursache-Wirkung-Logiken. Solche grundsätzlich ja erstrebenswerten Routinen sind für resiliente Organisationen problematisch, wenn die Führung einzig darauf setzt. Denn sie sind für die Bewältigung plötzlich auftretender Störungen meistens nicht geeignet, da sie unkonventionelle Entscheidungen eher verhindern als fördern. Netzwerkstrukturen ermöglichen eine breite, vielfältige Diskussion jenseits hierarchischer Machtkonstellationen mit ihren kleinteiligen, kontrollierbaren Prozessen. Kommunikation in Netzwerken findet auch und vor allem in und für große Gruppen statt, während die klassisch hierarchiegestützte Kommunikation vorrangig in einem eng gesteckten Bereich von Teams oder Abteilungen stattfindet, wodurch über die Ebenen hinweg nicht zuletzt auch Macht ausgeübt wird (vgl. ebd., S. 47). So ist der Umgang miteinander in strikt hierarchisch aufgebauten Organisationen durch Macht und Kontrolle geprägt, was die Mitglieder der Organisation veranlasst, sich immer nach einer Art Masterplan zu verhalten (vgl. ebd., S. 46). Dadurch entwickeln sich Lernschritte nur in geringem Umfang und bringen keine tiefgreifenden neuen Erkenntnisse hervor. „Sie können sich nicht entwickeln, wenn die Akteure sich nicht selbst der Kritik stellen und Probleme stattdessen systematisch versachlichen" (ebd.). Ein solcher organisationaler Lernprozess kann nur auf Basis von Vertrauen erfolgen. Vertrauen auf vorhandenes Wissen, auf vorhandene Fähigkeiten, Vertrauen auf das Funktionieren von Wechselwirkungen im Netzwerk und auf das Handeln im Sinne der gemeinsam getragenen Werte und Prinzipien. Voraussetzung dafür ist, neben dem Schaffen entsprechender Netzwerkstrukturen, Transparenz. Diese ermöglicht es den Organisationsmitgliedern zu handeln, weil sie nicht nur das „Was" erkennen, sondern auch das „Warum" verstehen (vgl. ebd., S. 47). Wahrscheinlich ist es in einer solcherart geprägten Unternehmenskultur auch möglich, die größten Veränderungstreiber „Wachstum stärken" und „Kosten senken" tatsächlich miteinander zu verbinden, ohne dass die Mitarbeiter dadurch hoffnungslos überfordert und die Unternehmen überstrapaziert werden, wie es heutzutage noch häufig der Fall ist (s. unsere Überlegungen zu Beginn dieses Kapitels). Eine der größten Herausforderungen wird es wohl in Zukunft sein, sich im Unternehmen einvernehmlich darauf zu verständigen, wo Veränderungsbedarf ist und wo Strukturen und Prozesse stabil gehalten werden sollten, um die Leistungsfähigkeit der gesamten Organisation aufrecht zu erhalten. Denn einerseits beruht diese auch zukünftig auf stabilen Prozessen und Strukturen, die durch effiziente Routinen aufrecht erhalten werden müssen. Auf der anderen Seite soll aber eigentlich erst gar keine Routine aufkommen, die den Blick für nötige Transformationen verstellen könnte. „In der gekonnten Bearbeitung dieser wohl nicht mehr wegzukriegenden Paradoxie liegt zweifelsohne die zentrale Herausforderung, wenn es heute um die Wandlungsfähigkeit von Organisationen geht" (Wimmer et al., S. 17). Und da wir es mit einem sozialen System zu tun haben, das wohl auch in Zukunft für seine Leistungsfähigkeit nicht ohne jegliche Hierarchie auskommen kann, wird es auch trotz aller Vernetzung und die daraus resultierenden Vorteile weiterhin Machtkämpfe um die Interpretation der Wandlungsfähigkeit geben (vgl. ebd., S. 18 f.).

Die Interne Unternehmenskommunikation muss, wie schon mehrfach dargestellt, die geeigneten Strukturen, Plattformen und Begegnungsmöglichkeiten für einen hierarchieübergreifenden, transparenten Austausch schaffen. Vor allem aber muss sie Professionalität beim Wissensmanagement an den Tag legen, damit in der Organisation stets das „Warum" erkennbar ist und gegebenenfalls ein notwendiger Perspektivenwechsel ausgelöst wird. Dazu gehört, Kontingenz zu erklären und möglicherweise auch aufzulösen, Handlungsprinzipien deutlich zu machen, Entscheidungen zu erklären und ihnen Sinn zu geben und damit insgesamt Sinn zu stiften. So schafft sie Akzeptanz von veränderten und veränderbaren Unternehmenszwecken und Unternehmensstrategien und unterstützt die Führung dabei, diesen Wandel laufend durch die Organisation selbst herbeizuführen. Machtauseinandersetzungen und persönliche Positionierungen, die ein soziales System immer irgendwie mit sich bringt, wird ein so geführtes Unternehmen leicht in den Erhalt beziehungsweise die Steigerung seiner Leistungsfähigkeit integrieren und dort verarbeiten können.

Nach der Krise ist vor der Krise:
Handlungsfähigkeit als Ziel
der internen Krisenkommunikation

6

Kompakt

Die klassische Krisenkommunikation ist nach wie vor von der externen Kommunikation, vor allem von der Medienarbeit, dominiert. In Anbetracht des ungewohnt großen Medieninteresses findet sich die interne Kommunikation in den typischen Krisenplänen und –stäben nur mit einer nachrangigen Priorität wieder. Das ist in der akuten Krisenphase noch nachvollziehbar, spätestens in der Krisenbewältigung im Sinne eines strategischen Lernprozesses spielt die interne Kommunikation die entscheidende Rolle. Überhaupt wird in Anbetracht einer stärkeren Krisenanfälligkeit das Konzept der Krisenkommunikation einer Revision zu unterziehen sein. Das Ziel der durchgehenden Handlungsfähigkeit von Personen und Organisationen, die sich vor allem auf flexibles Entscheiden und Improvisationsfähigkeit stützt, ersetzt darin das traditionelle Verständnis der vorausschauenden Krisenprävention und des akuten plandeterminierten Top-down-Krisenmanagements.

Dabei rückt die Interne Unternehmenskommunikation in das Zentrum der Krisenkommunikation, denn sie hat die Möglichkeit, sowohl die individuelle als auch kollektive Handlungsfähigkeit in der Organisation zu erhalten bzw. zu verbessern. Hier kommt es darauf an zu erkennen, dass interne Zielgruppen eine völlig andere Bewertung der Krise und ihrer Ursachen vornehmen können als die externen. Ihre Ursachenerklärungen und Schuldzuweisungen unterscheiden sich von öffentlichen Schuldzuweisungen, ihr Empörungspotenzial kann sich auf andere Ziele richten als die der öffentlichen Meinung, nicht zuletzt auf die eigenen Führungskräfte. Schließlich werden Führungsmängel für die internen Zielgruppen in der Krise noch schneller und deutlicher sichtbar als für die externen. Die kommunikativ verstärkte Präsenz der Führungskräfte gegenüber den internen Zielgruppen ist in Krisenzeiten deshalb einer der zentralen Faktoren für den Erhalt der kollektiven Handlungsfähigkeit.

U. Buchholz, S. Knorre, *Interne Unternehmenskommunikation in resilienten Organisationen,*   53
DOI 10.1007/978-3-642-30724-9_6, © Springer-Verlag Berlin Heidelberg 2012

Im Übrigen gilt für die interne Krisenkommunikation die einfache Faustregel: sicher funktionierende Instrumente verstärkt einsetzen, keine Experimente! Resiliente Unternehmen erkennen, dass der viel zitierte Satz, wonach das kommunikative Versagen noch gravierendere Folgen haben kann als der eigentliche Krisenfall, für die interne Kommunikation ebenso gilt wie für die externe.

Frequenz und Amplitude von Veränderungen, Umbrüchen und Krisen im Umfeld von Unternehmen nehmen zu und zwingen sie zu kurzfristigen Reaktionen und strategischen Adaptionen. Diese Beobachtung führte schon in den Beiträgen zur Strategiefindung (vgl. Kap. 4) und zum Change Management (vgl. Kap. 5) zu einer Neubewertung der Rolle der Internen Unternehmenskommunikation. Denn sie muss zukünftig viel stärker darauf ausgerichtet sein, die Umfeld- und Selbstbeobachtung des Unternehmens zu stärken, die systematische Delegation von Verantwortung zu unterstützen und schnelle Strategiewechsel zu erklären, mithin die organisationalen Voraussetzungen dafür zu schaffen, dass Mitarbeiter als Personen widerstandsfähiger sind und mit ihnen und darüber hinaus die Organisation als Ganzes.

Diese neue Bewertung der volatilen Unternehmensumwelten und deren Anforderungen an Unternehmen führen nun in punkto Krisenkommunikation erneut zu veränderten Schwerpunkten. Unter dem Begriff der Krise werden hier technische, ökologische, rechtliche und finanzielle Ausnahmesituationen verstanden, die aufgrund ihrer Komplexität und ihres Eskalationspotenzials geeignet sind, erhebliche materielle und immaterielle Schäden für ein Unternehmen zu verursachen. Ziele, Strategien und Maßnahmen der Krisenkommunikation im Allgemeinen und der internen Krisenkommunikation im Besonderen stellen sich vor dem Hintergrund der nunmehr notwendigen Agilität neu dar. Diese Aspekte sollen im Folgenden erörtert werden. Es geht um die Auswirkungen von Krisen auf Mitarbeiter sowie deren Rolle bei der Krisenbewältigung. Dass Mitarbeiter beispielsweise durch eine unkontrollierte oder Nutzung von Social Media selbst zu einem Krisenauslöser werden können, wird in diesem Kontext nicht weiter erörtert (vgl. Kap. 15).

Krisen und Krisenbewältigung sind bis in die Alltagssprache hinein dominiert von einer statischen Sichtweise. Krisen muss man – so man sie nicht vermeiden kann – „überstehen" und dabei den Schaden minimieren. Bevorzugtes Instrument dazu ist der ex-ante festgelegte, detaillierte Krisenplan, mit dem sich eine Organisation für das Unvorhergesehene rüstet. Dieses plandeterminierte Management hat auch die Krisenkommunikation – soweit sie als Spezialdisziplin des Kommunikationsmanagements betrachtet wird – weitgehend übernommen. Krisenkommunikation, zumal wenn sie agenturgetrieben ist, besteht im Wesentlichen in der Entwicklung von Krisenplänen, in denen – operativ sicher hilfreiche – Alarmpläne, Checklisten und vorgefertigte Kommunikationsmittel vorsorglich bereitgestellt werden. Das Studium typischer Krisenverläufe – von der schleichenden Krise, über die wellenförmige bis hin zur eruptiven Krise – betrachtet Krisen vorrangig ex-post, um im Nachhinein Fehler zu analysieren und daraus „klug zu werden". Alles in allem geht es darum, Unternehmen „krisenfest" zu machen.

Der hier grundlegende Gedanke, dass es darauf ankommt, Organisationen widerstandsfähiger bzw. agiler aufzustellen, bewegt sich in einem ganz anderen, nämlich vor allem handlungs- und zukunftsorientierten Zielkorridor, der die gesamte Organisation, ihre generelle strategische Ausrichtung und ihr jeweils aktuelles Geschäftsmodell mit einbezieht. Hier kommt es weniger darauf an, auf Krisen möglichst gut und detailliert vorbereitet zu sein und im Nachhinein Fehler zu analysieren. Es geht vielmehr darum, durch einen Handlungsrahmen sicherzustellen, dass Unternehmen in Krisensituationen flexibel, offen und lösungsorientiert entscheiden und handeln können, um die neuen krisenhaften Bedingungen möglichst schnell und kreativ zu verarbeiten. Die Perspektive, aus der die Krise betrachtet wird, ist nicht mehr ex-ante oder ex-post, sondern vorrangig interimistisch. Es geht demnach nicht darum, ein Unternehmen „krisenfest" zu machen, sondern es selbst in der Krise beweglich zu halten.

Denn das Ziel, Handlungsfähigkeit zu erhalten, bezieht sich nicht ausschließlich auf die Bewältigung der Krise als solche, sondern zugleich auf die eigentliche unternehmerische Strategie und das bisherige Geschäftsmodell. Erweisen sich in diesem Sinne Unternehmen in Krisen als resilient, dann bestehen gute Chancen, dass sie sowohl ihre Geschäftsprozesse als auch ihre Marktposition entscheidend verbessern. Reine Krisenbewältigung lässt sich möglicherweise noch mit dem Abarbeiten von Krisenplänen realisieren. Um unternehmerisch handlungsfähig zu bleiben, bedarf es eines anderen strategischen Ansatzes.

Krisen sollen aus diesem Blickwinkel nicht mit allen Mitteln vermieden werden, sie sollen vielmehr als das betrachtet werden, was sie dem Wortsinne nach sind: Wendepunkte in einer Entwicklung – Wendepunkte, die man gestalten kann, wenn das Unternehmen aufgrund seiner organisationalen Ressourcen dazu in der Lage ist. Krisen sind zwar einerseits Unfälle oder Notlagen, andererseits aber zugleich entscheidende Entwicklungsphasen, die eine außerordentliche Handlungsfähigkeit der Organisationsmitglieder und der Organisation, mithin individuelle und kollektive Handlungsfähigkeit gleichermaßen verlangen.

Diese Betrachtung führt zugleich zur Relativierung des traditionellen Präventionsgedankens, der die Krisenkommunikation durchzieht. Bislang predigt die Krisenkommunikation den Gedanken der Krisenvermeidung durch gute Risikoanalyse und nährt damit die Vorstellung, dass ein Unternehmen sich beispielsweise durch flächendeckendes Issues Management, aufwändiges Monitoring von Kundenreaktionen oder Compliance Management vor Krisen schützen bzw. deren Ausmaß reduzieren kann. Dagegen dienen im Sinne eines resilienten Unternehmens alle vermeintlichen Präventionsinstrumente nicht der Krisenvermeidung, sondern dem strategischen Handeln *in* der Krise. Wenn man viel über sein Umfeld bzw. seine Bezugsgruppen weiß, dann erleichtert dies die Orientierung in der Krise – nicht mehr und nicht weniger.

In jedem Fall lenkt dieser Ansatz des Krisenmanagements, dessen Ziel der Erhalt der unternehmerischen Handlungsfähigkeit und die Erarbeitung von marktgerechten Handlungsalternativen selbst in eingeengten Spielräumen ist, den Fokus auf die interne

Krisenkommunikation. Sie muss die entsprechenden kommunikativen Voraussetzungen dafür schaffen, dass Krisen intern als „normale" Wendepunkte wahrgenommen, bewertet und vor allem verarbeitet werden. Verarbeiten meint in diesem Zusammenhang, dass die internen Zielgruppen in ihrem jeweiligen Aktionsradius selbst aktiv dazu beitragen, dass die Krise dazu genutzt wird, das Unternehmen zu seinem Vorteil zu verändern.

Der organisationssoziologische Gedanke der kollektiven Handlungsfähigkeit ist für die interne Krisenkommunikation von erheblicher Bedeutung. Wenn davon ausgegangen wird, dass sich kollektive Handlungsfähigkeit daran misst, in welchem Maße das Handeln in einer Organisation dem Kollektiv und nicht einzelnen Individuen zuzurechnen ist (vgl. Schimank 2002, S. 36), dann kommt es in Krisen mehr denn je darauf an, dass die interne Kommunikation die Ablösung des Organisationshandelns durch ein reines individuelles Handeln einzelner Akteure verhindert. Schließlich wollen Kunden, Partner, Kapitalgeber und Politik, dass Unternehmen selbst in Krisen über genau diese kollektive Handlungsfähigkeit verfügen. Man will zwar mit individuellen Führungskräften verhandeln, aber die sollen garantieren, dass die Organisation im Sinne der Krisenverarbeitung funktioniert. Mitarbeiter und Führungskräfte, die in Krisen vorrangig ihren individuellen Interessen folgen, können deshalb die Handlungsfähigkeit der Organisation und damit die Position im jeweiligen Markt bzw. in der jeweiligen Branchenstruktur erheblich beeinträchtigen. Umgekehrt verlangt der Resilienzgedanke, dass die Organisationsmitglieder sich selbst dann an der Krisenbewältigung aktiv beteiligen, wenn sie nicht persönlich innerhalb der Organisation von den Auswirkungen der Krise betroffen sind.

Dieses handlungsorientierte Verständnis, das Krisen in sein strategisches Denken integriert, bedeutet keinesfalls, dass Organisationen fatalistisch darauf warten, dass die nächste Krise ganz sicher kommen und infolgedessen den unternehmerischen Grundsätzen der Qualitätsverbesserung, der Fehlervermeidung, dem Schutz von Kunden bzw. Verbrauchern weniger Bedeutung zugemessen wird. Das Gegenteil ist der Fall: Organisationen, die sich von der traditionellen Vorstellung der Krisenprävention befreien, tragen paradoxerweise mehr denn je zur Krisenvermeidung im Alltagsgeschäft bei. Hohes Qualitätsbewusstsein einerseits, angemessene Fehlertoleranz andererseits, systematische Outsidein-Kommunikation insbesondere aus dem Kundenkontakt, Vielfalt und Flexibilität in der Personalrekrutierung, vertrauensvolle Delegation an diejenigen, die vor Ort am nächsten am „Krisenherd" sind – dies alles sind Merkmale resilienter Organisationen, die vielen Krisenherden aus dem Wege gehen. Solche Organisationen arbeiten nicht vorrangig plandeterminiert, sondern wenn überhaupt situationsdeterminiert.

Traditionelle Krisenkommunikation konzentriert sich dagegen bislang auf ad-hoc Maßnahmen, um vor allem den in Krisen typischen lawinenartigen Informationsbedürfnissen der Medien gerecht werden zu können. Krisenkommunikation im Sinne des planmäßigen Ad-hoc Managements richtet sich deshalb vorrangig an externe Zielgruppen, vor allem Medien. Typische Alarm- und Krisenpläne berücksichtigen dementsprechend Mitarbeiter als Zielgruppe der Krisenkommunikation vor allem dann, wenn es darum geht, die Medienpolitik zu koordinieren, sprich Mitarbeiter dafür zu sensibilisieren, dass sie nicht mit den Medien direkt sprechen oder unkoordinierte Beiträge in sozialen Netzwerken schreiben.

Dass eine Kommunikationskrise oft noch wirtschaftlich gravierendere Auswirkungen haben kann als der eigentliche materielle Schadensfall, weil durch mangelhafte und unprofessionelle Medienarbeit massive Reputationsverluste und Störungen in einst vertrauensvollen Bezugsgruppen-Beziehungen ausgelöst werden, ist für die externe Kommunikation oft zitiert und untersucht. Dass dieser Satz auch für die interne Perspektive gilt, ist dagegen wenig erwähnt oder gar erforscht. Dass mangelndes Krisenmanagement zu Produktivitätseinbrüchen und unerwünschter Fluktuation führt, wird kaum mit einer mangelhaften internen Kommunikation in Verbindung gebracht, so wie das beispielsweise im Change Management inzwischen durchaus üblich ist (vgl. CapGemini 2010, S. 19 f., 23 f.). Dementsprechend ist auch die Disziplin der Krisenkommunikation nicht vollständig ausgebildet, weil sie systematisch die interne Perspektive vernachlässigt. Diese Schlussfolgerung ergibt sich also selbst dann wenn man den Resilienzansatz nicht teilt. Krisenkommunikation konzentriert sich – betrachtet man die einschlägigen Veröffentlichungen oder auch Weiter- und Fortbildungsangebote – von ganz wenigen Ausnahmen abgesehen auf die externe bzw. Medien orientierte Krisenkommunikation.

Wenn jedoch wie oben gezeigt die Aufgabe der Unternehmenskommunikation in Krisenfällen darin besteht, den Handlungsrahmen für eine ganzheitliche und zugleich bewegliche unternehmerische Krisenbewältigung und Zukunftsausrichtung mitzugestalten, dann bedarf es einer internen Krisenkommunikation, die gleichwertig neben der externen Krisenkommunikation steht. In dem hier verwendeten theoretischen Rahmen formuliert heißt dies: Eine Krisenkommunikation, die die Stärken eines resilienten Unternehmens ausspielen will, ist gleichermaßen auf die internen Zielgruppen ausgerichtet.

Dass interne Zielgruppen mit Krisen ganz anders umgehen als externe, ergibt sich schon aus einer unterschiedlichen Schadens- und Schuldzuschreibung. Denn die Art der Schuldzuschreibung bestimmt nicht nur den Typ der Krise, sondern zugleich das Ausmaß des Schadens, den die Reputation eines Unternehmens erleidet (vgl. Thießen 2011, S. 68 ff., 98 ff.). Ob ein Unternehmen eher in einer Opferrolle ist, weil die Krisenursache überwiegend extern zu suchen ist; ob es sich vielmehr um eine Unfallkrise handelt, bei der dem Unternehmen zumindest teilweise Schuld aufgrund von Organisationsversagen zugeschrieben wird oder ob eine Krise als vermeidbar gilt und infolgedessen eine weitgehende Schuldzuschreibung das Unternehmen belastet – diese Bewertungen nehmen Mitarbeiter anders vor als externe Zielgruppen.

Die Gründe dafür liegen auf der Hand: Interne Zielgruppen unterscheiden sich von externen Zielgruppen in der Krise in folgenden Merkmalen:

- Kenntnisstand
- Betroffenheit
- Emotionalität
- Solidarisierung
- Abschottung nach außen
- Zugang zu Gerüchten.

Was viele Krisen für Unternehmen regelmäßig zu einer nachhaltig die Reputation schädigenden Kommunikationskrise macht, nämlich die Kombination aus dem realen Schaden und dem so genannten Empörungs- oder „Outrage"-Faktor der Öffentlichkeit (vgl. Sandman 2011), funktioniert intern ebenfalls anders. „Outrage" entsteht bei internen Zielgruppen weniger aus dem Schaden an sich oder den entsprechenden externen Schuldzuschreibungen. Der Empörungsfaktor stellt sich intern dann ein, wenn mangelndes Führungsverhalten zum Beispiel durch mangelnde interne Kommunikation oder gar Persönlichkeitsdefizite sichtbar werden. So sorgt das in Unternehmenskrisen regelmäßig anzutreffende Phänomen des Eskapismus – Führungskräfte verschwinden in der Krise im wahrsten Sinne des Wortes von der Bildfläche – intern für Empörung und damit für die nächste Krise. Das alles bedeutet, dass die interne Krisenkommunikation sich inhaltlich-argumentativ und emotional anders aufstellen muss als die externe Krisenkommunikation.

Aber auch in der operativen Umsetzung sind die Besonderheiten der internen Zielgruppen in Krisensituationen zu berücksichtigen. Krisen verlangen typischerweise nach einer Organisation des Ausnahmefalls, der die routinierten Entscheidungsprozesse des Alltagsgeschäfts außer Kraft setzt. Das in der Praxis so häufige Hinzuziehen von externen Beratern, die einen Krisenstab verstärken oder gar selbst aufbauen, kann für die Bewältigung des Medienansturms sinnvoll sein und den Reputationsschaden durch aktive Ansprache relevanter Bezugsgruppen verringern – für die interne Krisenkommunikation kann dieses Verfahren geradezu das Gegenteil bewirken. Das gilt jedenfalls dann, wenn nicht parallel zum Wirken der externen Berater die Führungskräfte des Unternehmens persönlich die interne Krisenkommunikation übernehmen und ausgiebig Präsenz zeigen.

Überhaupt führt die in Krisen typische Zentralisierung sämtlicher Entscheidungen in Krisenstäben, Lagezentren oder Ausschüssen eher zu einer Entfremdung und Abschottung von den internen Zielgruppen. Krisenkommunikation, die sich am Prinzip der organisationalen Handlungsfähigkeit orientiert, muss dagegen viel stärker ausbalancieren zwischen zentralem Krisenstab und systematischen Delegieren von Aufgaben der Krisenbeobachtung, Fehlerdiagnose und Lösungssuche in das Unternehmen hinein. Das setzt nicht nur voraus, dass intern die wesentlichen Entscheidungen des Krisenstabes kommuniziert werden, sondern dass die Emergenzkräfte der Organisation gerade in der Krise durch entsprechende interne Kommunikationsströme voll entfaltet werden. Darauf sind die üblichen Krisenstäbe in der Regel nicht eingerichtet.

Wenn es also um unternehmerische Handlungsfähigkeit in Krisensituation geht, dann bedeutet dies, dass die Koordinationsmechanismen im Unternehmen nicht nur weiterhin funktionieren, sondern dass sie darüber hinaus Zusätzliches leisten müssen. Diese Koordinationsmechanismen bestehen aus funktionalen, sozialen und emotionalen Elementen (zur Kategorisierung von Krisen und Krisenkommunikation vgl. Thießen 2011, S. 160–190, S. 223–298). Sie alle sind auf eine interne Krisenkommunikation angewiesen, die genau diese strategische Ausrichtung aufweist. Unter diesem Blickwinkel werden im Folgenden diese drei Dimensionen der Handlungsfähigkeit – funktional, sozial und emotional – näher betrachtet.

Die interne Krisenkommunikation hat die Aufgabe, sowohl den transformativen, also den charismatischen, vorrangig werte- und visionsgetriebenen Führungsstil (vgl. Kap. 8)

durch entsprechende Maßnahmen der Führungskräftekommunikation intern zu verstärken und zugleich die internen Zielgruppen durch das Bereitstellen entsprechender Kommunikationsplattformen einzubinden. Jüngere Studien bestätigen den in der Krisenkommunikation so wichtigen Effekt, nach dem wahrnehmbarer transformativer Führungsstil
und „empowerment" der Mitarbeiter nicht zuletzt in schwierigen Situationen die Reputation des Unternehmens bei den internen Zielgruppen am besten schützen (vgl. Men 2011,
S. 40/41). Diese strategische Überlegung dominiert deshalb die Überlegungen zu den operativen Plänen.

In der funktionalen Dimension der Handlungsfähigkeit geht es vorrangig darum, Regeln und Ressourcen für die interne Kommunikation bereitzustellen, die innerhalb des
Unternehmens nicht nur für schnelle Entscheidungen sorgen, sondern zugleich Mitarbeiter auf sämtlichen Ebenen in die Krisenbewältigung involvieren können. Es geht darum,
das Potenzial des Unternehmens bzw. seine internen Ressourcen voll auszuschöpfen. Ohne
ein schlagkräftiges Team der internen Krisenkommunikation mit lokalen und regionalen
Teams ist das nicht möglich.

Für die interne Krisenkommunikation bedeutet dies, einerseits die Führungsverant-
wortung und die Maßnahmen des Krisenstabs zu erklären, aber gleichzeitig die Verantwortung für die interne Kommunikation möglichst nah an den Krisenherd zu delegieren.
Im Gegenstromprinzip wechseln sich Vorgaben aus dem Krisenstab und Beobachtungen
aus den operativen Ebenen ab und ergänzen sich in der Strategiefindung sowohl zur Krisenbewältigung als auch zur unternehmerischen Neuaufstellung. Die richtet sich allenfalls
in einem ersten Schritt nach vorliegenden Krisenplänen, ansonsten kann und muss sich
die Strategie in gravierenden Krisen mehrfach ändern.

Mitarbeiter werden im Rahmen der internen Krisenkommunikation aufgefordert, sich
aktiv mit der Krise und ihren Ursachen auseinanderzusetzen und darüber hinaus Ideen für
die zukünftige Entwicklung einzubringen. Dazu stehen ihnen nicht nur die in hierarchischen Aufbauorganisationen übliche Kommunikationskaskade von oben nach unten und
von unten nach oben zur Verfügung, sondern zusätzliche direkte Kanäle für Feedbacks
sowie kollektive Lösungssuche. Hier können gerade in großen, internationalen Unternehmen Web 2.0-Technologien ihre Stärke ausspielen, insbesondere Wikis, Blogs oder auch
soziale Netzwerke. Sie dokumentieren gleichzeitig die Schritte der Krisenlösung und machen diese auch im Nachhinein noch nachvollziehbar.

In der sozialen Dimension der organisationalen Handlungsfähigkeit zielen die strategischen Überlegungen darauf, die Beziehungen zwischen individuellen Mitarbeitern
oder Mitarbeitergruppen und dem Unternehmen nicht abreißen zu lassen. Ziel ist es, das
Vertrauen in das Unternehmen und seine Führung aufrechtzuerhalten und dazu intern
genauso aktiv zu kommunizieren wie extern. Dabei ist die Zeitfrage oft gar nicht das Entscheidende. Die kritische Masse der Mitarbeiter kann Verständnis dafür haben, dass der
Grundsatz „intern vor extern" in der Krise nicht eingehalten werden kann und zunächst
die Medien bedient werden müssen. Aber die parallel laufende interne Kommunikation,
die wenigstens versucht zeitgleich zu informieren, ist eine Frage des Respekts, die verhindern kann, dass Mitarbeiter sich über ihre Führung empören.

Interne Krisenkommunikation soll zu allererst die kollektive Handlungsfähigkeit sicherstellen. Deshalb muss die interne Kommunikation klar machen, dass Krisenbewältigung eine Aufgabe des gesamten Unternehmens und seiner Belegschaft ist und entsprechend immer wieder zur aktiven Mithilfe auffordern – sei es bei der eben genannten eher operativen Fehlersuche, sei es für die Botschafterfunktion gegenüber externen Bezugsgruppen. Schließlich lässt sich gerade in der Krise die Erfahrung ausnutzen, dass Mitarbeiter als glaubwürdige Quellen von Medien und anderen relevanten Externen angesehen werden.

Interne Krisenkommunikation involviert also von Anfang an die internen Zielgruppen und organisiert den systematischen Austausch über Ursachen und Folgen der Krise, um mit dessen Ergebnissen oder Beobachtungen wiederum den Krisenstab bzw. die Unternehmensführung zu versorgen. Und nicht nur das: Hier kommt es darauf an, durch Themensetzung deutlich zu machen, dass es über die reine Krisenbewältigung hinaus um die zukünftige Strategie und ggf. Korrekturen am Geschäftsmodell geht.

Dabei ist es ratsam, hauptsächlich auf Instrumente der internen Kommunikation zu setzen, die eingeübt sind und zuverlässig funktionieren. Veränderungsbedarf gibt es in Krisen für die internen Zielgruppen schon genug, da können vertraute Mittel der internen Kommunikation durchaus beruhigend wirken. Das in Krisensituationen typische Anschwellen der informellen Kommunikation kann und soll nicht eingegrenzt, sondern vielmehr unterstützt werden. Zusätzliche Gesprächsplattformen für die vertikale und horizontale interne Kommunikation – seien sie direkt oder medial vermittelt – bieten nicht nur das viel zitierte Ventil für Sorgen und Ängste, sondern fördern vor allem den Zusammenhalt als Kollektiv. Der wiederum wird benötigt, um von den externen Bezugsgruppen weiterhin als handlungsfähiges Unternehmen wahrgenommen zu werden.

Nicht zuletzt steht die emotionale Dimension der kollektiven Handlungsfähigkeit im Mittelpunkt der internen Krisenkommunikation. Sie dreht sich um die Frage, welche emotionalen Bedürfnisse der internen Zielgruppen bedient werden müssen, um Vertrauen zu halten. Das gilt besonders dann, wenn das Unternehmen in der öffentlichen Kritik steht, die Schuldzuweisungen aber oft genug von den Mitarbeitern gar nicht geteilt werden.

In jedem Fall müssen die Führungskräfte mehr denn je intern wahrnehmbar sein, am besten mit persönlicher Präsenz. Empathie zeigen – zumal dann wenn es Opfer gibt – und nicht Lamentieren – das ist zudem eine kommunikative Grundregel in jeder Krise und sie gilt nicht zuletzt intern. Die Interne Unternehmenskommunikation muss diese Führungskommunikation unterstützen durch entsprechende Besuchsprogramme, Auftritte oder einfach den vorbereiteten Gang durch die Flure sowie weitere Symbolhandlungen, die eine klare Botschaft im Sinne der weiteren Unternehmensentwicklung sprechen. Vertrauen soll im wahrsten Sinne des Wortes eingeworben werden. Geschichten um erfolgreiche Krisenhelfer, vorbildliches Engagement von Mitarbeitern gehören in die redaktionellen Überlegungen genauso wie Geschichten über Misserfolge. Immer geht es um das Involvieren der internen Zielgruppen, kognitiv und emotional.

Die Ziele, strategischen Überlegungen und Maßnahmen der internen Krisenkommunikation hier noch einmal im Überblick:

Organisationale Handlungsfähigkeit	Strategie	Maßnahmen
Funktionale Dimension: Gegenstrom organisieren	Delegation der Verantwortung für interne Kommunikation an Einheiten nah an der Krisenquelle Berichtswege intern verkürzen Interne und externe Kommunikation parallel laufen lassen	Krisenstab „Interne Kommunikation" Lokale und regionale Krisenteams Direkte Feedbackkanäle zusätzlich einrichten Web 2.0 zur Lösungssuche und Dokumentation Leitmedium für die Krise definieren und regelmäßig nutzen
Soziale Dimension: Involvement sicherstellen	Nicht intendierte Irritationen vermeiden Fehlersuche und Lösungsvorschläge aktiv einfordern Informelle Kommunikation anregen Botschafterfunktion der Mitarbeiter fördern und einfordern	Eingeführte Medien der IK nutzen Vorschläge und Beobachtungen sammeln und auswerten Gesprächsplattformen aller Art einrichten Kontakt mit externen Bezugsgruppen herstellen Zukunftsdialog herstellen
Emotionale Dimension: Vertrauen erhalten	Externe Schuldzuweisungen akzeptieren und erklären Interne Schuldzuweisungen vermeiden Führung und Empathie zeigen Stolz auf kompetentes Krisenmanagement erzeugen	Persönliche Präsenz der Führungskräfte im Unternehmen unterstützen Symbolische Handlungen inszenieren Erfolge und Misserfolge angemessen würdigen Einzelfälle/Vorbilder in internen Medien zeigen Geschichten erzählen

Kommunikationsstrukturen und –prozesse in resilienten Organisationen: Der Beitrag der Internen Unternehmenskommunikation zur Realisierung des ökonomischen Erfolgs

Kompakt

Vor allem in größeren börsennotierten Unternehmen gehört eine professionelle Beobachtung des Umfeldes bzw. der wichtigsten Bezugsgruppen inklusive Medien und Social Media zum Alltagsgeschäft der Abteilung Unternehmenskommunikation. Hier entstehen durch umfangreiches, oft agenturgetriebenes Monitoring umfangreiche Daten und Datenbanken, in denen Beobachtungen aller Art gesammelt und kategorisiert werden. Allerdings zeigen Erhebungen, dass es an einer systematischen Weiterverarbeitung weitgehend fehlt. Es entstehen Datenfriedhöfe, die kaum systematisch gepflegt werden und schnell veralten.

Selbst wenn die Daten innerhalb der Abteilung Unternehmenskommunikation genutzt werden, um die eigenen Kommunikationskonzepte zu optimieren, dann gibt es aus den unterschiedlichsten Gründen nur sporadisch eine Weitergabe des gesammelten Wissens an andere Organisationsbereiche des Unternehmens. Das aber würde die Managementleistung der Unternehmenskommunikation deutlich verbessern. Es ist deshalb zu raten, einfache, aber verbindliche Prozesse zu definieren, mit denen die Beobachtungen der Abteilung Unternehmenskommunikation intern kommuniziert werden. Der Punkt „Umweltbeobachtung" kann z. B. zu einem festen Agendapunkt von Sitzungen der Führungsgremien gemacht werden, zu dem die Abteilung Unternehmenskommunikation vorträgt. Dazu sollten Themenschwerpunkte gemeinsam mit der Entwicklungs- oder Innovationsabteilung definiert werden, um sich auf einige relevante Inhalte zu konzentrieren.

Unternehmen, die mit der systematischen Beobachtung erst beginnen, sollten sich auf einige ausgewählte Instrumente beschränken und von vornherein eine interne Weiterkommunikation etablieren. Oft ist es ratsam, sich zunächst einmal einen Überblick zu verschaffen, wo im Unternehmen bereits Umweltbeobachtungen stattfinden, die sich ggf. zusammenführen lassen – eine klassische Aufgabe der

U. Buchholz, S. Knorre, *Interne Unternehmenskommunikation in resilienten Organisationen*, 65
DOI 10.1007/978-3-642-30724-9_7, © Springer-Verlag Berlin Heidelberg 2012

internen Kommunikation, die sich für einen besseren horizontalen Austausch einsetzt. So sind z. B. sämtliche Maßnahmen der Personalentwicklung, die Mitarbeiter in Aus-, Weiterbildungs- oder Austauschprogramme entsenden, ein wertvoller
Ansatz zur Quasi-Selbstbeobachtung, wenn man sich die Geschichten der Mitarbeiter denn anhört, sie auswertet und weiterkommuniziert – nicht als anekdotische
Beiträge für die Mitarbeiterzeitung, sondern als Hinweise zur strategischen Positionierung des Unternehmens.

Die Fähigkeit von Unternehmen, Krisen jedweder Art so abzufedern und zu verarbeiten,
dass die Existenz der Organisation nicht gefährdet wird, sondern sogar neue Perspektiven
entwickelt werden können, beruht nach dem jetzigen Stand des Fachdiskurses auf einem
ganzen Bündel von Faktoren. Eine Fähigkeit, die maßgeblich bestimmt, wie robust sich
ein Unternehmen erweist, ist die Fähigkeit zur Beobachtung sowohl des Organisations-
umfeldes als auch der eigenen Position sowie die entscheidungsrelevante Verarbeitung beider Beobachtungen innerhalb der Organisation bzw. des Unternehmens (vgl. Coutu 2002,
S. 48; McManus 2007, S. 6 f.; Stephenson 2010, S. 181; Heitger und Serfass 2011, S. 24).
    Diese Überlegung knüpft an die Change Managementlehre an, die sich in den letzten
Jahren stark auf die Frage konzentriert hat, wie in einer Organisation d. h. von den Organisationsmitgliedern die Dringlichkeit eines Wandels erkannt und akzeptiert werden
kann: Für dieses „Gefühl der Dringlichkeit" (Kotter 2008) ist ebenfalls eine ausreichende
Wahrnehmung der Veränderungen im Umfeld des Unternehmens erforderlich, um darauf aufbauend Verständnis, Akzeptanz und schließlich verändertes Handeln der Organisationsmitglieder zu erzielen. Die Beobachtung des Umfeldes meint dabei zum Beispiel
die Beobachtung des Wettbewerbs und der Wettbewerber, des Kundenverhaltens oder der
Verschiebung von Märkten. Der Begriff des Umfeldes ist dabei untrennbar mit dem Begriff der Bezugsgruppen verbunden, die dieses Umfeld gestalten. Entwicklungen in diesem
Umfeld müssen in das Unternehmen hinein kommuniziert werden, damit der Wandlungs-
bedarf überhaupt erkannt wird. Change Management basiert also letztlich auf einem ausreichend organisierten Kommunikationsstrom von außen nach innen, der stark genug ist,
um die im Anschluss an Kurt Lewin „Unfreezing" genannte Veränderungsphase in Gang
zu setzen. „Bringing the Outside in" (Kotter 2008, S. 63 ff.) ist deshalb die Grundregel
Nummer eins der vorherrschenden Change Managementlehre. Der Begriff der Outside-
in-Kommunikation ist diesem Gedanken entnommen.
    Diese Kommunikation von außen nach innen muss jedoch noch deutlich differenzier-
ter dargestellt werden, damit die komplexe Aufgabe des Kommunikationsmanagements,
um die es hier geht, ausreichend zu präzisieren. Die implizite Annahme der bisherigen
Überlegungen ist nämlich, dass die realitätsnahe, möglichst umfassende Beobachtung und
Bewertung des Unternehmensumfeldes zugleich die Voraussetzung dafür bildet, dass auch
die eigene Position zum Beispiel als Marktteilnehmer bestimmt werden kann. Doch dieser
logisch zutreffende Gedanke stößt auf Schwierigkeiten. Denn Unternehmen entwickeln

wie alle sozialen Systeme notwendigerweise die Eigenschaft, sich in ihren (kommunikativen) Handlungen auf sich selbst zu beziehen. Diese Binnenorientierung ermöglicht dem Unternehmen die notwendige Abgrenzung gegenüber anderen Akteuren und damit die existenzielle Identitätsbildung. Für die Fähigkeit zur Umfeld- und Selbstbeobachtung bringt sie jedoch erhebliche Einschränkungen mit sich.

Dabei versteht es sich von selbst, dass eine reine Binnenorientierung nicht zu einer zutreffenden Selbstwahrnehmung führen kann. Das in Unternehmen nach wie vor weit verbreitete Hochrechnen von zahlenmäßigen Entwicklungen als Basis der strategischen Planung macht deutlich, welche Defizite hier bestehen. Doch das ist nur ein Teil des Problems. Denn auch der Blick nach außen auf das Marktgeschehen, auf politische Rahmenbedingungen oder gesellschaftliche Werteverschiebungen, die das Umfeld des Unternehmens ausmachen, führt nicht zwingend zu den erhofften Ergebnissen. Diese Umwelt wird nicht mehr realitätsnah bezeichnet, wenn jede Beobachtung intern so selektiert und interpretiert wird, dass die Irritationen für die Organisation und vor allem ihrer Mitglieder so klein wie möglich bleiben (vgl. Ingenhoff und Röttger 2008, S. 335).

Wenn aber eine ausreichend offene, nicht vorgeprägte Umfeldbeobachtung Voraussetzung dafür ist, dass zugleich die eigene Position in diesem Umfeld bestimmt werden kann, dann bleibt der Blick auf das eigene Unternehmen ebenfalls begrenzt und wird möglicherweise verzerrt. Lernimpulse von außen können nicht mehr empfangen werden, ein „Gefühl der Dringlichkeit" für einen Wandel kann sich nicht einstellen. Differenzen zwischen Unternehmen und Umfeld, zwischen Soll und Ist, werden infolgedessen nicht oder nicht ausreichend festgestellt, so dass das zentrale Entscheidungsmuster des Managements gestört ist. Etwas drastischer beschreibt John Kotter seine Erfahrungen mit dem Wahrnehmungsverlust von Unternehmen: „…when I opened the door to corporate headquarters, I entered a visual fantasy world." (Kotter 2008, S. 81).

Für eine langfristige Existenzsicherung bedarf es jedoch der systematischen, möglichst offenen Wahrnehmung und Verarbeitung von Umweltgeschehen bzw. des Handelns anderer Systeme, die die Unternehmensumwelt ausmachen. Nur sie ermöglicht ein angemessenes Maß der Selbstbeobachtung und nur diese kann die Reflexivität der Organisation (vgl. Röttger 2005, S. 16; Röttger et al. 2011, S. 132 ff.) erhöhen, sprich die Fähigkeit, sich selbst zu hinterfragen und die internen Strukturen und die Umweltbeziehungen daraufhin anzupassen. Wissend, dass das Dilemma der sich in ihren Begrenzungen bedingenden Umwelt- und Selbstbeobachtung nie ganz aufzulösen sein wird, kommt es also dennoch darauf an, die Fähigkeit zu einer ausreichenden, von der reinen Binnenorientierung losgelösten Umwelt- und Selbstbeobachtung zu erhöhen.

Nur der Vollständigkeit halber sein ergänzt, dass in dieser Betrachtungsweise, in der Umweltbeobachtung und Selbstbeobachtung sich bedingen, eine rein organisationsinterne Beobachtung nur in dem Sinne stattfinden kann, dass einzelne Einheiten bzw. Subsysteme sich gegenseitig beobachten, also beispielsweise eine Geschäftseinheit den Gesamtkonzern als ihr Umfeld betrachtet und dementsprechend versucht, es möglichst gut und zutreffend nach den nun folgenden Grundsätzen zu beobachten. Diese rein interne Selbstbeobachtung findet im hier verfolgten Konzept der Agilität ihren Niederschlag im so genannten

Gegenstromprinzip, in dem interne Beobachtungen insbesondere aus dezentralen Einheiten im Rahmen der Strategieentwicklung eingefordert werden (vgl. Kap. 4 sowie Kap. 7). Im Folgenden geht es ausschließlich um die Beobachtungsformen, die das externe Umfeld des Unternehmens mit einbeziehen.

Der erste Schritt, ein systematisches, ausreichend offenes Beobachten möglich zu machen, besteht in einer kritische Überprüfung der zur Verfügung stehenden Instrumente. Die meisten eingeführten Managementinstrumente, die auf die Beobachtung des Umfelds ausgerichtet sind, wie Gutachten, Szenariotechnik, Bezugsgruppenanalysen, Experimente oder Trendmonitoring, werden aus der internen Perspektive eingesetzt und unterliegen infolgedessen der latenten Gefahr, dass sie durch Umdeutung und vorgefassten Bewertungen nicht mehr zu einer ausreichenden Beobachtung von Differenzen führen können. Schon die Briefings, Suchraster oder Fragestellungen sind aus der internen Perspektive gewählt und beschränken die Wahrnehmung. Diese Formen der Beobachtung sind also grundsätzlich deduktiv, sie bilden in der Praxis häufig die einzige Ebene der Umweltbeobachtung. Aber wollen Unternehmen ihre Widerstandsfähigkeit erhöhen, dann müssen sie zugleich ihre Fähigkeiten verbessern, Veränderungen im Umfeld einschließlich potenzieller Risiken möglichst induktiv zu beobachten (Preusse und Thummes 2010, S. 14). Wie kommt man in diesem Sinne zu einer eher induktiven Umfeld- und Selbstbeobachtung?

Für ein grundsätzlich induktives Vorgehen gibt es zwei operative Ansätze, die die eher deduktiven Beobachtungsverfahren ergänzen. Zum einen lässt sich die präjudizierende Wirkung der systemeigenen Sichtweise dadurch abschwächen, dass die Umweltbeobachtung auf eine breitere Basis gestellt wird. Dies geschieht am ehesten durch die Einbeziehung von Mitarbeitern in eine kooperative Umfeldbeobachtung. In der Organisation muss deutlich sein, dass die Verantwortung für die Beobachtung von Veränderungen im Umfeld nicht allein bei einigen wenigen Spezialisten liegt. Es entspricht den Erfordernissen einer induktiven angelegten Umfeldbeobachtung, die Wahrnehmungen breiter Mitarbeitergruppen systematisch einzufordern.

Als Beobachter sind vor allem solche Mitarbeiter interessant, die im direkten Kontakt zu den relevanten Bezugsgruppen stehen, die zum Beispiel direkten Kundenkontakt haben, Dienstleister und Zulieferer betreuen oder mit Gewerkschafts- oder Verbandsvertreter in ständiger Verbindung sind. Hier können sehr dezentral organisierte Unternehmen Vorteile gegenüber zentralen Organisationen entfalten, weil sie prinzipiell über differenziertere und damit breit gestreute Beobachtungspunkte verfügen. Damit dieser Vorteil genutzt werden kann, bedarf es jedoch einer effektiven internen Kommunikation, die die Beobachtungen systematisch abfragt, speichert und weiterkommuniziert. Das Erstellen von einfachen Leitfragen zum Unternehmensumfeld gehört hier ebenso zum Werkzeugkasten wie ein organisiertes „Pairing" von Vertriebsmitarbeitern mit Managern oder die Durchführung von so genannte Zukunftswerkstätten, in denen Mitarbeiter ihre Erfahrungen einbringen können und sollen.

Der zweite Ansatz für eine eher induktive Umfeldbeobachtung besteht darin, so weit wie möglich die interne Perspektive zu verlassen und externen Bezugsgruppen möglichst ungefiltert zuzuhören. Denn das Unternehmensumfeld ist kein abstrakter Raum, sondern wird von Bezugsgruppen – oder allgemeiner gesagt anderen Systemen – ausgefüllt. Je mehr es gelingt, deren Sichtweise einzunehmen oder durch Dritte einnehmen zu lassen, desto eher wird man nicht nur zur Umwelt-, sondern dann auch zur Selbstbeobachtung fähig. Denn nur aus dieser Perspektive kann man sich selbst wiederum als Umfeld anderer Marktteilnehmer bzw. sozialen Systeme verstehen.

Diese „Quasi-Selbstbeobachtung" (Röttger 2005, S. 16; Preusse und Thummes 2010, S. 14; Röttger et al. 2011, S. 137) beschreibt eine zusätzliche Dimension der Outside-in-Kommunikation. Hier geht es um mehr als das Beobachten und Sammeln von Wahrnehmungen aus dem Unternehmen heraus. Die zusätzliche Qualität dieses Perspektivenwechsels besteht darin, dass das Management konsequent die externen Bezugsgruppen unmittelbar zu Wort kommen lässt. Alle Instrumente, die darauf ausgerichtet sind, Bezugsgruppen zuzuhören oder diese zu Wort kommen zu lassen, können grundsätzlich diesen Zweck erfüllen. Das beginnt bei Einladungen an externe Vortrags- oder Gesprächspartner, geht über extern beauftragte Befragungen und endet bei externen Fortbildungen oder dem systematischen Personalaustausch zum Beispiel mit Zulieferern oder Kunden. Allerdings darf schon die Auswahl der Bezugsgruppen, deren Perspektive man einnimmt, um sich selbst zu spiegeln, nicht erneut zu stark deduktiv sein.

Damit wird zugleich deutlich, dass Outside-in-Kommunikation mit der Definition „stakeholder-orientiert" (Mast und Stehle 2009, S. 66) zwar zutreffend, aber nicht hinreichend beschrieben ist. Denn die Beobachtung der (externen) Bezugsgruppen eines Unternehmens ist einerseits als Umfeldbeobachtung aus dem Unternehmen heraus zu sehen. Sie unterliegt damit den bekannten Grenzen der Beobachtung, weil zunächst die Zielgruppen nach einem unternehmensinternen Raster bestimmt und dann ihre Meinungen, ihr Verhalten und ihr Einfluss nach ebensolchem beobachtet werden. Die Perspektive der Bezugsgruppen, um die es hier geht, besteht aber darin, eine Selbstbeobachtung quasi zu simulieren, indem die Binnenorientierung verlassen und die externe Sichtweise eingenommen wird. Mehrstufige Befragungen, in denen die Einschätzungen interner und externer Bezugsgruppen miteinander verglichen werden, bilden in diesem Zusammenhang eine ergänzende Beobachtungsform, die versucht, die „blinden Flecken" eines Unternehmens so weit wie möglich zu reduzieren (vgl. Wulf et al. 2011).

Outside-in-Kommunikation umfasst also sämtliche eher deduktiven und eher induktiven Beobachtungsformen einschließlich der Quasi-Selbstbeobachtung. Es handelt sich insofern um eine kooperative Beobachtungsform weil sowohl Mitarbeiter als auch externe Bezugsgruppen als Akteure mit in den Beobachtungsprozess einbezogen werden. Doch selbst diese umfassendere Erklärung der Outside-in-Kommunikation muss noch um ein weiteres wesentliches Element ergänzt werden.

Eine so verbesserte Beobachtungsfähigkeit des Unternehmens muss nämlich an die Fähigkeit gekoppelt sein, die gesammelten Daten im Unternehmen so zu verarbeiten, dass diese Beobachtungen auch tatsächlich zu einem Anstoß für eine veränderte Selbstbeobachtung führen. Diese organisationsinterne Verarbeitung geschieht praktisch durch eine Kategorisierung der Beobachtungen und Themenbildung, deren textliche und visuelle Aufbereitung und Weiterkommunikation an relevante Entscheidungsträger bzw. -gremien. Im

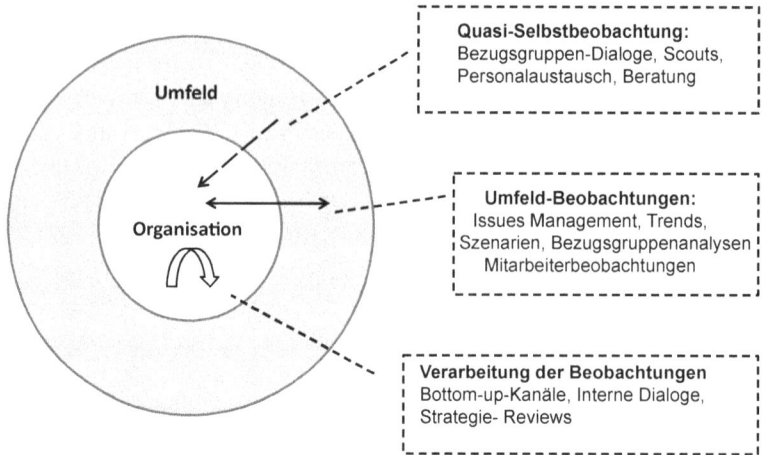

Abb. 7.1 Funktionen der Outside-in-Kommunikation

Zuge dieses internen Kommunikationsprozesses werden die gesammelten Beobachtungen mit den bestehenden Regeln der Organisationen, insbesondere den existierenden Sinngebungen und Legitimationsargumenten, verglichen. Es geht um eine Gratwanderung, die dabei zu leisten ist: Einerseits darf die gewünschte Irritation die von den Beobachtungen ausgehen kann, nicht umgehend durch eine entsprechende systeminterne Umdeutung verloren gehen, andererseits muss jedoch eine Steuerung stattfinden, um die konstituierende Sinnstiftung im Unternehmen nicht zu gefährden. Letzteres ist schon deshalb von Bedeutung, weil ein Unternehmen parallel zum Beobachtungs- und Anpassungsprozess immer darauf ausgerichtet ist, seinerseits sein Umfeld im Interesse der eigenen Zwecke und im Sinne der eigenen Legitimitätsmuster zu beeinflussen.

Neben der Optimierung der Beobachtungsfähigkeit durch ein eher induktives Vorgehen und eine systematische Quasi-Selbstbeobachtung ist diese interne Weiterverarbeitung eine weitere komplexe Managementleistung. In der Praxis laufen gerade die klassischen Beobachtungsinstrumente wie das so genannte Monitoring von Themen oder Bezugsgruppen oft genug Gefahr, beim Sammeln von Beobachtungen stehen zu bleiben, weil ein systematischen Weiterverarbeiten fehlt (vgl. Kap. 15). Diese gehört jedoch zwingend zu einem relevanten Beobachtungsprozess dazu.

In diesem Verständnis ist zugleich der Wertschöpfungsbeitrag der Outside-in-Kommunikation zu bestimmen. Er besteht darin, einen Mechanismus für „organisational listening and learning" (Grunig 2009, S. 4) sicherzustellen, der die kooperative Umfeld- und Selbstbeobachtung verbessert und damit das Resilienzpotenzial des Unternehmens erhöht. Neben die traditionelle „Inside-Out" Perspektive der Unternehmenskommunikation und die intern-intern gestaltete Kommunikation tritt deshalb die Outside-in-Kommunikation oder „inbound"-Kommunikation (Zerfaß 2010, S. 10) (Abb. 7.1).

Einer Outside-in-Kommunikation, die die Beobachtungsfähigkeit des Unternehmens verbessern soll, obliegen zusammenfassend die nachstehenden operativen Aufgaben:

- Eine systematische Umfeldbeobachtung aus der Binnenperspektive des Unternehmen zu organisieren, diese lehnt sich dazu operativ eher an die Instrumente des strategischen Controllings an, etwa in Form von Marktstrukturanalysen, Bezugsgruppenanalyse, Szenarien oder Trendforschung; Cross-Impact-Analysen oder Triangulation, d. h. das systematische Betrachten eines Themas aus verschiedenen zeitlichen, fachlichen und methodischen Blickwinkeln.
- Eine möglichst induktives Vorgehen dadurch zu ermöglichen, dass möglichst viele und heterogene „Beobachtungsstationen" organisiert werden, nicht zuletzt durch die systematische Einbeziehung von „beobachtungsstarken" Mitarbeitern bzw. Mitarbeitergruppen; operative sind dazu alle Instrumente zur Sammlung und Auswertung von Beobachtungen bzw. Wissen geeignet, beispielsweise Themen-Wikis, Teams aus internen Beratern, Ideenbörsen, Innovationsworkshops. Um hier die Silobildung aus Abteilungen (vgl. Kap. 8), zu durchbrechen sind die Teilnehmer grundsätzlich horizontal auszuwählen und die Ergebnisse auch horizontal zu kommunizieren.
- Eine Selbstbeobachtung zu ermöglichen, indem relevante Bezugsgruppen, die „von außen" auf das Unternehmen sehen, unmittelbar Gehör finden und/oder Führungskräfte und Mitarbeiter in die Lage versetzt werden, die Bezugsgruppenperspektive möglichst weitgehend einzunehmen; auf der operativen Ebene gehören hier als Maßnahmen persönliche Bezugsgruppen-Dialoge in allen Formaten, die amerikanische Idee der „teams of rivals", die zeitweise Abstellung von Mitarbeitern oder ein institutionalisierter Personalaustausch, ggf. auch als Teil von Aus- und Fortbildungsprogrammen sowie 360-Grad-Beratungen, in denen mehrere externe Berater aus verschiedenen für das Unternehmen relevanten Fachrichtungen an einem Tisch sitzen und mit Führungskräften diskutieren.
- Die interne Verarbeitung dieser Umfeld- und Selbstbeobachtungen so anzulegen, dass Lernimpulse konserviert und kommuniziert werden, sie entscheidungsrelevant für die Unternehmensführung sind und vor allem für die Strategieentwicklung eingesetzt werden können. Einsetzbar sind hier kaskadierende Strategie Reviews, Interne Dialogveranstaltungen wie Worldcafes oder Workshops, deren Ergebnisse jeweils über die Medien der internen Kommunikation weitergegeben werden.

Vielleicht ist es schon Ausdruck der eingeschränkten Selbstbeobachtung, dass auch das Kommunikationsmanagement dieser beschriebenen Aufgabe, durch systematische Outside-in-Kommunikation sowohl die Umwelt- als auch die Selbstbeobachtung zu verbessern, nach wie vor nur wenig Aufmerksamkeit widmet. Dabei wurden diesen Fragen im Rahmen des Issues Managements grundsätzlich erörtert (vgl. Röttger 2001; Röttger 2005), ohne dass dieser zusätzliche Wertschöpfungsbeitrag der Unternehmenskommunikation breite Resonanz gefunden hätte.

Die bestehenden operativen Überlegungen, die Outside-in-Kommunikation zu verbessern, sind eher eklektisch zu nennen und üblicherweise keiner der klassischen Managementfunktionen zugeordnet. Trendanalysen, Szenariotechnik oder Corporate Foresight – alle diese Disziplinen beschäftigen sich mit der Beobachtung des Unternehmensumfeldes und seiner Auswertung, ohne dass sich daraus ein systematischer Managementansatz entwickelt hätte. Letztlich ist auch das Issues Management schon deshalb nicht zu einer vorherrschenden Disziplin geworden, weil es keiner der traditionellen Managementfunktionen zugeordnet war, sich selbst als funktionsübergreifend verstand und eigene aufwändige Strukturen aufbauen wollte. Wo also ist die Outside-in-Kommunikation anzusiedeln?

Nach Lage der Dinge ist die Unternehmenskommunikation im Management die einzige Stelle, die diese so wichtige Umwelt- und Selbstbeobachtung überhaupt in der beschriebenen Komplexität organisieren kann. Denn als einzige Managementfunktion verfügt sie über regelmäßige, breit angelegte, relevante Schnittstellen zum Unternehmensumfeld. Sie ist am ehesten in der Lage, die Binnenorientierung zu verlassen und der Falle der ungetrübten Erwartungserfüllung in der Umweltbeobachtung zu entgehen. Mehr noch: Sie besitzt das kommunikative Wissen, um die Sinnstiftungen und Legitimitätsargumente des Unternehmens präzise zu definieren und die gewonnenen Beobachtungen damit abzugleichen. Zu diesem Wissen gehört das Verständnis dafür, dass sie relevante Differenzen nur feststellen kann, wenn sie nicht von vornherein zu stark selektiert und interpretiert.

Doch die traditionelle Unterteilung in externe und interne Kommunikationsabteilungen mit ihrer Fokussierung auf die Inside-Out-Kommunikation hat bislang verhindert, dass die Outside-in-Kommunikation als eine ganzheitliche Kommunikationsaufgabe verstanden wurde, die eine solche Unterteilung überwindet. Der externen Kommunikation werden infolgedessen eher die deduktiven Beobachtungsformen zugerechnet, während die Einbeziehung der Mitarbeiter in die Selbstbeobachtung sowie die interne Weiterverarbeitung der empirisch erhobenen Informationen in den Verantwortungsbereich der internen Unternehmenskommunikation fallen. Damit liegen die zentralen Elemente der Outside-in-Kommunikation bei der internen Unternehmenskommunikation. Nur wenn die interne Kommunikation die gewonnen Erkenntnisse aus dem Beobachtungsprozess auf diese Weise in die Lern- und Entwicklungsebene des Unternehmens einspeisen kann, lässt sich die theoretische Forderung, die „Reflexivität der Organisation" (Röttger 2005, S. 16) zu verbessern, auch praktisch erfüllen.

Das bedeutet also, dass die interne Kommunikation sich keineswegs „nur" für die Themen zuständig ist, die vermeintlich ausschließlich eine interne Relevanz haben (Kuhn und Ruff 2007, S. 305). Dass auch die Praxis diese Perspektive immer noch vernachlässigt, zeigen Umfragen zum Themenmanagement. Demnach spielen in der internen Kommunikation Themen, die von außen an das Unternehmen herangetragen werden, im Vergleich zu Themen, die intern generiert werden, eine deutlich geringere Rolle (vgl. Huck-Sandhu und Spachmann 2010, S. 17).

Die Outside-in-Kommunikation bzw. die Fähigkeit eines Unternehmens eine solche systematisch zu organisieren hat jedoch nicht nur Auswirkungen auf die Agilität, mit der Unternehmen Krisen überstehen können. Diese bislang vernachlässigte Perspektive hat das Potenzial, den Wertschöpfungsbeitrag der Unternehmenskommunikation insgesamt und der internen Kommunikation im Besonderen weiter zu erhöhen (vgl. Zerfaß 2010, S. 278 ff.). Zu Recht wird deshalb darauf hingewiesen, dass dieser Beitrag auch im Rahmen des Kommunikationscontrollings erfasst werden muss (Preusse und Thummes 2010, S. 12 f.). Schließlich lässt sich dieser Beitrag prinzipiell auf allen Ebenen des Kommunikationscontrollings nach dem DPRG-Modell mit zusätzlichen Kennziffern aus der Outside-in-Perspektive messen und zu steuern.

Zwischen Hierarchie und Heterarchie:
Grundsätze der vertikalen und horizontalen
Kommunikation in komplexen Unternehmen

8

Kompakt

Sowohl eher zentralistisch als auch eher polyzentrisch organisierten Unternehmen bzw. Unternehmensgruppen sind auf effektive Koordinierungs- und Steuerungsmechanismen angewiesen. Insbesondere dort, wo die in hierarchischen Organisationen typischen Führungsmethoden über Direktionen und Sanktionen nicht mehr ausreichen, um eine komplexe Organisation zu steuern, hat die interne Kommunikation das Potenzial, sich als eigenständiges Führungsinstrument zu etablieren. Gerade in polyzentrischen Organisationen, in denen internationale Einheiten weitgehende geschäftliche und kulturelle Autonomie genießen, ist die interne Kommunikation das einzige effektive Führungsinstrument, das geeignet ist, Synergien gerade in horizontaler Hinsicht herzustellen. Der Austausch zwischen dezentralen Einheiten – zumal wenn sie sich in unterschiedlichen Produkt- oder Geschäftsfeldern bewegen – kann zusätzliche Lern- und Entwicklungsimpulse herstellen, über die Wettbewerber nicht verfügen.

Dabei bildet das so genannte Gegenstromprinzip auch für die Aufstellung der Internen Kommunikation den konzeptionellen Rahmen. Danach gibt es einen gemeinsamen Entscheidungsfindungsprozess zwischen Zentrale und dezentralen Einheiten, der einerseits die Führungsvorgaben erhält, andererseits aber die dezentralen Einheiten in die Zielfestlegungen mit einbezieht. Die interne Kommunikation in komplexen Unternehmen besteht deshalb in einer Kombination aus hierarchisch begründeten basalen Grundregeln und/oder Controlling-Kennziffern einerseits und starken informellen Kommunikationsplattformen für den vertikalen und horizontalen Austausch andererseits.

Eine der interessantesten interdisziplinären Themenstellungen der Managementlehre dürfte die Frage sein, wie sich Unternehmen und Unternehmensgruppen mit hoher, oft

U. Buchholz, S. Knorre, *Interne Unternehmenskommunikation in resilienten Organisationen*,   73
DOI 10.1007/978-3-642-30724-9_8, © Springer-Verlag Berlin Heidelberg 2012

international ausgerichteter Dezentralität überhaupt noch arbeitsteilig organisieren lassen und welche Alternativen in der Aufbau- und Prozessorganisation sich womöglich anbieten. Die Fachdiskussion bewegt sich dabei zwischen zwei Polen: Einerseits wird die heterarchische oder polyzentrische Netzwerkorganisation als Zukunftsmodell gesehen (vgl. Kirsch et al. 2009), das die traditionellen Formen der hierarchischen Aufbauorganisation ablöst. In diesem Modell gibt es in einer Organisation, insbesondere dann wenn es sich um globale Konzerne handelt, mehrere Entscheidungszentren, die nicht nur ihre jeweiligen kulturellen Besonderheiten behalten, sondern sich tendenziell „auf Augenhöhe" mit der Eigentümerorganisation bewegen. Sie treffen ihre unternehmerischen Entscheidungen nicht nur weitgehend losgelöst von zentralen Geschäftsstrategien, sondern stimmen sich auch selbstständig untereinander ohne Umweg über die Zentrale ab, je nachdem ob eine Kooperation in der Gruppe Effizienzvorteile verspricht oder nicht.

Andererseits stellen empirische Analysen die Renaissance der Unternehmenszentrale fest (vgl. Ruhwedel und Werder 2011; Roland Berger 2008; van Ries und Fombrun 2007, S. 263 f.), einen Trend zur Zentralisierung einschließlich Insourcing statt Outsourcing, der gerade in der Wirtschaftskrise ab 2009 deutlich zugenommen hat (vgl. Ruhwedel und Werder S. 42). Doch diese Analysen zeigen auch, dass selbst in eher traditionell-hierarchisch aufgebauten Unternehmen nicht notwendigerweise eine klare Definition der Führungs- bzw. Koordinierungsaufgaben besteht, die die Firmenzentrale gegenüber den dezentralen Gesellschaften zu leisten hat. Organisationsreformen gehören deshalb nach wie vor zu den häufigsten Anlässen für das Change Management.

Nicht nur die eher netzwerkorientierten Organisationsformen, sondern auch die Unternehmen mit starker Zentrale verändern infolgedessen ihre Struktur in immer kürzeren Abständen – jedenfalls dann, wenn sie die klassische mittelständische Größe von 500 Mitarbeitern überschreiten. Die Konzentration auf eine starke Zentrale, in der die Steuerungsfunktionen des Unternehmens zusammengefasst sind, beschreibt also keinesfalls einen stabileren Zustand im Vergleich zu eher dezentralen Organisationsformen. Zentralisierung – zumal wenn sie mit unklaren Schnittstellen und Verantwortungsbereichen arbeitet – kann sehr wohl einhergehen mit häufigen Veränderungen der Gesamtorganisation. Die Grenzen zwischen eher zentralistischen und eher polyzentrischen Organisationsformen sind darüber hinaus in der Praxis oft schwer zu ziehen. Dies ist etwa bei Beteiligungsgesellschaften zu beobachten, die ihr Portfolio nach Markt- bzw. Opportunitätsüberlegungen zwar äußerst zentral und hierarchiebasiert managen, aber damit keine weitergehende Integration der erworbenen Gesellschaften in einen Gruppenkontext verbinden, sondern eher ein loses Netzwerk von rechtlich selbstständigen Einheiten schaffen.

Daher ist die Schlussfolgerung naheliegend, dass beide Organisationformen nach effektiven und effizienten Entscheidungsfindungs-und Koordinationsmechanismen verlangen, die das Verhältnis zwischen Zentrale und dezentralen Einheiten oder zwischen dezentralen Einheiten untereinander so ordnen, dass das Ergebnis der unternehmerischen Tätigkeit mehr ergibt als die Summe der Einzelteile. Doch nur für die hierarchischen Organisationen gibt es dafür ein etabliertes Instrumentarium. Dieses besteht in der Regel aus einem Mix aus personellen Verflechtungen zum Beispiel über Aufsichtsgremien, aus

Weisungsbefugnissen und internen Richtlinien sowie aus top-down getroffenen Führungsentscheidungen zum Beispiel über Ressourcenverteilung oder Vergütungen für die Führungskräfte der dezentralen Ebenen (vgl. Ruhwedel und Werder 2011, S. 44). Diese Abstimmungsmechanismen stehen für ein transaktionales Führungsverständnis, das weitgehend über hierarchisch legitimierte Aktionen, insbesondere Direktionen und Belohnungen bzw. Sanktionierungen steuert.

Für das Modell der heterarchischen oder polyzentrischen Organisationen müssen solche Entscheidungsfindungs- und Koordinationsmechanismen noch weiter entwickelt werden, damit sie ebenfalls zu einem erfahrungsbasierten Kanon des allgemeinen Managements werden können. Hieran kann die Interne Unternehmenskommunikation erheblichen Anteil haben. Aus Sicht der Internen Unternehmenskommunikation stehen zunächst einmal bei beiden Modellen gleichermaßen zwei übergeordnete Ziele im Vordergrund. Zum einen geht es in der immateriellen Zieldimension darum, Bindung und vor allem Orientierung der Mitarbeiter an „ihr" Unternehmen zu schaffen – selbst dann, wenn sich die jeweiligen Geschäftsportfolios ändern und damit die Zugehörigkeit einzelner Unternehmenseinheiten zum Gesamtunternehmen zeitlich begrenzt ist (vgl. Kap. 3). Zum anderen müssen sämtliche vertikalen und horizontalen Koordinierungsmechanismen, die vor allem in großen globalen Organisationen als wettbewerbsdifferenzierende dispositive Leistungsprozesse zu sehen sind, von der Internen Unternehmenskommunikation unterstützt werden.

Beide letztgenannten Gesichtspunkte, die vertikale und horizontale Abstimmung in komplexen Unternehmen, werden noch an Bedeutung gewinnen, je stärker selbst hierarchisch organisierte Unternehmen auf das Prinzip der Delegation setzen, also das selbstverantwortliche Agieren dezentraler Einheiten am Ort des Geschehens. Dass sie dies tun werden liegt nicht nur an der Suche nach resilienten Organisationsformen, sondern immer häufiger auch an den Erfahrungen des interkulturellen Managements, die eine weitgehende Eigenständigkeit von Teileinheiten unter Wahrung ihrer kulturellen Besonderheiten geboten erscheinen lassen. Die Interne Unternehmenskommunikation hat in ihrer Funktionsbeschreibung deshalb grundsätzlich sowohl die vertikale als auch horizontale Dimension der Abstimmungsprozesse zu berücksichtigen bzw. in ihrer Wirkung zu unterstützen, ganz gleich in welchem Organisationsmodell. Was bedeutet das?

Die Beteiligung dezentraler Einheiten an der Entscheidungsfindung für eine kontinuierliche kollektive Strategieoptimierung einerseits und das eigenverantwortliche Agieren der dezentralen Entscheidungsträger andererseits setzen eine vertikale Führungskommunikation im Gegenstromprinzip voraus. Die Idee des Gegenstromprinzips ist nicht zufällig einer klassischen Managementfunktion, dem Controlling, entlehnt und entwickelt die traditionelle Top-down-Kommunikation mit Feedbackmöglichkeiten weiter, ohne eine voll symmetrische Kommunikation zu postulieren, die in Bezug auf die internen Zielgruppen und ihrem besonderen Abhängigkeitsverhältnis zum Arbeitgeber ohnehin nur schwer als Modell taugt.

Kommunikation im Gegenstromprinzip besagt, dass es um einen gemeinsamen Entscheidungsfindungsprozess zwischen Zentrale und dezentraler Einheit geht, der weder

Abb. 8.1 Planen
und Entscheiden im
Gegenstromprinzip

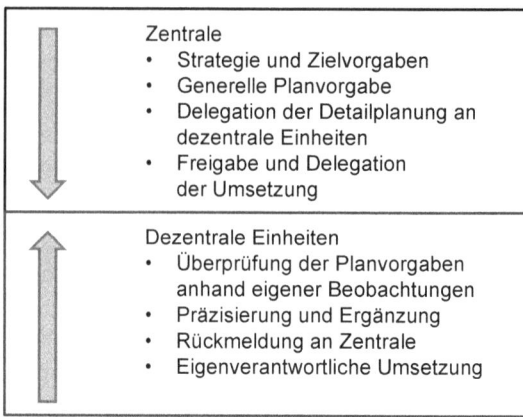

die hierarchische Ordnung noch den klaren Führungsanspruch der Unternehmensleitung aufhebt, die hierarchische Organisation aber durchlässiger und flexibler macht. So gibt es im Gegenstromprinzip zwar zunächst eine Entscheidungsvorgabe aus der Zentrale, diese wird dann aber im Dialog mit den dezentralen Einheiten angepasst und dann im Sinne einer Differenzfeststellung zwischen Soll und Ist regelmäßig überprüft und kommuniziert. Es entsteht ein kontinuierlicher Führungs- bzw. Kommunikationsprozess, der durch die Interne Unternehmenskommunikation begleitet wird, um eine ausreichende Orientierung über den Stand von Planungen, über Kontingenzen und Strategiewechsel zu schaffen (Abb. 8.1).

Zugleich aber verlangt das Agieren weitgehend autonomer Teileinheiten eine starke horizontale Kommunikation, um Wahrnehmung für die parallelen Aktivitäten der Gruppe oder des Konzerns herzustellen und Orientierung über die Position in der Gesamtorganisation zu schaffen. Diese horizontale Ausrichtung unterscheidet die Interne Unternehmenskommunikation – eventuell mit Ausnahme des Innovationsmanagements – von den klassischen Managementfunktionen wie Controlling, Finanzen, Buchhaltung oder gar Revision, die grundsätzlich vertikal und hierarchisch angelegt sind. Interne Unternehmenskommunikation dagegen darauf ausgerichtet, die vertikalen Silos zu verlassen und horizontal zu kommunizieren und integrieren.

Auf der inhaltlichen Ebene geschieht dies über Themensetzung, die Entwicklung und Kommunikation sinnstiftender Botschaften, den kommunikativen Aufbau von Führungspersönlichkeiten sowie die kommunikative Begleitung und Verstärkung von abteilungsübergreifender Team- und Projektarbeit. Auf der instrumentelle Ebene ist die horizontale Reichweite selbstverständlich, denn nicht nur die kollaborativen Web 2.0-Instrumente, sondern alle internen Kommunikationsinstrumente sind prinzipiell geeignet, horizontale Wahrnehmung und Wirkung zu erzielen, weil ihr Einsatz – abgesehen von der reinen Führungskräftekommunikation – nicht dem hierarchischen Zugriff unterliegt, sondern den internen Zielgruppen grundsätzlich freisteht.

Selbst in zentralistisch-hierarchischen Organisationen wird das Management des horizontalen Mehrwerts an Relevanz gewinnen, denn das Denken und Handeln in den Silos der Aufbauorganisation wird zunehmend als Hemmnis für Innovation und Wachstum empfunden (vgl. Stephenson 2010, S. 176 f.). Die Interne Unternehmenskommunikation aber kann selbst in einem dezentralen oder wenig integrierten Organisationsmodell noch einen effektiven Zusammenhalt vermitteln, der nunmehr durch die ökonomischen, ökologischen und sozialen Synergien definiert wird, die durch das Zusammenarbeiten unter einem gemeinsamen Dach entstehen. Diese Synergien oder Emergenzeffekte durch Kommunikation sichtbar zu machen und im gemeinsamen Interesse zu verstärken, muss in diesem Organisationsmodell von der Internen Unternehmenskommunikation geleistet werden.

Sie tritt so gesehen als eigenständiges Führungsinstrument neben die klassischen Instrumente wie Weisung, Ressourcenverteilung oder Personalpolitik und bildet die Grundlage für eine andere, nämlich transformativen Führung (vgl. Steinmann und Schreyögg 2005, S. 659 ff.), die die transaktionale Führung ersetzt. Die transformative Führung basiert nur noch sehr eingeschränkt auf Weisungen oder Vergütungsregeln, sondern vorrangig auf Sinnstiftung durch Kommunikation sowie den Appell an Eigenverantwortung und persönliches „Committment" seitens Führung und Geführten und ist insbesondere den dezentralen eher heterarchischen Organisationsformen angemessen.

Zusammenfassend spricht vieles dafür, dass die Interne Unternehmenskommunikation im Zuge häufiger Neuorganisationen und den damit verbundenen veränderten Koordinierungsbedarfen an Bedeutung gewinnt. Gerade durch ihre sowohl vertikalen als auch horizontalen Denk- und Handlungsdimensionen kann die Interne Unternehmenskommunikation originäres Wissen für das allgemeine Management generieren – jedenfalls dann, wenn sie es gelernt hat, das Gegenstromprinzip im Unternehmen durch entsprechende Kommunikationskanäle zu befördern und zugleich horizontale Kommunikation zwischen Unternehmenseinheiten derselben Hierarchiestufe herzustellen.

Insbesondere die traditionellen hierarchischen Führungsstrukturen kämpfen jedoch mit einem unübersehbaren Problem: Ihre Antwort auf komplexe Umweltbedingungen besteht in einem überproportionalem Anstieg der Kompliziertheit der Regeln für die Führungsorganisation (vgl. Sargut und McGrath 2011). Inwieweit dieses Phänomen auch bei dezentralen oder polyzentrischen, heterarchischen Netzwerken eintreten kann, bleibt zu beobachten. Im Hinblick auf die Anforderungen an die Agilität ist diese Antwort in jedem Fall kontraproduktiv, weil sie die notwendige Balance zwischen zentralem Führungsanspruch und dezentraler operativer Verantwortung aufhebt.

Auch die Unternehmenskommunikation – jedenfalls soweit sie sich auf die externen Zielgruppen bezieht – ist nicht frei von diesem Phänomen, auf die Herausforderungen der Komplexität mit Kompliziertheit zu reagieren. Das Postulat der integrierten Kommunikation hat in der Praxis zu einem dichten Regelwerk von Verhaltens-, Kommunikations- und Organisationregeln geführt, um ein einheitlichen Auftritt gegenüber den externen Bezugsgruppen abzugeben. Das Erstellen von Corporate Identity-Handbücher, die von den Gestaltungsrichtlinien über die Hauptbotschaften bis hin zu den Leitmedien aus Sicht der Zentrale die Standards für die dezentralen Einheiten vorgeben, haben sich zu einem wesentlichen Arbeitsschwerpunkt der Unternehmenskommunikation entwickelt. Ganze

„Governances" für die Unternehmenskommunikation mit detaillierten Zuständigkeitsverteilungen zwischen Zentrale und dezentralen Einheiten sind entstanden, die in großen Unternehmensgruppen schon mal den Charakter eines Gesetzbuches haben können.

Doch diese detaillierten bis komplizierten Steuerungsversuche der Unternehmenskommunikation stoßen da an ihre Grenzen, wo sie selbst kaum noch zu erklären sind. Wenn die Kommunikation über die Kommunikationsregeln mehr Ressourcen verbraucht als das eigentliche Kerngeschäft, spätestens dann ist über eine grundsätzliche Organisationsreform der Unternehmenskommunikation nachzudenken (vgl. Kap. 9). Zudem besteht die Gefahr, dass die hierarchisch-vertikale Sichtweise dominiert und die besondere Stärke der Internen Unternehmenskommunikation, nämlich die horizontale Koordinierung durch Kommunikation befördern zu können, vollends in den Hintergrund gedrängt wird.

Allerdings ist zugleich festzustellen, dass die Interne Unternehmenskommunikation in großen Gruppen oder Konzernen häufig überhaupt nicht über traditionelle hierarchische Koordinationsinstrumente, also weder über Budget-, noch Weisungsrechte oder Personalbesetzungsmöglichkeiten verfügt. Oft genug besteht die Koordinierung zwischen Zentrale und dezentralen Einheiten aus einem losen Netzwerk, das erst institutionalisiert werden muss. Während selbst kleinere Unternehmenseinheiten eine definierte Pressesprecherfunktion verfügen, ist dies für die interne Kommunikation nicht selbstverständlich. Oft genug fungieren Sekretariate oder Assistenten der Geschäftsführung als Ansprechpartner. Dieser Organisationsrückstand ist jedoch in Anbetracht der eben festgestellten Gefahr der Überregulierung durchaus auch eine Chance, sich von vornherein stärker auf die Elemente des transformativen Führungsstils zu konzentrieren.

Die Interne Unternehmenskommunikation sollte dabei zwischen der Koordinierung einerseits und der Delegation andererseits ausbalancieren und das sowohl in vertikaler als auch horizontaler Perspektive. Sie kann sich an dem Gedanken orientieren, dass auch die Kommunikationsverantwortlichen in den dezentralen Einheiten zunächst einmal eine „normale" Zielgruppe der Internen Unternehmenskommunikation sind – und erst in zweiter Linie auch selbst in der Kommunikationspflicht stehen. Diese Sandwich-Position, wie sie auch bei Führungskräften konstatiert wird, macht deutlich, dass die Interne Unternehmenskommunikation zwei Aufgaben hat: Sie muss einerseits alles tun, damit die Kommunikationsverantwortlichen ihrerseits so angesprochen werden, dass bei ihnen die notwendige Orientierung über die Zwecke, Ziele und Strategien ihres Unternehmens vorhanden ist. Andererseits sollen sie qua Delegation selbst in die Lage versetzt werden, die interne Kommunikation in ihrer jeweiligen Einheit eigenverantwortlich, d. h. auf Vertrauensbasis und mit eigenen Entscheidungsspielräumen zu übernehmen.

Für die Interne Unternehmenskommunikation genauso wie für das Allgemeine Management von komplexen Organisationen gilt deshalb: Die Zukunft gehört ganz sicher den einfachen, leicht zu erklärenden, unmittelbar Sinn stiftenden Grundregeln der Koordinierung, die zwar unternehmensweit verbindlich gelten, aber zugleich eine konsequente Delegation von Verantwortung an den Ort des operativen Geschehens ermöglichen und dabei auch mehrere Entscheidungszentren im Unternehmen zulassen. Konkret gehören dazu die gemeinsame Verpflichtung auf Wertschöpfung und Mehrwert durch Kooperation, generelle Führungsgrundsätze, die Definition von operativen Entscheidungsspielräumen sowie ein gemeinsames Strategieverständnis (vgl. Kap. 4).

Das mag ein wenig an die Entwicklung neuer Leitbilder erinnern und dieser Vergleich ist durchaus zutreffend was die erforderliche Universalität und Einfachheit der Grundregeln oder Grundwerte angeht. Im Gegensatz zu einem traditionellen Leitbild sind die hier angesprochenen Grundregeln jedoch mit einem konkreten Handlungsrahmen für eine koordinierte, schwach hierarchische bis hin zu einer heterarchischen Zusammenarbeit verbunden.

In der horizontalen Perspektive ermöglicht ein solches gemeinsame Grundverständnis einen Austausch „auf Augenhöhe", der auf der Grundlage von klaren wertorientierten Regeln der Zusammenarbeit auch verstärkt informell betrieben werden kann. Informelle Kommunikation hat mehr denn je gerade in Bezug auf die horizontale Reichweite das Potenzial, die instrumentelle interne Kommunikation zu verstärken. Horizontale Kommunikation lässt sich deshalb nicht zuletzt durch das Bereitstellen von Plattformen aller Art für die informelle interne Kommunikation, nicht zuletzt auf der Basis von Web 2.0 Technologien, befördern.

Diese Kombination – starkes zentrales Grundverständnis gepaart mit starken informellen Komponenten der Kommunikation und Koordination – entspricht dem transformativen Führungsstil insgesamt. Die Interne Unternehmenskommunikation tut gut daran, sich an diesem Führungsmodell zu orientieren, weil dieses sowohl in modernen hierarchischen als auch in heterarchischen Organisationsformen angewendet werden kann. Was noch wichtiger ist: Hier kann die Interne Unternehmenskommunikation ihre Stärken in der horizontalen Koordinierung einbringen und damit eine Ressource bereitstellen, über die andere Unternehmensfunktionen nicht in dem Maße verfügen.

Kompakt

Von Ausnahmen abgesehen bestätigt sich in jahrelangen Beobachtungen im Rahmen der Weiterbildung von Kommunikationsverantwortlichen das Paradox, dass die Kommunikationsmanager in eigener Sache intern kaum oder unzureichend kommunizieren. Dabei besteht der erste wichtige Schritt, um sich in den formellen und informellen Machtstrukturen einer Organisation zu behaupten, oft darin, den internen Zielgruppen die Aufgaben und Leistungen der Unternehmenskommunikation grundlegend zu erklären. Eine entsprechende aktuelle Selbstdarstellung in geeigneter medialer Umsetzung – je nach Unternehmen von der klassischen Präsentation bis zum viral eingesetzten Video – sollte jeder Kommunikationsverantwortliche parat haben. Es gibt eben nach wie vor kein akzeptiertes allgemeines Wissen über diese Managementfunktion.

Wenn es eine Abteilung neu zu organisieren gilt, dann ist die traditionelle Unterteilung in externe und interne Kommunikation nur noch als Auslaufmodell zu betrachten. Schwerpunktthemen oder aktuelle Geschäftsstrategien, die kommunikativ unterstützt werden sollen, sind als Gliederungskriterien im Sinne einer wertschöpfenden Kommunikation deutlich effektiver. Auch eine Kombination aus Themen und Service orientierten Teileinheiten ist denkbar.

Unabhängig von der Aufbauorganisation kann die Abteilung Unternehmenskommunikation insbesondere durch aktives Einsetzen von Projekt- oder Themengruppen nicht nur generell einen Beitrag zu einer verbesserten internen Kommunikation leisten, sondern darüber hinaus den eigenen Abteilungssilo verlassen und sich als Teil des allgemeinen Managements etablieren.

Interne Unternehmenskommunikation, die im Kontext der veränderten Führungs- und Kommunikationsanforderungen an resiliente Unternehmen betrachtet wird, muss die

U. Buchholz, S. Knorre, *Interne Unternehmenskommunikation in resilienten Organisationen*, DOI 10.1007/978-3-642-30724-9_9, © Springer-Verlag Berlin Heidelberg 2012

generellen Fähigkeiten des Unternehmens unterstützen, schneller, flexibler und doch sinnvoll zu entscheiden und agieren. Diesen Anforderungen der Agilität muss sie folglich auch in der eigenen Funktions- bzw. Abteilungsorganisation gerecht werden können. Die Organisation der Internen Unternehmenskommunikation wird dazu im Folgenden als Teil der Abteilung Unternehmenskommunikation untersucht.

Interne Unternehmensorganisation zu organisieren bedeutet zunächst ganz allgemein Regeln zu schaffen, immer wieder zu bestätigen oder zu erneuern, mit denen diese Organisationseinheit ihre definierten Aufgaben effektiv und effizient erfüllen kann. Damit ist schon gesagt, dass es sich auch auf der hier angesprochenen Abteilungsebene um eine kontinuierliche Organisationsentwicklung handelt, im Zuge derer Gestaltung und Abläufe immer wieder adaptiert werden müssen.

Ganz allgemein lässt sich feststellen, dass die Abteilung Unternehmenskommunikation die Analyse, Strategische Planung, Operative Umsetzung und Steuerung der internen Kommunikation im Hinblick auf die Unternehmensziele leisten muss. Die Organisationsentscheidungen beschreiben dazu sowohl formale Strukturen und Prozesse als auch informelle Einflussfaktoren, die es ermöglichen sollen, dass die Interne Unternehmenskommunikation ihre Managementfunktion im Unternehmen ausfüllen kann. Im Einzelnen gehören zu diesen Organisationsaufgaben die folgenden Punkte:

1. Die Entwicklung der Aufbauorganisation der Abteilung Unternehmenskommunikation;
2. Die hierarchische Anordnung der Abteilung in der Aufbauorganisation des Unternehmens und das notwendige Schnittstellenmanagement;
3. Die Definition von Stellung und Rolle der Abteilung Unternehmenskommunikation in dezentralen oder polyzentrischen Unternehmensgruppen;
4. Die Klärung der Bedingungen für den Zugang zur „dominant coalition";
5. Die Art und Weise, wie sich die Abteilung Unternehmenskommunikation in der Mikropolitik der Organisation verhält, welche Fähigkeiten zur Machtausübung sie entwickelt und wie und in welchem Umfang sie sei einsetzen kann.

Diese Organisationsentscheidungen dienen dem übergeordneten Ziel, die Leistungsprozesse im Unternehmen durch interne Kommunikation zu unterstützen und zugleich immaterielle Werte aufzubauen, die Unternehmen und ihre Mitarbeiter widerstandsfähiger machen (vgl. Kap. 2).

Dabei gelten nach wie vor die bereits seit 1992 beobachteten (vgl. Grunig 2002) und immer wieder fortgeschriebenen (vgl. Guery 2007) so genannten Exzellenzkriterien für die Organisation der Kommunikationsfunktion. Sie lassen sich für diesen Kontext in fünf generischen normativen Prinzipien zusammenfassen, die exzellente Kommunikationsabteilungen auszeichnen (vgl. Grunig 2002):

1. Resiliente Unternehmen müssen über eine integrierte Kommunikationsfunktion verfügen, d. h. über eine Kommunikationsabteilung, die alle unternehmensrelevanten Aufgaben der instrumentellen Kommunikation bündelt.

2. Die Abteilung Unternehmenskommunikation muss unmittelbar an die Führungsebene berichten und darf nicht anderen Managementfunktionen zugeordnet werden.
3. Die Leitung der Abteilung Unternehmenskommunikation muss Mitglied der so genannten „dominant coalition" im Unternehmen sein oder direkten Zugang dazu haben.
4. Die Abteilung Unternehmenskommunikation muss sich als strategische Managementfunktion verstehen, direkten Einfluss auf die Entwicklung der Geschäftsstrategie ausüben und dazu die darauf ausgerichteten Kommunikationsstrategien und –programme bereitstellen.
5. Das strategische und operative Handeln der Abteilung Unternehmenskommunikation muss symmetrische Beziehungen zu den jeweils relevanten Bezugsgruppen herstellen und dazu Kommunikationsprogramme entwickeln, die auf umfassender Analyse dieser Beziehungen und deren Veränderungen beruhen.

Unter den neuen Bedingungen eines eher labilen, mit existenzbedrohenden Risiken behafteten Unternehmensumfeldes kristallisieren sich neue Schwerpunkte bei den erforderlichen strategischen und operativen Leistungen heraus, die von der Abteilung Unternehmenskommunikation erbracht werden müssen. Sie lassen sich aus einer eher aufgabenorientierten und eher prozessorientierten Perspektive wie folgt zusammenfassen:

Neue Aufgabenschwerpunkte	*Neue Prozessanforderungen*
• Unternehmensrelevante Ressourcen aufbauen und Einfluss ausüben	• Umfassende Analysen des Unternehmensumfeldes
• Evidenzbasierte Beiträge zur Geschäftsstrategie	• Mehr Bottom-up und Outside-in-Kanäle sowie horizontale Kommunikation
• Heben des impliziten Wissens im Unternehmen	• Schnellere operative Umsetzung der Kommunikationsprogramme
• Komplette Steuerung der Führungskommunikation	• Stärkere Delegation an dezentrale Einheiten
• Flexiblere und schnellere Strategiewechsel des Unternehmens begleiten	• So viel Konsistenz wie nötig, so viel Flexibilität wie möglich in den Botschaften

Die genannten Exzellenzkriterien werden im Folgenden hinsichtlich dieser neuen Akzentuierungen erneut überprüft, ob und wenn ja inwieweit sie in ihrer Bedeutung zu differenzieren sind. Insgesamt bedeuten diese Akzentverschiebungen, dass die Abteilung Unternehmenskommunikation im Allgemeinen und die interne Kommunikationsfunktion im Besonderen in diesem Kontext, in dem es um die Verbesserung der Resilienz von Unternehmen geht, ihren Fokus noch deutlicher auf dem Ausbau einer eigenständigen Managementfunktion legen. Es geht weniger darum, der Unternehmensführung bzw. „dominant coalition" zuzuarbeiten, sondern vielmehr um eigene inhaltliche und zugleich sinnstiftende Beiträge zur Strategieentwicklung und evidenzbasierten Adaption des Unternehmens an veränderte Anforderungen des Umfeldes. Oder anders gesagt: Es geht darum, Übereinstimmung mit veränderten Umwelt- und Organisationsregeln herzustellen (vgl. Sison 2010, S. 319 ff.). In dieser Sicht wird die Interne Unternehmenskommunikation zum zentralen Aufgabenfeld der gesamten Unternehmenskommunikation, denn diese erweiterte Definition der Managementfunktion geht ausnahmslos in die Richtung der internen Kommunikation.

Aufgrund dieser Überlegungen ergibt sich zugleich eine neue Betrachtung der traditionellen Aufbauorganisation einer Abteilung Unternehmenskommunikation, die sämtliche führungsrelevanten Kommunikationsaufgaben umfasst. Diese traditionelle Aufbauorganisation gliedert die Abteilung horizontal in mehrere Funktionen, üblicherweise die Media Relations, Public Relations, Public Affairs, Corporate Social Responsibility und Interne Kommunikation, die in großen Unternehmen häufig noch einmal vertikal gegliedert sind. Als Regel für die Aufbauorganisation ist dabei lediglich der Grundsatz zu erkennen, dass die Differenzierung nach dem Kriterium der externen oder internen Zielgruppen erfolgt.

Schon bei Funktionen wie Corporate Social Responsibility oder Public Affairs ist diese Differenzierung jedoch nicht mehr zutreffend, da diese Funktionen in der Regel sowohl externe als auch interne Anspruchs- und Zielgruppen adressieren. Die Unterscheidung wird vollends irrelevant, wenn im Hinblick auf eine höhere Agilität bzw. verbesserte Widerstandsfähigkeit evidenzbasierte, strategieorientierte Strukturen und ein entsprechendes Handeln verlangt werden.

Die Untergliederung des Abteilungsaufbaus nach funktionalen Kriterien – und seien es die genannten klassischen Harvard-Schritte Analyse, Strategie und Umsetzung – entspricht den neuen Anforderungen deutlich besser, weil sie es prinzipiell ermöglicht, an Themenfeldern oder Projekten interdisziplinär zu arbeiten, d. h. die Kommunikationsprogramme jeweils auf sämtliche relevanten internen und externen Zielgruppen auszurichten. Gerade wenn es um organisiertes, systematisches Zuhören und Lernen geht, ist darüber hinaus die Gesamtschau und der Vergleich bzw. die Differenzfeststellung zwischen den externen und internen Beobachtungen von bestimmten Veränderungen im Unternehmensumfeld notwendig.

Letztlich dürfte im Hinblick auf die Aufbauorganisation der Abteilung Unternehmenskommunikation zukünftig sowohl in Theorie als auch in Praxis die Frage im Mittelpunkt stehen, wie man den Aufbau nach strategischen Themen bzw. Themenfeldern organisieren, sprich eine Differenzierung nach inhaltlich-strategischen Gesichtspunkten vornehmen kann. Für diese Themen werden dann kurz- mittel- und langfristig die jeweils benötigten Kommunikationsdisziplinen und fachlichen Kompetenzen in modularen Einheiten zusammengestellt. Insgesamt wird sich gerade die Abteilung Unternehmenskommunikation zukünftig weniger funktional-hierarchisch, sondern zunehmend funktional-flexibel aufstellen, um so die Adaptionsfähigkeit an immer schnellere Veränderungen zu verbessern.

Für die Unternehmenskommunikation stehen in der Aufbauorganisation von Unternehmen grundsätzlich zwei Möglichkeiten zur Verfügung, nämlich die Organisation in einer Stabsstelle oder die Organisation in einer Linienabteilung (vgl. Buchholz und Knorre 2010, S. 35 ff.; Guery 2007, S. 86 f.). Beide Formen können wichtige Exzellenzkriterien wie den direkten Zugang zur Unternehmensführung, die Organisation als eigenständige Abteilung und die geschäftsstrategische Ausrichtung erfüllen. Inwieweit der Zugang zur „dominant coalition" von der Position in der Aufbauorganisation abhängt, bedarf einer weiteren empirischen Überprüfung. Es wird vermutet, dass die Organisationsform einer Stabsstelle aufgrund der mangelnden Verankerung in der Linie, den damit fehlenden Weisungsbefugnissen und häufig unvollständigen Budgetierung sowie der großen Nähe zu den Führungspersonen den Zugang zur „dominant coalition" erschwert. Das gilt jedenfalls für die Fälle, in denen die Abteilung Unternehmenskommunikation als Stabsstelle ausschließlich zuarbeitende oder beratende Funktion hat, nicht jedoch faktische Entscheidungskompetenzen in Bezug auf andere Hierarchieebenen.

Alternative Formen der Aufbauorganisation, so zum Beispiel eine Funktionseinheit „Mitarbeiterkommunikation", die als eine gemeinsame Einheit der Kommunikations- und der Personalabteilung konstruiert ist und dementsprechend an beide „Mutterabteilungen" berichtet, erfüllen weder das Kriterium einer eigenständigen Abteilung noch das des direkten Zugangs zur Führungsspitze. Eine solche Mehrlinienorganisation ist zwar ein interessanter Versuch, die Mitarbeiterkommunikation als die größte Schnittmenge zwischen Personal- und Kommunikationsabteilung effektiv zu ordnen, aber entfernt zu weit von der Unternehmensführung. Das Management der Schnittstellen zu angrenzenden Unternehmensfunktion wird deshalb zu einer Organisationsaufgabe, die anders als durch die Aufbauorganisation gelöst werden muss.

Für das Schnittstellenmanagement rücken Fragen der Ablauforganisation in den Vordergrund, mit denen einerseits die Silos der Abteilungen verlassen werden. andererseits die notwendigen organisationsinternen Koordinationsleistungen sichergestellt werden können. Sach- und Koordinierungsaufgaben an Gruppen oder Teams zu delegieren ist nach wie vor eines der effektivsten Organisations- und Motivationskonzepte. Auf diese Weise lassen sich sowohl die vertikale als auch die horizontale, bereichs- und abteilungsübergreifende Organisation sicherstellen. Auch hier kommt es für die Organisation entscheidend darauf an, diese Vorteile einer starken Differenzierung zu nutzen, andererseits aber sicherzustellen, dass das Wissen der Gruppen auch wieder in die Gesamtorganisation oder übergeordnete Einheit integriert wird.

Während Arbeits- und Projektgruppen in der Regel zur Bearbeitung von bestimmten Themen oder zeitliche begrenzten Aufgaben eingesetzt und dann auch wieder abgesetzt werden, liegt der Fall bei solchen Themen und Aufgaben anders, die grundsätzlich im Schnittfeld von getrennten Organisationseinheiten liegen. Dass sich Verantwortungsbereiche oder Zuständigkeiten nicht sauber trennen lassen, von diesem Organisationsproblem ist die Abteilung Unternehmenskommunikation besonders stark betroffen. Neben den traditionellen Schnittstellen z. B. zur Personalabteilung oder zum Marketing, ergeben sich – nimmt man die neue Rolle der Internen Unternehmenskommunikation in resilienten Unternehmen ernst – zusätzliche Schnittstellen mit dem strategischen Controlling oder der Konzernentwicklung. Schlimmstenfalls entwickeln sich solche Zuständigkeitsüberschneidungen zu einem Versuchsfeld für mikropolitische Strategien. Hier ist entweder die Klärung über formale Regeln geboten oder aber ein aktives Schnittstellenmanagement mit den angrenzenden Unternehmensfunktionen, also ein aktive Zugehen auf benachbarte Abteilungen und ihr Einbeziehen in die Arbeit der internen Kommunikation.

Der Einfluss von Social Media auf die hierarchische Aufbauorganisation ist weiterhin ungeklärt (vgl. Kap. 15). Das Potenzial von Social Media, die vertikale interne Kommunikation so nachhaltig zu ergänzen, dass zusätzliches Wissen durch horizontale abteilungs- und hierarchieübergreifende Kollaboration generiert wird, bedarf der weiteren empirischen Überprüfung. Insgesamt dürften hierarchische Organisationsformen – so die These – weiterhin als überwiegende Organisationsform in erwerbswirtschaftlichen Unternehmen zu betrachten sein.

In komplexeren Unternehmensstrukturen, insbesondere in Unternehmensgruppen oder Konzernen, geht es dabei zugleich darum, die Balance zwischen Zentralität und Dezentralität bzw. zwischen strategischen Planvorgaben und Delegation sprich eigenverantwortlicher Umsetzung zu finden (vgl. Kap. 4 und 8). Gerade in international bzw. global agierenden Gruppen, die durch eine hohe Autonomie und damit in der Regel eine andere kulturelle Ausrichtung der Tochtergesellschaften gekennzeichnet sind, kann dies zu erheblichen Schwierigkeiten führen. Denn die Verantwortlichen für die interne Kommunikation in den dezentralen Einheiten berichten in der Regel im Rahmen einer Matrixorganisation zwar fachlich an die entsprechende Einheit in der Unternehmenszentrale, aber in der direkten Linie stehen sie zu ihrem jeweiligen Geschäftsführer oder Bereichsleiter in der Tochtergesellschaft bzw. dezentralen Einheit. Umso wichtiger wird in solchen Organisationen eine saubere Delegation, die die Freiräume, in denen die dezentrale Einheit eigenverantwortlich agiert, präzise beschreibt bzw. begrenzt und grundlegende Organisations- und Kommunikationsregeln mit den zentralen Botschaften und Inhalte vorgeben – allerdings ohne zu kompliziert zu werden (vgl. Kap. 8).

Wie übrigens andere Managementfunktionen auch braucht die Interne Unternehmenskommunikation jenseits der Aufbauorganisation weitere formalisierte Strukturen, nämlich einerseits Organisationsregeln und Richtlinien, andererseits Abstimmungsrunden und Koordinierungsgremien. Sie erhalten ihre Verbindlichkeit durch entsprechende Vorstands- oder Geschäftsführungsbeschlüsse. Letztere sind in der Organisationsgestaltung wichtig, weil sie Organisationsprozesse in alle Richtungen, also von oben nach unten, von unten nach oben sowie horizontal ermöglichen können.

In großen Organisationen mit dezentralen Einheiten gilt die Forderung nach einer so genannten integrierten Kommunikation als Stand der Lehre. Dabei geht es in der integrierten Unternehmenskommunikation zunächst einmal darum, aus geordneten Kanälen möglichst konsistente Botschaften aus Sicht der Unternehmensführung an die internen Zielgruppen auszusenden. Doch dieses Verständnis ist unvollständig. Wer davon ausgeht, dass die Frage, ob eine Kommunikation tatsächlich als integriert wahrgenommen und damit als überzeugend und glaubwürdig betrachtet wird, letztlich von den Organisationsmitgliedern selbst beantwortet wird, der wird Unternehmenskommunikation immer als die Organisation von Dialogprozessen auffassen, in denen die Antworten der Unternehmensführung an die internen Zielgruppen letztlich erst in bzw. nach einem Dialog geformt werden.

Grundsätzlich wird sich das Verständnis von integrierter Kommunikation weiter verändern je mehr Unternehmen sich damit beschäftigen, wie sie ihre Agilität verbessern können. Bei der von der Abteilung Unternehmenskommunikation zu leistenden Integrationsaufgabe geht es wie eben erwähnt schon lange nicht mehr ausschließlich darum, gegenüber den externen und internen Zielgruppen formal und inhaltlich geschlossen aufzutreten. Es geht gleichzeitig darum, neue Beobachtungen und Irritationen in die Wissensverarbeitung des dezentral organisierten Unternehmens zu integrieren. Aus der Organisationstheorie ist darüber hinaus bekannt, dass es die informellen, selbständigen, eigenverantwortlichen Organisationsmodelle sind, die motivationsfördernd wirken. Sie sorgen dafür, dass Themen bekannt und als Thema der internen Kommunikation oft überhaupt erst identifiziert werden können. Das verlangt jedoch ein systematisches Bereitstellen von Kommunikationsplattformen für den horizontalen und vertikalen Austausch zwischen dezentralen Unternehmenseinheiten. Hier können die sozialen Medien – insbesondere in einem globalen Kontext – grundsätzlich ihre Stärken entfalten.

Integrierte Kommunikation bedeutet darüber hinaus zukünftig noch viel stärker, die internen Zielgruppen trotz schneller Strategiewechsel für die Ziele der Führung zu gewinnen und auf diese Weise integrativ zu wirken. Auch dies ist eine Voraussetzung dafür, möglichst konsequent delegieren zu können. In welchem Maße ein Unternehmen integriert kommuniziert, lässt sich an einem zentralen Erfolgsfaktor messen, nämlich dem Grad des strategischen Verständnisses bzw. der strategischen Orientierung, der bei den internen Zielgruppen aufgebaut werden kann. Strategisches Verständnis ist dabei mehr als die Kenntnis der jeweiligen Unternehmensstrategie, es setzt den systematischen, von den Organisationsmitgliedern nachvollzogenen oder selbst vorgenommenen Abgleich zwischen internen und externen Wahrnehmungen und den entsprechenden Meinungsbildungen voraus.

Beides sicherzustellen – Sinn- und Identitätsstiftung durch Konsistenz einerseits, Offenheit und Flexibilität durch sichtbare Kontingenz andererseits – verlangt organisatorisch die richtige Balance zwischen Zentralität und Dezentralität, zwischen Differenzierung bis hin zu internem Wettbewerb einerseits und Geschlossenheit bis hin zur reinen Topdown-Kommunikation andererseits. Wichtig ist, dass keine dieser Formen per se besser oder schlechter ist, sie muss vor allem der jeweiligen Unternehmenssituation in den sich verändernden Rahmenbedingungen angemessen sein. Management ist das Feststellen von Differenzen zwischen Soll- und Ist-Zuständen – das gilt auch für die organisatorische Gestaltung der Internen Unternehmenskommunikation.

Der direkte Zugang zur Führungsspitze und der Zugang zur „dominant coalition" wird in Wandelprozessen, Krisensituationen oder abrupten Strategiewechseln essentiell für die erwünschten Leistungen der Internen Unternehmenskommunikation (Bowen et al. 2010, S. 25 ff.). Das gilt umso mehr als Vertreter der Unternehmenskommunikation es nach wie vor selten in der Geschäftsführung oder Vorstandsebene vertreten sind. Die „C-Suite" (vgl. Bowen et al. 2010) und damit die Machtbefugnisse qua Hierarchie bleiben den Kommunikationsmanagern weitgehend verschlossen. Der Zugang zu den informellen Machtzentren wie der „dominant coalition" wird deshalb nach den vorliegenden empirischen Studien zwanzig Jahre nach Grunigs Definition der Exzellenzkriterien nach wie vor als kritischer Erfolgsfaktor angesehen (vgl. Bowen 2009, S. 419). Die Faktoren Eigenständigkeit und

Aufbau einer integrierten Kommunikationsabteilung spielen als Organisationsprinzip vor allem im Hinblick auf ihren macht- und mikropolitischen Beitrag eine immer bedeutendere Rolle. Denn wer Zugang zu den relevanten externen Bezugsgruppen aufbauen und pflegen soll, der braucht internes „soziales Kapital" (vgl. Sommerfeldt und Taylor 2011, S. 199) und zwar in Hülle und Fülle.

Da Form und Zugehörigkeit zur „dominant coalition" durchaus wandelbar sind (vgl. Bowen 2009, S. 420), wird ebenfalls zu überprüfen sein, ob in solchen Umbruchsituationen die Abteilung Unternehmenskommunikation nicht sogar selbst zum Gatekeeper der „dominant coalition" werden kann, weil sie in Krisen und Veränderungssituationen über die relevantesten Führungsinstrumente in Form der internen Führungs(kräfte)kommunikation verfügt. So gesehen sind auch die Organisationsformen Stab und Linie in ihren Leistungs- und Einflusspotenzialen möglicherweise neu zu bewerten, wenn es um Krisenbewältigung im Sinne eines resilienten Unternehmens geht.

Jedenfalls weisen erste empirische Studien darauf hin, dass unter den Bedingungen, unter denen die Abteilung Unternehmenskommunikation Zutritt zur „dominant coalition" erhält, das Auftreten von essentiellen Unternehmenskrisen mit Abstand die meist genannte ist (vgl. Bowen 2009, S. 426 f.). Alle anderen Bedingungen – Probleme mit ethischen Grundfragen, gelungene Überzeugungsarbeit über die Leistungen der Kommunikationsabteilung, Beschuss der Medien oder neues Führungsverständnis (vgl. ebd.) – spielen nur eine untergeordnete Rolle. Dieser Befund bestätigt wenigstens ansatzweise empirisch die Annahmen, dass Unternehmen, die robuster und zugleich elastischer mit Krisen umgehen können, Verschiebungen in der internen Einfluss- und Machtverteilung innerhalb der Abteilung Unternehmenskommunikation und auch innerhalb des Unternehmens vornehmen. Die oben beschriebenen Verschiebungen innerhalb der Abteilung Unternehmenskommunikation hin zur Strategiefindung und internen Führungskommunikation – so die Annahme – bilden dabei zugleich die Basis für die Machtverschiebung innerhalb der informellen Unternehmenshierarchie.

Ob die verantwortlichen Manager der Abteilung Unternehmenskommunikation Mitglied der „dominant coalition" des Unternehmens sind oder direkten Zugang zu ihr haben, hängt neben der aus dem Umfeld entstehenden Krisensituation zugleich davon ab, inwieweit sie intern über Macht verfügen und Einfluss geltend machen. Dass Unternehmen nicht monolithisch sind und nur sehr begrenzt über eine Organisationsrationalität verfügen, sondern vielmehr zugleich aus Partikularinteressen einzelner Organisationseinheiten bestehen, ist seit Henry Mintzberg akzeptierter Befund (vgl. Mintzberg 1989; Bugomil und Schmidt 2001). Die Fähigkeit zur Interessendurchsetzung hängt dabei – in Anwendung der Resource-Dependency-Theorie auf die organisationsinternen Beziehungen zwischen Abteilungen bzw. Unternehmensfunktionen – wesentlich von den Ressourcen ab, die eine Abteilung dem Unternehmen nach allgemeiner Einschätzung zur Verfügung stellen kann. Diese Einschätzung wird nicht zuletzt davon geprägt, ob andere Abteilungen auf die Ressourcen der bereitstellenden Abteilung angewiesen sind, d. h. deren Ressourcen für ihre eigene Machtausübung benötigen (vgl. Engelen et al. 2011, S. 297). Offensichtlich werden gerade in Krisensituationen die Ressourcen der Kommunikationsabteilung als kritisch eingestuft, was Machtausübung und den Zugang zur „dominant coalition" erleichtert.

Die Abteilung Unternehmenskommunikation muss schon aus diesem Grund ein klares Verständnis davon entwickeln, welche Leistungen sie und nur sie dem Unternehmen zur Verfügung stellt und wie sie diese exzellent ausführen kann. Haben die internen Akteure den Eindruck, dass diese Leistung substanzlos oder substituierbar ist, fehlt das Machtpotenzial. Das bedeutet in diesem Kontext, dass die Abteilung Unternehmenskommunikation eine eigene „thought world" (Engelen et al. 2011, S. 298) mit einem definierten Orientierungspunkt und expliziten Kompetenzen entwickeln muss, die sich von denen anderer Abteilungen unterscheiden und deshalb potenziell Dependenzen aufbauen kann. In einschlägigen Untersuchungen zu Macht und Einfluss von verschiedenen Abteilungen fehlen diese Definitionen – am Ende nicht überraschend – für die Abteilung Unternehmenskommunikation, so dass sie hier nachgetragen werden.

Die Denkwelt der Kommunikationsabteilung ist mit „Führungsorientierung" zu beschreiben, die insbesondere für Krisensituationen bereitgestellten Kompetenzen lauten Umweltkenntnisse, Beziehungs- und Identitätsstiftung durch interne Kommunikation. In diesem Zusammenhang der Machtausübung sind letztlich auch die Anstrengungen von Theorie und Praxis zu sehen, die definierten Beiträge der Unternehmenskommunikation zur Wertschöpfung im Unternehmen zu messen und damit in das traditionelle Controlling einzufügen (vgl. Kap. 11). Allerdings stehen in diesem Zusammenhang vor allem die Ressourcen im Vordergrund, die die Abteilung Unternehmenskommunikation anderen Organisationseinheiten – Abteilungen, Tochtergesellschaften oder Projektgruppen – zur Verfügung stellen kann. Der Beitrag zur materiellen und immateriellen Wertschöpfung des Gesamtunternehmens schlägt nicht oder nur begrenzt durch, wenn es um Partikularinteressen und die Ausübung von Macht geht.

Fazit: Auf der Suche nach den Bedingungen dafür, dass Unternehmen sich als agil bzw. widerstandsfähig selbst in unsicheren Zeiten erweisen können, sind die Exzellenzkriterien für die Organisation der Kommunikationsfunktion offensichtlich neu zu gewichten, ihre Relevanz bestätigt sich jedoch insgesamt erneut. Eigenständigkeit, direkter Zugang zur Unternehmensführung und zur „dominant coalition" sowie evidenzbasierter Strategiebeitrag bilden jenseits von Fragen der Aufbau- und Ablauforganisation die zentralen Kriterien für resiliente Unternehmen. Es bleibt zu beobachten, inwieweit sie bei weiter steigender Komplexität des Unternehmensumfeldes und den damit steigenden Anforderungen an die Agilität bzw. Adaptionsfähigkeit von Unternehmen ergänzt werden müssen. Ein flexibler modularer Aufbau der Kommunikationsfunktion sowie ein gesicherter Fundus an Wissen und Know-how über Umfeld und Anspruchsgruppen, die als Ressourcen für das gesamte Unternehmen relevant sind, könnten zukünftig als Exzellenzkriterium hinzukommen.

Kompakt

Das Konzept des „Enterprise 2.0" ist kein Technologie-, sondern vor allem ein Managementkonzept. Nur wenn es gelingt, die Potenziale des vorrangig im externen Netz praktizierten direkten Nutzeraustausches mittels Social Media auch unter den Bedingungen einer erwerbswirtschaftlichen Organisation zum Tragen zu bringen, kann eine Kollaboration entstehen, die für das Unternehmen einen echten Mehrwert erbringt.

Das verlangt klare Vorstellungen des Managements davon, an welchen Stellen der Leistungsprozesse kollaborative Technologien eingesetzt und wie die dort kreierten Inhalte intern verarbeitet werden können. Klassische Führungsaufgaben wie Vertrauensbildung, Vorbildfunktion und strategische Orientierung, die zugleich das Aufgabenspektrum der Internen Unternehmenskommunikation definieren, gewinnen unter den Bedingungen des Web 2 eine neue, zusätzliche Relevanz. So zeigen beispielsweise Anwendungen im Bereich des Innovationsmanagements, dass der Erfolg von Kollobarationssoftware nicht zuletzt davon abhängt, ob es dem Management gelingt, das notwendige Vertrauen in die unternehmerischen Ziele und Führungsgrundsätze herzustellen, ohne das Mitarbeiter ihr individuelles Wissen dem Unternehmen nicht oder nur eingeschränkt zur Verfügung stellen.

Für die interne Kommunikation heißt das, dass sich ihre Arbeit auch im Web 2.0-Zeitalter nicht auf die Rolle eines Nutzers oder Initiators von Social Media beschränken kann, schon gar nicht auf die eines technischen Dienstleisters. Vielmehr behalten alle Elemente der so genannten instrumentelle interne Kommunikation, die sich weiterhin auch aus der top-down-Perspektive auf immaterielle Werte wie Vertrauen, Orientierung und letztlich Akzeptanz richten, ihre Bedeutung. Mehr noch: Von Ihnen hängt es maßgeblich ab, ob kollaborative Technologien tatsächlich einen Mehrwert entfalten können.

U. Buchholz, S. Knorre, *Interne Unternehmenskommunikation in resilienten Organisationen*, 91
DOI 10.1007/978-3-642-30724-9_10, © Springer-Verlag Berlin Heidelberg 2012

Ohne den Hinweis auf die Bedeutung der Idee des „Enterprise 2.0" kommt heute schon kein Managementbuch mehr aus, die Suche nach resilienten Organisationsformen wird das Interesse an diesem Thema weiter verstärken. Der Begriff, den Andrew McAfee 2006 einführte, bezieht sich auf die systematische Anwendung von so genannter kollaborativer Software (synonym gebraucht werden Social Software oder Social Media) in Unternehmen – Software, die die Funktionen Suchen, Verlinken, eigenes Erstellen von Inhalten, Kategorisierung von Inhalten durch Nutzerverhalten sowie das Entwickeln weiterer Nutzungsvorschläge aufgrund des Nutzerverhaltens ermöglicht (McAfee 2006, S. 23). Dahinter verbirgt sich heute eine ständig wachsende Zahl von Softwareprodukten von Wikis, Blogs, Social Tagging, Social Networking, Instant Messaging etc. bis hin zu spezifischer Innovationssoftware oder Internet- und Intranet umfassenden IT-Plattformen wie dem Mikrosoft-Produktpaket Sharepoint bzw. zahlreichen alternativen Open Source Angebote. McAfee bezeichnet diese Software als emergent (vgl. McAfee 2006, S. 26), weil sie im direkten unmittelbaren Austausch der Nutzer neue originäre Inhalte generieren können, die mehr sind als einfach nur das Zusammenfassen individueller Arbeiten. Sie kommen zustande – so die Annahme – bei möglichst wenig beeinflussender oder gar steuernder Vorgaben durch die Software.

So einleuchtend diese Feststellungen sind, sie formulieren doch zugleich ein Paradox: Ein Software gestützter Arbeitsprozess, der sich selbst organisiert, setzt im Kontext eines Unternehmens voraus, dass er gesteuert ist, sprich dass es grundlegende Führungsentscheidungen gibt, die darauf abzielen, spezielle Social Software anzuschaffen und zu implementieren, die Nutzungsbedingungen der organisationsinternen Nutzer festzulegen oder tatsächliches Nutzungsverhalten zu tolerieren. Nicht von ungefähr widmet McAfee der Rolle des Managements als „Enabler" (McAfee 2006, S. 26 f.) von Enterprise 2.0 besonderes Augenmerk. Dem Management kommt seiner Auffassung nach die Aufgabe zu, für eine dem Gedanken der weitgehend informellen Online-Kollaboration aufgeschlossene Unternehmenskultur zu sorgen und selbst durch Vorbildfunktion zur Teilnahme an der internen Netzwerkkommunikation zu motivieren – alles in allem also ein sehr klassisches Führungsmodell. Es bildet zugleich den Rahmen für die Aufgaben, die die Interne Unternehmenskommunikation im Kontext von Enterprise 2.0 übernehmen muss. Der hier unter Bezug auf McAfee verwendete Begriff des Managements umfasst im Folgenden deshalb immer ausdrücklich auch die Managementfunktion der Internen Unternehmenskommunikation.

Überhaupt wird schon in diesen ersten Ausarbeitungen deutlich, dass es weniger Fragen der Technologie bzw. Software, sondern vor allem Fragen des Managements bzw. der Führung sind, die im Rahmen des Enterprise 2.0-Konzeptes beantwortet werden müssen. Denn ein zweites Paradox wird schnell sichtbar: Emergente Netzwerke in Unternehmen verlangen einerseits ein „postheroisches" Führungsverständnis (vgl. Mintzberg 2009), sprich eines, dass sich von traditionellen Autoritätsvorstellungen zumindest teilweise ablöst und damit zugleich einen potenziellen Kontrollverlust in Kauf nimmt. Andererseits verlangt Enterprise 2.0 jedoch eine starke vertrauensbildende Führung und Führungskommunikation, die Netzwerke als geschützte Räume für den kreativen Austausch zwischen Mitarbeitern bzw. Organisationsmitgliedern und deren sinnvollen Einsatz für die Geschäftsziele garantieren kann.

McAfee geht in seinem grundlegenden Ansatz also vor allem von der internen Anwendung kollaborativer Technologien in Unternehmen aus und thematisiert folgerichtig zugleich vor allem Fragen der inneren Führung. Denn die eigentliche Gretchenfrage besteht ja darin: Wie wirken Web 2.0-Anwendungen, die im Internet funktionieren, wie wirken diese in der organisationsinterne Kommunikation mit ihren Hierarchien, Machtspielen und Abhängigkeiten bzw. unter welchen Bedingungen können sie die Stärken tatsächlich entwickeln, die sie im externen Umfeld aufweisen?

Dass es hier schon aufgrund der Rolle „abhängig Beschäftigter" nicht um eine eins zu eins Übertragung der Erfahrungen aus dem Internet auf die organisationsinternen Bedingungen gehen kann, wird erstaunlicherweise selten präzise formuliert. Das mag daran liegen, dass sich die weitere Betrachtung nach McAfee zunächst auf den Einsatz von Web 2.0-Technlogien im Kundendialog bzw. Marketing konzentrierte. Exemplarische Erfolge bei der Einbeziehung von Kunden in die Produktentwicklung zeigten das Kreativ- und Bindungspotenzial dieser neuen Form der Kollaboration. Die rein interne Perspektive, die auf die Verbesserung der Zusammenarbeit der „knowledge worker" (McAfee 2006, S. 22 in Anlehnung an Peter Drucker) im Unternehmen abzielte, geriet zunächst in den Hintergrund. Enterprise 2.0 als Managementkonzept wird infolgedessen bis heute eher in Bezug auf Marketing und Customer Relationship Management diskutiert, weniger als emergente Technologien im rein internen Gebrauch, sprich im Einsatz für strategische Entwicklung, Change Management oder internes Kommunikationsmanagement. Der Rückbezug auf McAfee zeigt jedoch, dass Enterprise 2.0 gerade und vor allem das Letztere nahelegt. Enterprise 2.0 meint ja gerade den wertschöpfenden Einsatz von Web 2.0-Tools in Unternehmen, das heißt aber unter den Bedingungen von Organisationen bzw. ihren Regeln und Ressourcen.

Damit nähert man sich zugleich der Frage, ob kollaborative Software eigene zusätzliche Wertschöpfungsbeiträge für die Organisation schaffen kann, indem sie die interne Kommunikation auf eine technologisch völlig neue Basis stellt. Immerhin beansprucht die Interne Unternehmenskommunikation bereits jetzt für sich, messbare Wertschöpfungsbeiträge im Unternehmen durch die Verbesserung von Leistungsprozessen und das Schaffen immaterieller Güter leisten zu können. In der neusten McKinsey Studie 2010 werden als positive Effekte in der internen Nutzung von Web 2.0 der schnellere und hierarchiefreiere Informationsaustausch, die bessere abteilungsübergreifende Zusammenarbeit und das projektorientiertere Arbeiten genannt (Bughin und Chui 2010, S. 6). Zusammen mit der Überlegung, dass Orientierung und – wie im Folgenden noch erörtert wird – Vertrauen im Kontext von Enterprise 2.0 weiterhin von der instrumentellen internen Unternehmenskommunikation zu leisten sein wird, legt dieser Befund der McKinsey Studie 2010 die Schlussfolgerung nahe, dass sich der Wertschöpfungsbeitrag der kollaborativen Technologien im Wesentlichen auf die Unterstützung der geschäftlichen bzw. betrieblichen Leistungsprozesse bezieht.

Dennoch bleiben hier viele Fragen im Zusammenhang mit den unterschiedlichen Wertschöpfungsbeiträgen offen, insbesondere was deren gegenseitige Abhängigkeiten angeht.

Verstärkt Web 2.0 zwar Solidarität und Loyalität unter den Organisationsmitgliedern, reduziert aber die Bindung an das Unternehmen? Verringern sich Hierarchien in kollaborativen Netzwerken oder entstehen unter den Bedingungen von Organisationen neue Enterprise 2.0-spezifische Hierarchien?

Die Antwort auf die Frage, welchen Wertbeitrag die Kommunikation in kollaborativen Netzwerken im Unternehmenskontext real zu leisten in der Lage ist und vor allem wie sie das kann, ist dementsprechend noch nicht befriedigend gelungen. Eine Verortung des Enterprise 2.0-Konzeptes in der Theoriediskussion um die ressourcenorientierten Ansätze des strategischen Managements, insbesondere die genaue Untersuchung der so genannten relationalen Ressourcen und den daraus entstehenden Wettbewerbsvorteilen, bietet einen ersten gedanklichen Ansatz (vgl. Duschek und Sydow 2002, S. 5 ff.).

Aus dieser ressourcenorientierten Perspektive ist davon auszugehen, dass Investitionen in kollaborative Technologien sich nur dann auszahlen, wenn es den Unternehmen gelingt, die neuen kommunikativen Prozesse stabil in ihre Geschäftsabläufe sowie Lern- und Entwicklungsprozesse einzubinden und zugleich sinnstiftend zu verbinden, nämlich im Sinne des Unternehmenszweckes und der gewählten Strategie. Gibt es kein Management, das dazu Lösungen anbietet und diese intern kommuniziert, dann bleibt von dem Konzept des Enterprise 2.0, in dem Werte durch umfassendere und schnellere Formen der Kollaboration geschaffen werden sollen, nur eine Ansammlung von Softwareprodukten. Dieser Gedanke entspricht den normativen Anforderungen an einen Dialog bzw. an dialogische Kommunikation – eine Qualität, die von Social Media allgemein beansprucht wird. Dialog ist aber nicht gleichbedeutend mit einem einfachen Meinungsaustausch, sondern ein Dialog soll zu einer höheren Stufe der Meinungsbildung und Erkenntnis führen. Dieses Mehr an Erkenntnis ist wiederum nur dann ein Mehrwert für das Unternehmen, wenn es gespeichert und zur Verfügung gestellt wird. Ohne einen inhaltlichen Mehrwert, der im konstruktiven Gedankenaustausch erzielt wird, gibt es allenfalls Feedbackschleifen oder Votings, aber keinen Dialog (vgl. Pieczka 2011, S. 117).

Vor diesem Hintergrund sind auch die Ergebnisse empirischer Erhebungen zum Einsatz von Web 2.0 in der Unternehmenspraxis zu deuten. Der bereits zitierten McKinsey-Studie zufolge geben rund zwei Drittel der über 3200 befragten Führungskräfte an, bereits Web 2.0 in ihren Unternehmen zu nutzen und künftig verstärkt in Web 2.0 Technologien zu investieren, weil sie sich positive Effekte auf den Unternehmenserfolg, insbesondere auf die Erhöhung des Marktanteils, erhoffen (Bughin und Chui 2010, S. 4).

Dennoch zeigt auch diese Studie nach wie vor große Unterschiede in der tatsächlichen Verbreitung bzw. Nutzung von Web 2.0-Technologien. Die mit Abstand größte Zahl der befragten Unternehmen wird der Gruppe zugeordnet, die nur sehr begrenzten Einsatz von Web 2.0 machen, die wenigsten gelten als „fully networked" (Benghin und Chui 2010, S. 5). Oder anderes gesagt: Einer relativ kleine Gruppe Enterprise 2.0-Unternehmen steht eine große Mehrheit von Unternehmen gegenüber, die nur abgestuft Web 2.0-Technologien einsetzen. Grund dafür ist kaum in möglichen technischen Restriktionen bei der Anwendung der kollaborativen Technologien zu suchen, sondern in den Herausforderungen für das Management bzw. die Führung eines Unternehmens, in dem die internen Ressourcen bzw. deren Nutzung mittels dieser Software verbessert werden sollen.

Enterprise 2.0 verlangt eine komplexe Managementleistung, deren Anforderungen erst langsam definiert werden. Die Web 2.0-Philosophie, wonach hierarchiefreie, sich selbst steuernde Netzwerke für kreatives Wissen für alle nachvollziehbar und transparent generieren, reicht nicht aus, um ihre Wirkungen im Kontext von Organisationen zu beschreiben. Diese Internet-Philosophie war möglicherweise eher hinderlich im Hinblick auf die Entwicklung eines Managements 2.0 (vgl. Management Innovation Exchange 2011), das für mehr Unternehmen Relevanz hat als nur für die relativ kleine Gruppe der Vorreiter.

Ein Ansatz der ersten Stunde, eine neue Form der Wertschöpfung mithilfe von Social Software in Unternehmen zu realisieren, ist das Konzept der „Open Innovation". Es zeigt exemplarisch, wie sich kollaborative Technologien mit dem „Enabling" (McAfee 2006, S. 26 f.) durch die Unternehmensführung verbinden müssen.

Während es beim Wissensmanagement im engeren Sinne vorrangig darum geht, Wissen als vorhandenes Wissen „festzuhalten", ist das Konzept der „Open Innovation" eher prozessual ausgerichtet, d. h. es geht um die Frage, wie Wissen und damit Innovation überhaupt entstehen können. In der einschlägigen Literatur wird seit einigen Jahren unter dem Begriff „Open Innovation" eine Interpretation des Innovationsprozesses als prinzipiell offenes und interaktives Kommunikationssystem diskutiert. Es steht in Kontrast zum klassischen geschlossenen Forschungsprozess, in dem Unternehmen nur die Ideen nutzen, die aus ihren eigenen, möglichst vor dem Zugriff von außen abgeschirmten Entwicklungsabteilungen stammen. „The open innovation mechanism allows organization to acquire, integrate and process external information more efficiently and effectively. It is a new form of interacting and collaborating with the external environment of a company including various potential external actors (beyond suppliers, customers, universities etc). By applying methods of open innovation an organization can overcome its local search bias and acquire precise need information and therefore innovate more successful and cost efficient." (Diener und Piller 2010, S. 14).

Die Vorstellung, dass Innovationsprozesse linear verlaufen, wurde damit zu den Akten gelegt, stattdessen beschäftigt man sich seitdem vorrangig mit interaktiven Prozessen und Netzwerkbildung. Open Innovation beschreibt in diesem Sinne im Grunde einen gemeinschaftlichen Lernprozess, der entweder im gesamten Unternehmen stattfindet oder in ausgewählten Gruppen oder Teams. So genannte „Communities of Practice" generieren möglichst selbst gesteuert Wissen durch Kollaboration. So gesehen erweitert der Enterprise 2.0-Ansatz diesen Gedanken der Communities noch einmal, in dem er solche definierten bzw. per Führungsentscheidung festgelegten Gruppen zugunsten von undefinierten offenen (internen) Netzwerken weiterentwickelt (vgl. Koch und Richter 2010, S. 20 f.).

Der gemeinschaftliche, prinzipiell nicht an den Unternehmensgrenzen gebundene, kommunikative Innovationsprozess ist in der gerade im Konsumgüter- und Handelsbereich praktizierten Öffnung für den Kunden sichtbar. Das Konzept der Open Innovation besagt, dass hier im Gegensatz zum klassischen Marketing nicht mehr nur nach den Kundenbedürfnissen geforscht wird, sondern dass Kunden zum Beispiel über spezielle Software des „Co-Designs" selbst aktiv und kreativ werden. Der Kunde wird in die Produktentwicklung integriert, ganz so wie es die Entwicklung von Open Source-Software beispielhaft vormacht. Kundendialog via Twitter, Facebook etc. ergänzen diese Einbeziehung des Kunden in die Unternehmenswelt. Das Schlagwort Enterprise 2.0 wird nicht selten mit solchen Formen der Vernetzung zwischen Unternehmen und Kunden gleichgesetzt.

Dabei reicht das Spektrum dessen, was unter „Open Innovation" verstanden wird, von der reinen Online-Ideenbörse – entweder firmenungebunden oder firmenspezifische Lösungen – auf der per Ausschreibung eine externe Entwicklung schlicht eingekauft wird, bis zu echten kollaborativen Plattformen auf denen sich externe und interne Akteure verbinden wie Connect&Develop von Procter&Gamble. Sprich: Nicht jedes „Open Innovation"-Projekt ist automatisch ein kollaboratives Projekt, das im Sinne des Enterprise 2.0-Konzeptes über die Qualität der Emergenz verfügt. Dennoch bleiben Innovation bzw. Innovationsmanagement die Unternehmensbereiche, in denen kollaborative Software systematisch eingesetzt und zusätzliche Wertschöpfung dadurch erzielt wird, dass sie eine schnellere, flexiblere und breiter angelegte Generierung von Wissen ermöglicht. Allerdings bedarf es dazu bestimmter Voraussetzungen.

Und hier schließt sich der Kreis: Denn wie von McAfee beschrieben sind auch kollaborative Innovationsprozesse nicht nur von der eingesetzten Software, sondern vor allem von der Managementleistung bzw. der Führung abhängig, die solche Prozesse im Kontext des Unternehmens ermöglicht und unterstützt. Die Managementleistung, um die es hier geht, ist kurz und schnell beschrieben: Wie gewinnen Mitarbeiter das notwendige Vertrauen, dass sie veranlasst zu entscheiden, ihr individuelles Wissen zur Verfügung zur stellen, es in der höchst möglichen Qualität zu teilen und andere daran mitarbeiten zu lassen.

Empirische Studien zeigen, dass es hier noch erhebliche Einschränkungen gibt, was die Bereitschaft des Teilens von Wissen angeht (vgl. Sukowski 2002, S. 87 f., S. 110 f.). Unter den Spielregeln von Organisationen wird Wissen noch immer als Machtfaktor angesehen, den man umso weniger teilt wie die Gruppe größer wird. N an alle – dieses vielzitierte Prinzip des Social Web funktioniert im unternehmensinternen Wissensmanagement offensichtlich (noch) nicht oder nur mit deutlichen Einschränkungen.

Umso wichtiger ist es, unter Bezug auf McAfee die Wechselwirkungen zwischen kollaborativen Technologien und Management herauszustellen. Hierauf richtet sich auch das interne Kommunikationsmanagement. Vertrauen und Orientierung bleiben als zentrale Kategorien interner Kommunikation nicht nur erhalten, sondern gewinnen eine neue Dimension im Kontext von Enterprise 2.0. Denn die wertschöpfende Wirkung kollaborativer Software, die im Wesentlichen auf der Ebene der Leistungsprozesse bzw. deren Verbesserung liegt, hängt letztlich davon ab, dass zugleich immaterielle Werte wie Vertrauen und Orientierung durch (Führungs-) Kommunikation geschaffen werden.

Ganz im Sinne von McAfee müssen Führung bzw. Führungskräfte durch Vorbild und vertrauensbildende Kommunikation die Grundlage dafür schaffen, dass kollaborative Software ihre Potenziale überhaupt entfalten kann. Analog gilt dies für die vom Management zu leistende Orientierung über die grundlegenden Zwecke und geschäftlichen Ziele der Unternehmung. Wenn die systemtheoretische Annahme stimmt, dass Hierarchien zur Reduzierung von Kommunikation dienen, dann lässt sich hier auch der Umkehrschluss ziehen: Die wenigstens teilweise Auflösung von Hierarchien in (unternehmensinternen) Netzwerken führt zugleich zu einem erhöhten Kommunikationsbedarf, und zwar nicht nur unter den Nutzern der kollaborativen Technologien, sondern unter allen Organisationsmitgliedern bzw. Mitarbeitern.

Damit stellt sich die Frage, wie die Unternehmensführung mittels interner Kommunikation ihre Orientierungsfunktion ausfüllen kann, wenn gleichzeitig durch kollaborative Technologien eine Themen oder Projekt getriebene Online-Kooperation hergestellt wird, in der Mitarbeiter weitgehend selbstständig arbeiten (sollen). Mit anderen Worten: Es kommt darauf an, mittels interner Kommunikation die genannten Paradoxien der Führung kommunikativ aufzulösen: Autorität herstellen, obwohl es um hierarchieferne Kollaboration geht; Orientierung geben obwohl emergente Software am Werke ist; Führung durch individuelles Vorbild sichtbar machen auch wenn Netzwerke auf kollektive Intelligenz setzen, Top-down-Kommunikation einsetzen auch wenn die Enterprise 2.0-Kultur hierarchiefrei funktioniert; Kontingenz zeigen ohne die Konsistenz zu verlieren.

Geht das, indem die Interne Unternehmenskommunikation nur noch aus der Rolle des „einfachen" Nutzers bzw. Netzwerkers betrachtet wird? Wenn ja, dann ist im Enterprise 2.0 für die traditionelle „instrumentelle Kommunikation" (Szyska 2006, S. 57) mit der Unternehmensführung bzw. Unternehmensziele unterstützt werden sollen, kein Platz mehr. Daran sind in Anbetracht der eben genannten neuen „alten" Managementaufgaben Zweifel angebracht. Wenn Orientierung durch Sinnstiftung und Vertrauen weiterhin die zentralen Wertschöpfungsbeiträge der Internen Unternehmenskommunikation sind, die gerade im Kontext von Enterprise 2.0 eher an Bedeutung gewinnen denn verlieren, dann muss es neben der selbstgesteuerten, eher informellen Kommunikation zusätzliche Ebenen der instrumentellen internen Kommunikation geben.

Aber Orientierungs- und Erklärungsaufgaben sind unter den Bedingungen des Enterprise 2.0 in Teilen anders zu lösen als unter traditionellen Bedingungen. Dazu zählt vielleicht an erster Stelle das Verständnis dafür, dass in einem (teilweise) vernetzten Unternehmen die Kontingenz von Entscheidungen sichtbarer wird und dass auch Führungsentscheidungen in stärkerem Maße auf diskursiven Prozessen beruhen als unter den Bedingungen traditioneller hierarchischer Organisationsformen.

Ein Blick auf das Nutzungsverhalten von Mitarbeitern macht weitere Konsequenzen für das Management deutlich. Analog zur Unternehmensebene zeigen sich nämlich sehr unterschiedliche Grade der Involvierung der Nutzer von Web 2.0. Ob die viel zitierte Forrester-Leiter (vgl. Forrester 2010) mit ihren nunmehr sieben unterschiedlich engagierten Nutzergruppen oder die Jakob Nielsen-Regel (vgl. Nielsen 2006), die generalisierend für Online-Communities annimmt, es gebe 90 % Zuschauer, 9 % gelegentliche Nutzer und nur 1 % starke Nutzer – alle diese Befunde weisen auf ein sehr heterogenes Bild hin, bei dem sich vor allem ein strukturelles Phänomen herausschält: Eine relativ kleine Gruppe von hochaktiven Web 2.0-Nutzern steht der großen Mehrheit sehr unterschiedlich engagierter Nutzer gegenüber (vgl. auch Busemann und Gscheidle 2011).

Geht man in Analogie davon aus, dass sich unter den Mitarbeitern eine ähnliche Verteilung findet, dann hat allein dieses Phänomen erhebliche Konsequenzen für die aufgeworfenen Führungsfragen und damit die Funktion der internen Unternehmenskommunikation, die die Führung unter den Bedingungen des Enterprise 2.0 unterstützen muss.

Die „instrumentelle" interne Kommunikation inklusive Führungskommunikation wird nicht von der informellen Netzwerkkommunikation abgelöst, sondern sie muss sich deren Regeln (bis zu einem gewissen Maße) zu Eigen machen. Dazu gehört die Einbeziehung der Gruppe der intensiven Nutzer und informellen Meinungsführer in den Netzwerken in die Strategie der internen Kommunikation. Die Frage, welche Rolle „Creators" (Forrester 2010) einnehmen sollen, ist unter den Bedingungen von Organisationen, deren Rechtsrahmen notwendigerweise nach wie vor hierarchische Strukturen hervorruft, weiterhin eine, die aus der Top-down-Perspektive gestellt wird. Die interne Unternehmenskommunikation hat sich in diesem Sinne damit auseinanderzusetzen (vgl. Kap. 15).

So gesehen besteht das angesprochene Management 2.0 zurzeit vor allem darin, traditionelle Hierarchien und informelle Netzwerke über die interne Kommunikation so zu verbinden, dass beide davon profitieren, ergo das gesamte Unternehmen. In diesem Verständnis werden auch traditionelle Aufgaben der internen Unternehmenskommunikation neu eingeordnet, aber nicht ersetzt. Strategisches internes Bezugsgruppenmanagement, die Entwicklung zentraler Botschaften und grundlegender Geschichten, der Einsatz eines Medien- und Instrumentenmixes, Top-Down und Bottom-up-Kommunikation oder Führungskommunikation gehören genauso zum Enterprise 2.0 wie Web 2.0 Technologien. Wie gesagt: Im Kontext von Enterprise 2.0 gewinnen klassische Kategorien der internen Kommunikation wie Vertrauen, Orientierung und schließlich Akzeptanz neue Relevanz. Dies gilt umso mehr als kollaborative, Web 2.0 basierte Arbeitsformen andere Arbeitsformen – von wenigen Ausnahmen abgesehen – nie ganz ersetzen werden.

Der immer wiederkehrende Hinweis auf die zentrale Rolle des Managements bzw. der Führungskräfte und ihrer Kommunikation, die die beiden zentralen immateriellen Werte Orientierung und Vertrauen sicherstellen müssen, ist übrigens schon deshalb wichtig, weil er vor der Falle warnt, in die gerade die Interne Unternehmenskommunikation in der Web 2.0-Diskussion zu geraten droht, nämlich erneut in die Rolle eines technischen Dienstleisters gedrängt zu werden – eine Rolle, die man in den letzten zehn Jahren zugunsten der des Strategen und Beraters bekämpft hat. In diesem Zusammenhang ist auch zu beachten, dass zumindest in Deutschland die Debatte um Enterprise 2.0 sehr stark aus den Reihen der großen Softwareanbieter geführt wird, die ihr eigenes Unternehmen sozusagen als „case study" für eine erfolgreiche Einführung und Nutzung von Web 2.0-Software präsentieren. Das ist im Sinne einer „First-mover"-Geschäftsstrategie legitim und interessant, verzerrt aber oft nicht nur das Bild vom tatsächlichen Ausmaß der Nutzung dieser Technologien im Rahmen der unternehmensinternen Prozesse und Entscheidungen, sondern auch das Bild der Kommunikationsaufgabe, die allzu schnell als Bereitsteller optimaler Softwarelösungen für die interne Kommunikation definiert wird. Das Gegenteil ist der Fall. Die Interne Unternehmenskommunikation übernimmt auch und gerade im Kontext von Enterprise 2.0 eine zentrale Managementaufgabe, an deren genauer Definition und praktischen Gestaltung sie selbst aktiv mitwirken kann.

Jenseits von Return on Investment: Interne Unternehmenskommunikation als Gegenstand und Bedingung des strategischen Controllings

11

Kompakt

Viele Experten des Kommunikationsmanagements vertreten mittlerweile immer selbstbewusster die Meinung, dass ein Messen von Kommunikationsleistung unter ROI-Bedingungen, wie häufig von Controllern erwartet, keinen Sinn macht. Dennoch ist es für das Kommunikationsmanagement essenziell, im Rahmen der Gesamtwertschöpfung des Unternehmens den eigenen Beitrag konkret zu identifizieren und messbar zu machen.

In resilienten Organisationen steht insbesondere das Managen der Prozesse mit Blick auf deren Störanfälligkeit im Mittelpunkt ihrer Aufmerksamkeit. Vor allem sollen Stressfaktoren identifiziert werden, um sie möglichst ausschalten oder zumindest ihren Einfluss auf unternehmerisches Handeln mindern bzw. ausgleichen zu können. Ein wesentlicher Treiber für dieses Management ist Kommunikation. Denn eine signifikante Einflussgröße stellt die Meinung bzw. das Verhalten der Bezugsgruppen dar. So ist der definierte strategische Leistungsbeitrag der (Internen) Unternehmenskommunikation eine wirksame Einflussnahme auf dieses Verhalten, was sich eben nur mittelbar auf ein ROI abbilden lässt. Die spezifischen Prozesse in resilienten Organisationen erfordern durchdachte und Nutzer orientierte Informationsflüsse sowie eine wirksame Vernetzung von Wissen, Beobachtungen und Meinungen. Als mögliche Orientierungshilfe für das Gestalten geeigneter Kommunikationsprozesse und das Messen bzw. Bewerten ihrer Wirksamkeit kann der DPRG/ICV-Bezugsrahmen dienen.

Insgesamt ist es sinnvoll, für das Kommunikationscontrolling Kennzahlen zu generieren, die auf die vielfältigen und unterschiedlichen Informations- und Kommunikationsbedürfnisse der Mitarbeiter gerichtet sind, wie etwa das Ausmaß der dialogischen Prozesse über Hierarchie- und Liniengrenzen hinweg, die Einschätzung der Glaubwürdigkeit des Managements durch die Mitarbeiter in wichtigen

U. Buchholz, S. Knorre, *Interne Unternehmenskommunikation in resilienten Organisationen*,
DOI 10.1007/978-3-642-30724-9_11, © Springer-Verlag Berlin Heidelberg 2012

Unternehmensprojekten oder auch die Einstellung der Mitarbeiter zu Wandel generell und ihre eigene Verantwortlichkeit.

Unternehmerisches Denken wird heute im Wesentlichen von den zwei Faktoren Wachstum und Finanzen beherrscht. Das zeigt auch wieder die jüngste Change Management-Studie von Capgemini Consulting: Transformationsprozesse befassen sich hauptsächlich mit Restrukturierung, Konstensenkung, Wachstumsinitiativen, veränderte Marktstrategien oder Mergers und Acquisitions (Kyaw und Claßen 2010, S. 15). Damit geht es in den Unternehmen um eine „kostenfokussierte Selbstbeschäftigung", was einen Fokus auf die finanzielle Perspektive legt, oder um eine „marktgerichtete Außenorientierung", was eine stark strategische Perspektive erfordert (ebd., vgl. auch Schwenker und Spremann 2008). So manches Unternehmen versucht auch immer wieder, beide Perspektiven gleichzeitig unter einen Hut zu bringen, was die Menschen nicht selten vor ein großes Problem stellt, da beide Perspektiven in der Regel als Antagonisten auftreten (vgl. Kyaw und Claßen 2010, S. 16; Schwenker und Spremann 2008, S. 297).

Häufig wird der finanziellen Perspektive der Vorzug gegeben, da die Teilnehmer im Kapitalmarkt als lange Zeit wichtigste Bezugsgruppe eine solche Ausrichtung auf den Kapitalwert erwarten und sich daraus die höchste Wertschöpfung erhoffen. Folglich werden alle Aktivitäten eines Unternehmens auf diese Perspektive herunter gebrochen und stets, in der Regel quartalsweise, auf ihren Wertbeitrag hin geprüft. Finanzielle Kenngrößen sind zum Beispiel EVA, EBIT oder ROI. Auch die strategische Perspektive wird unter dem Aspekt der Wertschöpfung eingenommen, betrachtet diese allerdings als eher langfristig angelegten, ganzheitlichen Prozess, der auch schon einmal unkonventionelle, kostenträchtige Einzelentscheidungen erfordert.

Da der Anspruch der Wertschöpfung alle Funktionen eines Unternehmens einschließt, zumal wenn diese im kleinteiligen und kurzfristig angelegten Kapitalmarktdenken angelegt ist, musste sich auch die Unternehmenskommunikation vor Jahren dieser Herausforderung stellen, wollte sie nicht einfach als bloßer Kostentreiber betrachtet werden, der als solcher leicht zu eliminieren wäre. So gibt es inzwischen zahlreiche Ansätze für die Bewertung der kommunikativen Wertschöpfung und die Frage, was die Unternehmenskommunikation für ihr Unternehmen leisten kann und tatsächlich leistet, beschäftigt die verantwortlichen Manager schon seit geraumer Zeit. Finale Antworten scheiterten bisher meistens an der Gretchenfrage, nämlich wie es mit der Messbarkeit des Wertschöpfungsbeitrags bestellt ist. Immaterielle Werte wie Image, Reputation oder auch die Wahrnehmbarkeit von Identität und die Motivation bei den Mitarbeitern stellen zunehmend einen entscheidenden Wettbewerbsvorteil dar. Die Gestaltung und Steuerung solcher immaterieller Werte stehen demzufolge wie alle anderen strategisch relevanten Unternehmensaufgaben im Fokus des Unternehmenscontrollings. In den vergangenen rund 10 Jahren sind folglich zahlreiche Konzepte aufgesetzt worden, um das Kommunikations-Controlling auf ein strategisch relevantes Niveau zu bringen und eine transparente und umsetzbare

Anbindung an strategische und finanzielle Unternehmensziele zu ermöglichen (vgl. zum Beispiel DPRG/ICV 2011; Lang und Preuß 2011; Rolke 2011; Watson und Zerfaß 2011; Pfannenberg und Zerfaß 2010 (und 2005); Preusse und Thummes 2010; Sommer 2007; Piwinger und Porák 2005; Stumpf 2005; Besson 2003 sowie www.communicationcontrolling.de).

Vielfach orientieren sich solche Modelle und Methoden an der populären Balanced Scorecard von Kaplan und Norton, die seit den 90er Jahren des vergangenen Jahrhunderts die Managementkonzepte zur Unternehmenssteuerung prägt. Dabei wird die Wertsteigerung aus der Logik der finanziellen Dominanz vor allem diesem Aspekt (shareholder value) zugeordnet, auf den alle anderen Perspektiven ausgerichtet sind, so auch die Leistung des Kommunikationsmanagements. Mit Hilfe von Kennzahlen und einer spezifischen Beziehungslogik lassen sich Wirkungsbeziehungen zwischen den Perspektiven darstellen. Für die Messbarkeit und Bewertbarkeit solcherart Wirkungsbeziehungen zwischen der Kommunikationsleistung und anderen Perspektiven, wie „Lernen und Entwicklung", „interne Prozesse", „Kunden" und eben auch „Finanzen", sind inzwischen einige Scorecard basierte Kennzahlensysteme auf den Markt gebracht worden (vgl. Pfannenberg und Zerfaß 2010). Insgesamt soll die Anwendung von Kennzahlensystemen die Sicherstellung von Effektivität und Effizienz innerhalb der Unternehmenskommunikation ermöglichen und somit eine qualitativ hochwertige Grundlage für die Unterstützung der Unternehmensziele sicherstellen. Durch ein solches Controlling, das Kommunikationsprozesse sowohl auf einer operativen (Evaluation von Maßnahmen) wie auch auf einer strategischen Ebene (Wirkungskontrolle) beleuchtet, ist ein ständiger Verbesserungsprozess der Arbeitsabläufe im Sinne des derzeit gängigen Anspruchs an Business Excellence gewährleistet.

Eine systematische Anwendung in der Praxis ist bisher jedoch noch nicht zu verzeichnen. Für rund 44 % aller Kommunikationsverantwortlichen in Europa ist die Herstellung beziehungsweise der Nachweis einer wertschöpfenden Wirkungsbeziehung zwischen der Unternehmensstrategie und der Kommunikation noch immer eine große Herausforderung (Zerfaß et al. 2011). Immerhin zeigt das aber auch, dass die Professionalisierung im Bereich des Kommunikationsmanagements voranschreitet. Vor allem vor dem Hintergrund ständig wachsender Anforderungen in einem volatilen Wettbewerbsumfeld wird offenbar deutlich, dass die entsprechenden Prozesse der Kommunikationsleistung im Unternehmen transparent gemacht werden müssen, um systematisch und im Sinne einer Leistungsqualität wiederholbar ablaufen, das heißt gesteuert werden zu können.

Der Dominanz des finanziellen Denkens folgend, bemühen sich derzeit viele Kommunikationsexperten in Agenturen und Unternehmen darum, Methoden zu entwickeln, die den Return on Investment ihrer Aktivitäten belegen (vgl. DPRG und ICV-Positionspapier 2011; Pfannenberg und Zerfaß 2010). Mit dieser Ausrichtung wollen sie deutlich machen, dass sie die Sprache des Unternehmenscontrollings verstehen und dessen Messgrößen für das Kommunikationsmanagement folgerichtig anwenden können. Nach Meinung anderer Experten ist dieser Ansatz für das Kommunikationsmanagement jedoch nicht zielführend (vgl. Watson und Zerfaß 2011). Denn strategische Kommunikation ist darauf ausgerichtet, immaterielle Werte wie etwa Reputation oder Vertrauen in unternehmerisches Handeln für das Unternehmen zu schaffen. Das beziehungsorientierte Bezugsgruppenmanagement ist demnach die zentrale Ausrichtung strategisch orientierter Unternehmenskommunikation, worüber die Verknüpfung mit der Unternehmensstrategie hergestellt wird (vgl. dazu auch Kap. 12). Der Wert eines solchen Beziehungsmanagements ist zwar plausibel zu erklären, eine Kapitalrendite, also eine konkret identifizierbare finanzielle Auswirkung von in die Beziehungen investiertem Geld ist jedoch nicht herzustellen (vgl. Watson und Zerfaß 2011; Watson et al. 2011).

Dies den auf ROI fixierten Controllern verständlich zu machen, gelingt den Kommunikationsverantwortlichen aber häufig ebenso wenig, wie es Change-Experten gelingt, einen monetär zu belegenden Nutzen von Veränderungsprojekten nachzuweisen. Die Verfasser der jüngsten Change Management-Studie von Capgemini Consulting bezeichnen einen solchen Anspruch als „Wunschdenken" (Kyaw und Claßen 2010, S. 72). Wenn man auch die Kosten der Maßnahme an sich, also den Einsatz von Instrumenten und Methoden, gut beziffern kann, ist es „ex ante" nahezu unmöglich festzustellen, was bei einem Verzicht auf Change Management herauskommen würde. Und „ex post" würden die Kosten der meist aufwändigen Nutzenmessung womöglich die Kosten der Maßnahme einholen (ebd.); abgesehen davon, dass der richtige Zeitpunkt einer „ex post"-Messung kaum zu bestimmen sein dürfte. Experten wissen, dass sich der Nutzen einer Change Management-Maßnahme nicht selten erst nach Jahren zeigt. So schlussfolgert die Studie denn auch, „dass Change Management weitgehend eine Glaubenssache der handelnden Akteure bleibt" (ebd., S. 73).

Die Autoren der Studie verknüpfen die strategische Relevanz von Change Management für die Unternehmensführung im Verlauf ihrer Überlegungen dann ähnlich wie es die Experten für das Kommunikationsmanagement angehen: Sie beschreiben die Effekte der Aktivitäten (in diesem Fall die Auswirkung auf die Arbeitsproduktivität, ebd., S. 74) und stellen Plausibilitäten her, wohl wissend, dass sich ein „harter Hund" von derartigen Schätzungen, auch wenn sie nachvollziehbar sind, nicht beeindrucken ließe. Doch „Change Management", so die Studie, „bleibt (…) weiterhin einer jener Bereiche, in denen das Managementmantra ‚You cannot manage if you do not measure it' auf absehbare Zeit nur bedingt eingelöst werden kann" (ebd., S. 75). Und das gilt uneingeschränkt auch für das Kommunikationsmanagement. Denn beide Disziplinen bewegen sich in der Welt der Sozialwissenschaften „und nicht in der ökonometrisierten (und oftmals frisierten) Domäne der Finanzwirtschaft" (ebd., S. 71). Der Schlüssel für die Messbarkeit von Wertschöpfung durch Kommunikation liegt eben nicht am Ende der Leistungserstellung, wie es das ROI gerne hätte, sondern bei der Fähigkeit dieser Leistungen, durch das Managen von Beziehungen einen Grundstein dafür zu legen, dass das operative Unternehmensmanagement schlussendlich eine Kapitalrendite erwirtschaften kann.

Mit Blick auf dieses Beziehungsmanagement ist die Unternehmenskommunikation inzwischen vielerorts darauf bedacht, einen stichhaltigen Nachweis ihres Wertschöpfungsbeitrags zu liefern. Dies ermöglicht nicht zuletzt eine für das Unternehmenscontrolling nachvollziehbare Argumentationsgrundlage für das Erreichen der gewünschten organisatorischen Verankerung und eines angemessenen Budgets. Aber auch die Effizienz der eigenen Prozesse im Sinne eines Qualitätsmanagements ist Gegenstand des Kommunikationscontrollings. Abseits der in der Natur von Kommunikationsleistungen liegenden wenig zielführenden Bemühungen um den Nachweis von ROI (selbst wenn es sich häufig auch nur um die Entlehnung des Begriffs in voraus eilendem Gehorsam handelt) ist der aktuellste Ansatz des Kommunikationsmanagements der DPRG/ICV-Bezugsrahmen (vgl.u. a. DPRG und ICV Positionspapier 2011), mit dessen Hilfe Kommunikationsprozesse auf Basis dezidierter Messgrößen von Anfang an mit Blick auf ihre angestrebte betriebswirtschaftliche Wirkung analysiert und gestaltet werden können. „Der Bezugsrahmen macht die stufenweise Wirkung der Kommunikation bei den Bezugsgruppen deutlich und veranschaulicht den tatsächlichen Wertschöpfungsbeitrag für das Unternehmen" (ebd., S. 12). Dabei geht es jedoch nicht um einfache, lineare Ursache-Wirkungszusammenhänge, sondern um eine ganzheitliche idealtypische Einbindung des Faktors Kommunikation in die Wirkungskette von Unternehmen, die überall anders aussehen kann und auch keine absolute Steuerbarkeit von Kommunikationswirkungen implizieren soll (vgl. Rolke und Zerfaß 2010, S. 57 f.; Preusse und Thummes 2011, S. 7 f.). So ist auch dieser aktuellste Ansatz des Kommunikationscontrollings letztlich noch nicht der Weisheit letzter Schluss für den eindeutigen Nachweis eines Wertschöpfungsbeitrags, der eine finanzielle Denkweise in Unternehmen vollends befriedigen würde. Und auch der messbare Nachweis bloßer strategischer Relevanz von Kommunikation ist bei aller unstrittigen grundsätzlichen Einsetzbarkeit des Bezugsrahmens noch nicht abschließend gegeben. Denn der Modellaufbau impliziert durchaus den Anspruch der Steuerbarkeit von Kommunikationswirkungen, ohne aber für einen solchen Anspruch ausreichend Plausibilitäten herstellen zu können (vgl. auch Preusse und Thummes 2011, S. 10 f.). Desweiteren berücksichtigt der Bezugsrahmen eine Perspektive nicht, nämlich die Rückkoppelung von Meinungen und Einstellungen der Bezugsgruppen durch die Unternehmenskommunikation in das Unternehmen beziehungsweise ihre damit zu verbindende Einflussnahme auf Ziele und Strategien des Unternehmens (Preusse und Thummes 2011, S. 12–17). (Vgl. dazu auch Kap. 7.) Für resiliente Organisationen ist diese Controlling-Perspektive bedeutsam, denn sie beziehen ihre Bezugsgruppen auch mit deren eventuellen kontingenten Erwartungen systematisch in ihre strategischen Entscheidungen mit ein. Diese Vorgehensweise ermöglicht einen gezielten Umgang mit der eigenen Vulnerabilität, die ja häufig in solchen kontingenten Erwartungen begründet ist. (Vgl. dazu auch Kap. 12.)

Angesichts des wachsenden Anspruchs an ihre Leistungen stellt sich auch die Interne Unternehmenskommunikation zunehmend all diesen bisher erörterten Anforderungen an den messbaren Nachweis ihrer Wertschöpfung (vgl. dazu etwa Buchholz und Knorre 2010, S. 114–125), ohne ihn besser erbringen zu können als die externe Kommunikation. Schließlich stehen auch ihr keine anderen Messmethoden zur Verfügung, welche aber, wie wir gesehen haben, nur bedingt geeignet sind, Ansprüche aus finanziellem Denken in den Unternehmen zu befriedigen oder ein strategisch orientiertes Denken abschließend bedienen zu können. Vielleicht ist ein solcher ultimativer Anspruch an die Bilanzierbarkeit kommunikativen Handelns auch gar nicht zu erfüllen. Für die Verantwortlichen der Unternehmenskommunikation ist es wichtig zu ergründen, zu welchem Zweck ihre Organisation kommuniziert, und für diesen Zweck systematisch organisierte Prozesse aufzusetzen und deren Effektivität und Effizienz zu controllen. Wenn sich die Bezugsgruppen so verhalten, dass dieses Verhalten dem Erreichen der gesetzten Unternehmensziele dienlich ist, kann die Unternehmenskommunikation zufrieden sein. Denn dieser Führungsprozess ist ihr strategischer Leistungsbeitrag. Der DPRG/ICV-Bezugsrahmen ist für das Einrichten und Überprüfen adäquater Prozesse eine mögliche Orientierungshilfe.

Der Zweck der Kommunikation in Unternehmen ist es, konzertierte Handlungen im Sinne der Unternehmensziele zu bewirken, und zwar gleichermaßen mit Blick auf die Fähigkeit wie auch mit Blick auf die Bereitschaft der Mitarbeiter. Darauf muss die Interne Unternehmenskommunikation mit allen ihren Prozessen einwirken. Speziell in resilienten Organisationen ist es dabei ihre Aufgabe, die Unternehmensstrategie in unsicheren Zeiten und komplexen Umfeldbedingungen mit einer größtmöglichen Orientierungssicherheit der Mitarbeiter zu unterstützen. Damit dient sie sowohl dem Aufbau der grundsätzlichen wirtschaftlichen Erfolgspotenziale ihres Unternehmens wie auch der Entwicklung des für resiliente Organisationen essenziellen Resilienzpotenzials (vgl. Kap. 2). Somit sind ihre Prozesse als Befähiger der grundsätzlichen unternehmensinternen Kommunikation integraler Bestandteil des Unternehmenscontrollings. Sie sind also mit anderen Worten Bedingung eines ganzheitlichen strategischen Controllings und müssen nicht zuletzt deswegen als solche ihrerseits über ein kommunikationsspezifisches, Bezugsgruppenorientiertes Controlling (z. B. mit Hilfe des DPRG und ICV-Bezugsrahmens) gemanagt werden. Dabei verstehen wir das genannte strategische Controlling – und damit auch das Kommunikationscontrolling – als planungsbegleitender Prozess, der Unsicherheit und Komplexität reduziert und Entscheidungsoptionen operativ macht (Steinmann und Schreyögg 2005, S. 277).

In resilienten Organisationen geht es vor allem darum, Vulnerabilität, also die Verwundbarkeit der eigenen Prozesse, zu managen (Sheffi 2005; vgl. auch Dalziell und McManus 2004, S. 4 f.; McManus 2007, S. 2; Stephenson 2010, S. 1, S. 86 f.; Heitger und Serfaß 2011, S. 25). Dabei wird die Wahrscheinlichkeit des Eintritts unerwarteter Störungen sowie ihr (mögliches) Ausmaß betrachtet und mit den möglichen Konsequenzen für das Unternehmen in Verbindung gesetzt. Ziel ist es, Stressfaktoren zu identifizieren und das Unternehmen dafür zu rüsten, dass es Störungen gut bewältigen kann. Um immer handlungsfähig zu bleiben, ist es in jedem Fall zu vermeiden, dass die Organisation unter den Folgen eines möglichen Schocks und einer Nichtbewältigung der Störung leidet und sich dieser Umstand sowie die Zeit, die man für die Behebung des Schadens aufbringen muss, negativ auf die Wettbewerbsposition auswirken. Deshalb zeichnet resiliente Organisationen eine besondere Adaptionsfähigkeit aus, die über die Zeitspanne bewertet wird, welche ein Unternehmen benötigt, um sich vom erlebten Schock zu erholen. Eine resiliente Organisation strebt sogar an, gestärkt aus einer entsprechenden Störung hervorgehen zu können (vgl. Heitger und Serfaß 2011, S. 27; Dalziell und McManus 2004, S. 8 f.; Stephenson 2010, S. 5; Starr et al. 2003, S. 3). Ein wesentlicher Treiber für das erfolgreiche Managen von Vulnerabilität ist Kommunikation. Sie verschafft den Mitgliedern der Organisation ein immer aktuelles grundsätzliches Bild der wirtschaftlichen Unternehmenslage sowie der Branchensituation und ermöglicht ihnen eine schnelle und richtige Reaktion im Störungsfall, zu deren Behebung sich die jeweiligen Experten im Unternehmen rasch und unkompliziert zusammenfinden können müssen. Wesentliche Voraussetzungen für diese Fähigkeit sind Resilienzwissen sowie vernetztes Denken und Arbeiten – Voraussetzungen, die insbesondere durch die Interne Unternehmenskommunikation erbracht oder unterstützt werden müssen. Das Controlling von Vulnerabilität in Verbindung mit Adaptionsfähigkeit erfordert durchdachte und Nutzer orientierte Informationsflüsse sowie eine wirksame Vernetzung von Wissen, Beobachtungen und Meinungen. Diese Fähigkeit muss Hand in Hand gehen mit der Bereitschaft, sie im Sinne der Resilienz anzuwenden. Sie bedarf mithin einer Resilienz fördernden Unternehmenskultur, die auf Vertrauen, Empathie und Integrität basiert und Eigeninitiative sowie selbständiges, verantwortliches Handeln zulässt.

Aber auch wenn ein Unternehmen dem Grundsatz der Resilienz nicht folgt: Die Leistungen beziehungsweise die daraus resultierenden Ergebnisse der Internen Unternehmenskommunikation als Trägerin großer innerorganisationaler, strategisch relevanter Kommunikationsanteile sollten unmittelbar in das Unternehmenscontrolling einfließen. Denn wie weiter oben bereits umrissen, bedingt interne Kommunikation ein effektives und effizientes Controlling. Dazu müssen Controller aber das Verständnis einer entsprechenden Leistungsfähigkeit der Kommunikation aufbringen und nicht als einziges Maß der Dinge auf einen Return on Investment bestehen. Das gilt umso mehr für resiliente Organisationen, in denen aber wohl auch aufgrund eben ihrer grundsätzlichen Denkhaltung eine solche Leistungsfähigkeit von vorneherein antizipiert werden dürfte. In Unternehmen, die einem strikten finanziellen Denken folgen, wird es das Kommunikationsmanagement immer schwer haben zu bestehen. Resiliente Organisationen sind jedoch gekennzeichnet durch Unternehmertum und Leadership, wo der Rechenstift eine wichtige unterstützende, aber keine dominierende Rolle hat. Das lässt für die Zukunft der (Internen) Unternehmenskommunikation hoffen, die sich aber auch ihrerseits für Resilienz rüsten muss.

Dazu muss sich das Kommunikationsmanagement selbst einem kontinuierlichen Controlling-Prozess unterziehen und ein großes Qualitätsbewusstsein aufbringen. Als Kennzahlen mit Steuerungsfunktion können für die Interne Unternehmenskommunikation zum Beispiel das strategische Bewusstsein und entsprechendes Wissen der Mitarbeiter dienen (vgl. auch DPRG und ICV-Positionspapier 2011, S. 15). Auch die nutzerorientierte Ausrichtung der Informationsflüsse kann ein zentrales Bewertungskriterium für Wertschöpfung sein (vgl. Kap. 13). Desweiteren kann das Ausmaß von dialogischen Prozessen über Hierarchie- und Liniengrenzen hinweg ein messbarer Indikator für die Qualität von interner Kommunikation sein. Nicht zuletzt sollten auch einstellungsorientierte Indikatoren erfasst werden, wie etwa die Einschätzung der Glaubwürdigkeit von Hauptentscheidern in wichtigen Unternehmensprojekten und damit die Beurteilung der Relevanz ihrer Aussagen. Oder auch die grundsätzlich wahrgenommene persönliche Wertschätzung beziehungsweise die wahrgenommene Würdigung von Handlungsbereitschaft. Weitere zu untersuchende Indikatoren könnten sein, wie sehr einerseits das Bewusstsein vorherrscht, Transformation nicht als Risiko, sondern als Chance zu betrachten, und wie sehr die Mitarbeiter andererseits bereit und in der Lage sind, Verantwortung für eine Krisenabwehr zu übernehmen. Und vor allem in diesem Zusammenhang, ob und in wiewiet Mitarbeiter

Handlungsoptionen erkennen können und sich bei der Umsetzung grundsätzlich unterstützt fühlen.

Insgesamt sollten sich die Verantwortlichen der Internen Unternehmenskommunikation fragen, wie sie mit wachsenden Ansprüchen an die Transparenz von Kommunikation und dem strategischen wie operativen Geschäft umgehen wollen und wie sie dies mit Blick auf die Herausforderungen globalisierter Märkte beziehungsweise daraus resultierender Vielfalt in den Unternehmen umsetzen können. Für ein effektives Controlling im Sinne strategischer Planung und Kontrolle sollten dafür Kennzahlen entwickelt werden, die den Blick öffnen oder schärfen für die vielfältigen und unterschiedlichen Informations- und Kommunikationsbedürfnisse der Mitarbeiter und die dabei gleichzeitig auf das Erreichen der Unternehmensziele ausgerichtet sind. Der Dreh- und Angelpunkt für die Ausrichtung jeglichen Controllings ist in resilienten Organisationen dabei die Vulnerabilität und die Adaptionsfähigkeit.

Kompakt

Das Bezugsgruppenmanagement als eine Kernaufgabe der Unternehmenskommunikation ist für ein Unternehmen essenziell, weil die Unternehmensführung ihre
handlungsleitenden Entscheidungen kaum unberührt vom Einfluss externer und
interner Bezugsgruppen treffen und durchsetzen kann. Aufgabe der Unternehmenskommunikation ist es daher, die Unterstützung durch die Bezugsgruppen zu erreichen und dem Unternehmen so Handlungsfreiheit zu verschaffen.

In dieser Hinsicht sollte das Bezugsgruppenmanagement als definierter Führungsprozess betrachtet und gehandhabt werden. Damit wären die entsprechenden
Kommunikationsprozesse zu bzw. von den internen und externen Bezugsgruppen
konkreter Bestandteil eines ganzheitlichen Qualitätsmanagementprozesses. Eine
bewährte Möglichkeit, diesen wiederum exzellent zu führen, ist in vielen Unternehmen das Verfahren nach den Kriterien des EFQM-Modells. Obwohl dieses Modell
Kommunikationszusammenhänge grundsätzlich berücksichtigt, spielen sie aber
doch nur singulär eine Rolle und werden keineswegs in einen ihnen angemessenen
strategischen Rahmen gesetzt. Deshalb macht es Sinn, das Bezugsgruppenmanagement als eigenständiges Bewertungskriterium mit einer entsprechenden Definition
und abgeleiteten Teilkriterien in das EFQM-Modell einzufügen.

Verantwortlich für diese Prozesse und deren Qualität ist die Unternehmenskommunikation mit ihrer speziellen Expertise. Da das Ergebnis eines entsprechenden
Managements letztlich in die internen Entscheidungsprozesse und in die Gestaltung
von entscheidungsförderlichen Strukturen des Unternehmens einfließt, könnte es
sogar sinnvoll sein, dass explizit die Interne Unternehmenskommunikation die verantwortliche Funktion einnähme. Übergeordnet muss aber das gesamte Verfahren
aus einem integrierten Kommunikationsansatz erfolgen. Und an diesem Punkt müssen die Kommunikationsverantwortlichen auch darüber nachdenken, ob die bislang

U. Buchholz, S. Knorre, *Interne Unternehmenskommunikation in resilienten Organisationen*,   107
DOI 10.1007/978-3-642-30724-9_12, © Springer-Verlag Berlin Heidelberg 2012

übliche strikte Unterscheidung in „intern" und „extern" nicht vielleicht besser einem ganzheitlichen Kommunikationsmanagement weichen sollte.

Die sogenannte Business Excellence, also das erstklassige Vorgehen beim Führen einer Organisation, ist heute ein weit verbreiteter Werttreiber in vielen Unternehmen. Sie kennzeichnet eine ganzheitliche Ausrichtung der organisationalen Qualität, mit der ein Wettbewerbsvorsprung ermöglicht werden soll. Mit Blick auf die Wertschöpfung aller Unternehmensfunktionen setzt ein solches Qualitätsverständnis damit den Fokus nicht alleine auf die Qualität der Produkte, sondern betrachtet zum Beispiel und vor allem auch die Prozesse im Unternehmen, beleuchtet die gelebte Mitarbeiterorientierung und setzt sich mit der Führung der Organisation auseinander, wobei vor allem die Kunden- und Lieferantenbeziehungen im Zentrum stehen (vgl. Macharzina und Wolf 2008, S.778 f.). Das wichtigste Ziel eines solchen Total Quality Managements (TQM) ist der langfristige Geschäftserfolg, der jedoch nicht ohne Nutzenstiftung für die Mitglieder der Organisation sowie für die Gesellschaft einhergehen kann. Damit geht die Sichtweise eines solchen Qualitätsverständnisses weit über die Unternehmensgrenzen hinaus. Mehr noch, die Bewertung von Qualität erfolgt bei den Bezugsgruppen, insbesondere bei den Kunden. Das heißt, das Herstellen von Qualität basiert darauf, was die Bezugsgruppen dafür halten. Vor allem aber bedeutet es, „dass das Top-Management die Qualitätsgestaltung als eine in seinen Zuständigkeitsbereich fallende Aufgabe begreift, wobei Qualität zum Unternehmensziel an sich und somit zur strategischen Aufgabe avanciert" (Macharzina und Wolf 2008, S. 780).

Will das Kommunikationsmanagement in TQM-geführten Unternehmen eine strategische Mitsprache erhalten, muss auch diese Funktion daher dem Exzellenz-Gedanken folgen. Es ist anzunehmen, dass eine Abteilung (Interne) Unternehmenskommunikation ohne ein entsprechendes Qualitätsbewusstsein erst gar nicht reüssieren könnte. Denn Sach- und Personal-Budgets werden im Total Quality Management eben aufgrund von Qualitätskriterien vergeben. Aber auch aus taktischen Gründen ist ein Bemühen um Exzellenz für die Funktion der Unternehmenskommunikation notwendig, will sie ihrem Auftrag gerecht werden, das Unternehmen beim Kampf um Wettbewerbsvorteile zu unterstützen – umso mehr in unsicheren Zeiten oder gar in Krisen. Sie benötigt dazu eine Position auf Augenhöhe mit der Unternehmensführung, das heißt eine Position im oder beim Machtzentrum der strategischen Entscheidungen, wo sie Einfluss ausüben kann. Einfluss mit Blick auf die Einbindung der Bezugsgruppen in eben diese strategischen Entscheidungen, so wie es das Total Quality Management eigentlich vorsieht.

Für die Durchsetzung ihrer eigenen strategischen Ziele im Sinne der Unternehmensstrategie benötigt die Unternehmenskommunikation aber die Zustimmung der Entscheidungsträger, die die Auftraggeber für ihr Handeln sind. Zustimmung wird sie aber nur dann erhalten, wenn es ihr gelingt zu zeigen, welche Leistungen sie zum Nutzen des Unternehmenserfolges erbringen kann. Leistungen, die von anderen Abteilungen eben nicht erfüllt werden können, aber für das Unternehmen essenziell sind (vgl. dazu auch Kap. 9). Im Total Quality Management ist das gleichzeitig mit Business Excellence verbunden. Plant, strukturiert und agiert die Unternehmenskommunikation ohne den Exzellenz-Gedanken, wird sie im besten Fall geduldet, verbleibt aber ohne Macht und Einfluss außerhalb der strategischen Aufmerksamkeit der Unternehmensführung. Wie in Kap. 9 erläutert, sind Exzellenzkriterien für das Handeln in resilienten Organisationen als zentrale Erfolgsfaktoren zu betrachten und schlagen sich unmittelbar im Aufbau und in der Prozessgestaltung der Funktion der Unternehmenskommunikation nieder.

Wenngleich es inzwischen schon zahlreiche Verfahren gibt, Qualität im Kommunikationsmanagement zu messen (vgl. Kap. 11), sind ganzheitliche Bewertungsansätze im Hinblick auf ihre Exzellenz die Ausnahme. Einzig der amerikanische Kommunikationswissenschaftler James E. Grunig hat gemeinsam mit weiteren Wissenschaftlern die bekannte langjährige Studie aufgesetzt, welche insbesondere die Exzellenz von Kommunikationsleistungen untersuchte (Grunig 1992; Grunig et al. 2002; vgl. auch Andres 2004; Guery 2007).

Grunig, Grunig und Dozier identifizierten in ihrer Studie bestimmte Exzellenzfaktoren für die Unternehmenskommunikation, die ihre verschiedenen Kompetenzfelder beschreiben, die notwendige Übereinstimmung des Topmanagements mit den Kommunikationsverantwortlichen im Hinblick auf ein gemeinsames Kommunikationsverständnis thematisieren und Aspekte für die Einbindung der Funktion in die Organisationsstrukturen beleuchten. Wie in Kap. 9 bereits dargestellt, lassen sich diese Exzellenzfaktoren in fünf normativen Prinzipien zusammenfassen, die an dieser Stelle noch einmal aufgeführt werden sollen, da sie unmittelbar zum eigentlichen Thema dieses Kapitels hinführen:

1. Resiliente Unternehmen müssen über eine integrierte Kommunikationsfunktion verfügen, d. h. über eine Kommunikationsabteilung, die alle unternehmensrelevanten Aufgaben der instrumentellen Kommunikation bündelt.
2. Die Abteilung Unternehmenskommunikation muss unmittelbar an die Führungsebene berichten und darf nicht anderen Managementfunktionen zugeordnet werden.
3. Die Leitung der Abteilung Unternehmenskommunikation muss Mitglied der so genannten „dominant coalition" im Unternehmen sein oder direkten Zugang dazu haben.
4. Die Abteilung Unternehmenskommunikation muss sich als strategische Managementfunktion verstehen, direkten Einfluss auf die Entwicklung der Geschäftsstrategie ausüben und dazu die darauf ausgerichteten Kommunikationsstrategien und –programme bereitstellen.
5. Das strategische und operative Handeln der Abteilung Unternehmenskommunikation muss symmetrische Beziehungen zu den jeweils relevanten Bezugsgruppen herstellen und dazu Kommunikationsprogramme entwickeln, die auf umfassender Analyse dieser Beziehungen und deren Veränderungen beruhen.

Die Studie von Grunig, Grunig und Dozier zeigt also, wie Kommunikation auf verschiedenen Ebenen exzellent gestaltet werden kann. Allerdings sind kaum Wirkungszusammenhänge zwischen den Faktoren erkennbar. Sie werden im Grunde isoliert betrachtet, was das Erkennen von Zusammenhängen erschwert und so einer anwendungsorientierten Identifikation von Stellschrauben für die Herbeiführung oder Verbesserung von Exzellenz entgegenwirkt. Vielleicht ist dies auch mit ein Grund dafür, dass die hier umrissenen Erkenntnisse aus der Studie bisher im deutschsprachigen Raum kaum aufgegriffen wurden (vgl. Zerfaß 2006, S. 70).

Dennoch ist es offenkundig, dass die Professionalisierung im Bereich des Kommunikationsmanagements voranschreitet und sich dabei nicht zuletzt auch ein Qualitätsbewusstsein entwickelt (vgl. Kap. 11). Vor allem vor dem Hintergrund ständig wachsender Anforderungen in einem volatilen Wettbewerbsumfeld wird offenbar deutlich, dass die entsprechenden Prozesse der Kommunikationsleistung im Unternehmen transparent gemacht werden müssen, um systematisch und im Sinne einer Leistungsqualität wiederholbar ablaufen, das heißt gesteuert werden zu können. Dabei steht vor allem das Managen der Bezugsgruppen beziehungsweise die Integration ihrer Anforderungen an das Unternehmen im Mittelpunkt der Wertschöpfungsbeiträge. Denn das Treffen und Durchsetzen von Entscheidungen im Rahmen der Unternehmensstrategie ist eine Grundbedingung für die Handlungsfähigkeit eines Unternehmens. Und diese Handlungsfähigkeit wird von den internen und externen Bezugsgruppen positiv wie negativ beeinflusst. Kommunikationsarbeit muss den Entscheidungsprozess also unterstützen, indem sie die Unterstützung des Unternehmens und seiner Handlungen durch die Bezugsgruppen bewirkt und stabilisiert. Kommunikation ist mithin dann erfolgreich, wenn sie dem Unternehmen Handlungsfreiheit verschafft (Buchholz und Knorre 2010, S. 16 f.).

In resilienten Organisationen ist das Bewusstsein dieses Einflusses von Bezugsgruppen besonders ausgeprägt (McManus et al. 2007, S. 23, 39; Stephenson 2010, S. 79–81, 96 f.; Heitger und Serfass 2011, S. 25). Das hängt nicht zuletzt damit zusammen, dass sich die Mitglieder solcher Organisationen deren Vulnerabilität stets vor Augen führen und rezipierte Unsicherheiten nicht verdrängen, bis die Realität sie eines Besseren belehrt, sondern sie strukturell in strategische Entscheidungskalküle miteinbeziehen. Damit lassen sie auch kontingente Erwartungen (zum Beispiel ihrer Bezugsgruppen) als Entscheidungsgrundlagen zu. Resiliente Unternehmen betrachten sich als Teil der Gesellschaft, in die sie eingebettet sind. Maßstab ihrer Handlungen ist damit die Orientierung an einer übergeordneten größeren Wirkungseinheit. Diese erweiterte Sicht ermöglicht es wiederum, bestehende Abhängigkeiten, Restriktionspotenzial, aber auch Unterstützungspotenzial klarer zu erkennen und diese Faktoren in die eigenen Unternehmensführungsprozesse einzubauen. Und genau hier kann das Kommunikationsmanagement sein Problemlösungspotenzial entfalten.

Denn die Unternehmenskommunikation ist aufgrund ihrer Expertise prädestiniert dafür, relevante Bezugsgruppen zu identifizieren, ihre Bedürfnisse und Erwartungen zu erfassen und diese effizient und effektiv in das Unternehmenshandeln zu integrieren. Eine ihrer zentralen Aufgaben ist es, in den strategischen Managementprozess „den Blick der Anderen" einzubringen (Schmid und Lyczek 2008, S. 107). Ein solch geführtes Unternehmen, das die Werte und Einstellungen seiner Bezugsgruppen kennt, versetzt sich damit in die Lage, seine Zweckorientierung und vor allem sein Handeln und die Wahl seiner Mittel glaubwürdig vertreten zu können. Außerdem sorgt ein effizientes Bezugsgruppenmanagement dafür, dass die unternehmensseitig erwünschten Bilder und Vorstellungen, die sich in einem Image verdichten sollen, wahrgenommen und verarbeitet werden können.

Dazu ist es aber sinnvoll, nicht nur die Kommunikationssteuerung mittels Kennzahlensysteme oder Strategy Maps zu professionalisieren und so die entsprechenden Wertschöpfungsbeiträge am Ort des Entstehens transparent zu machen. Entsprechend der normativen Exzellenzprinzipien von Grunig, Grunig und Dozier sollte die Unterstützungsfunktion vielmehr im Sinne einer integrierten Kommunikation ganzheitlich als Position des Bezugsgruppenmanagements (im Sinne etwa von R. Edward Freemans Konzept des Stakeholder-Managements; vgl. Freeman 1984 und 2004) als gleichwertige Führungsfunktion neben zum Beispiel dem grundsätzlichen Prozessmanagement, dem Ressourcenmanagement, der Mitarbeiterführung oder der Strategiedefinition in die Unternehmensführung einfließen. Dadurch wäre die notwendige strategische Einbindung der Kommunikationsprozesse in den ganzheitlichen Qualitätsmanagementprozess eines Unternehmens gewährleistet.

Eine bewährte Möglichkeit, die Anforderungen einer Prozessorganisation mit den Steuerungsmöglichkeiten eines Qualitätsmanagements zusammen zu bringen, ist der Einsatz des EFQM-Modells für Business Excellence der European Foundation for Quality Management (vgl. EFQM 2009). Unternehmen nutzen das Modell als Werkzeug, um auf Grundlage von Selbstbewertungen Stärken und Verbesserungspotenziale zu ermitteln, anzuregen und ihren Geschäftserfolg zu verbessern. Die Ausrichtung der Unternehmensaktivitäten nach dem EFQM-Modell macht die klassische, abteilungsorientierte Aufbauorganisation prozessorientierter, und durch die geforderten Assessments werden systematisch Verbesserungspotenziale identifiziert.

Das Modell unterscheidet neun Kriterien, die aus fünf sogenannten Befähigerkriterien (enablers) und vier sogenannten Ergebniskriterien (results) bestehen und jeweils wiederum in mehrere Unterkriterien aufgeschlüsselt sind. Die Befähiger beleuchten, wie ein Unternehmen bei seiner Qualitätssicherung vorgeht, die Ergebnisse beziehen sich auf das, was erreicht wurde. Der Einsatz des Modells soll schließlich herausragende Leistungen kenntlich machen, „die die Erwartungen aller Interessengruppen erfüllen oder übertreffen" (EFQM 2009). Dies impliziert ein umfassendes Bezugsgruppenmanagement, welches die Kernkompetenz der Unternehmenskommunikation ist. Doch obwohl das EFQM-Modell auch tatsächlich kommunikative Prozesse berücksichtigt und die Ansprüche relevanter Bezugsgruppen (vor allem Kunden, Mitarbeiter, Gesellschaft) einbezieht, wird eine entsprechende Kommunikationsleistung als strategischer, befähigender Erfolgsfaktor für die Business Excellence nicht eigens ausgewiesen. Der grundsätzliche Ansatz der Bezugsgruppenrelevanz wird im Modell bei den Ergebniskriterien beleuchtet, wo hinterfragt wird, was und mit welchem Erfolg das Unternehmen mit Blick auf umfassende Qualität für seine Bezugsgruppen leistet, ohne dass das Kommunikationsmanagement hier jedoch eine explizite Rolle einnimmt. Und bei den Befähigerkriterien ist eine übergreifende Strategie der kommunikativen Ansätze gar nicht auszumachen, obwohl diese in jedem der Kriterien auftauchen, welche im Übrigen ein fundamentales Prinzip des Modells spiegeln. Denn nach Maßgaben des Bewertungsansatzes für Exzellenz reicht es nicht aus, nur die Ergebnisse unternehmerischen Handelns zu betrachten, sondern es müssen auch im Sinne von Ursache-Wirkungs-Beziehungen diejenigen Prozesse und Maßnahmen einbezogen und für die Wertschöpfung kenntlich gemacht werden, die am Ergebnis beteiligt sind. Kommunikation spielt hier im EFQM-Modell aber nur singulär eine Rolle.

Dieser Missstand ist in wissenschaftlichen Arbeiten bisher kaum behandelt worden. Es gibt inzwischen jedoch Ansätze, die Leistungen des Kommunikationsmanagements beziehungsweise einer integrierten Kommunikation in die Bewertungsgrundlagen der einzelnen Befähiger- und Ergebniskriterien einzubinden (Stumpf 2005; Huhn 2010; Müller 2011). Der Grundgedanke ist jeweils, die kommunikativen Anforderungen in den einzelnen Kriterien zu präzisieren und zu ergänzen, um so der Funktion des Kommunikationsmanagements mehr Gewicht beizumessen und den Exzellenz-Gedanken zu befeuern.

Ein für die Anforderungen an Exzellenz in resilienten Organisationen logischer weiterführender Schritt wäre es nun, die zentrale Komponente eines ganzheitlichen Qualitätsverständnisses im Rahmen des EFQM-Modells, nämlich das Bezugsgruppenmanagement, als eigenständiges Bewertungskriterium einzufügen. Von Bedeutung ist hier insbesondere das Potenzial im Sinne von Leistungsvoraussetzungen und –fähigkeiten, was die Positionierung vor allem bei den Befähigerkriterien sinnvoll erscheinen lässt. Denn wie bereits weiter oben erläutert, dient Kommunikationsarbeit dem Führungs- beziehungsweise Entscheidungsprozess, indem sie die Unterstützung des Unternehmens durch die Bezugsgruppen bewirkt und stabilisiert. Das Kommunikationsmanagement setzt also Prozesse und Beziehungsstrukturen auf, die die Zustimmung der Bezugsgruppen zu den Entscheidungen des Unternehmens zum Ergebnis haben (dokumentiert in den kundenbezogenen, mitarbeiterbezogenen und gesellschaftsbezogenen Ergebniskriterien). Damit bestehen seine eigentlichen Ziele nicht alleine in der Umsetzung konkreter Maßnahmen, was die kommunikativen Aspekte der Modellkriterien implizieren, sondern im Managen des gesamten kommunikativen Prozesses mit allen Wirkungszusammenhängen. So aufgesetzt, stünde die Dimension „Bezugsgruppenmanagement" im EFQM-Modell gleichwertig neben den Dimensionen „Führung", „Mitarbeiter und Mitarbeiterinnen", „Strategie", „Partnerschaften und Ressourcen" sowie „Prozesse, Produkte und Dienstleistungen" (Abb. 12.1).

Dabei würde die Unternehmenskommunikation mit ihrer speziellen Expertise Trägerin der entsprechenden Bewertungsinhalte sein. Da sich die Anforderungen von Bezugsgruppen letztlich auf die Führung von Entscheidungsprozessen und die Gestaltung von entscheidungsförderlichen Strukturen eines Unternehmens auswirken, was wiederum für resiliente Unternehmen eine essenzielle Komponente ist, wäre die Interne Unternehmenskommunikation ein denkbarer Dreh- und Angelpunkt eines solchen Bezugsgruppenmanagements. Aber die Führung der entsprechenden Prozesse muss wegen der ganzheitlichen Sichtweise auf die Einbettung des Unternehmens in ein größeres Ganzes immer unter dem Aspekt der integrierten Kommunikation erfolgen. Dieser Anspruch entspricht zudem eines der normativen Prinzipien für Exzellenz von Grunig, Grunig und Dozier (s. weiter oben).

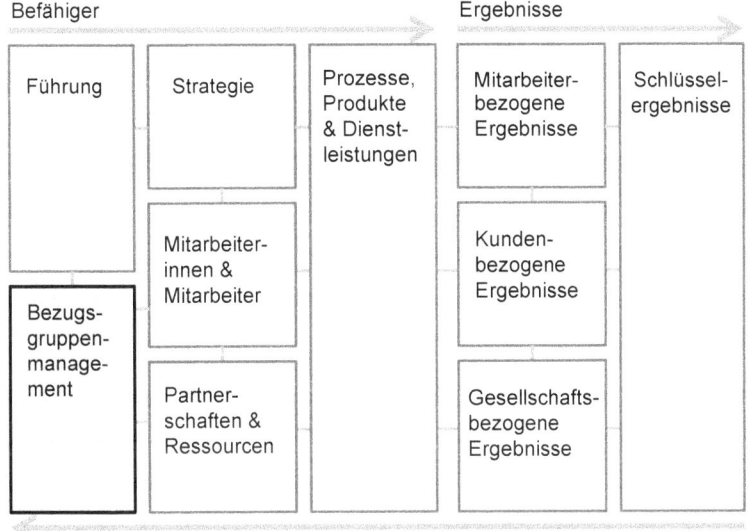

Abb. 12.1 Das EFQM-Excellence-Modell mit Bezugsgruppenmanagement. (eigene Darstellung, angelehnt an das EFQM-Modell 2010; in EFQM 2009, S. 9)

Folgt man für die Implementierung des Bezugsgruppenmanagements in das EFQM-Modell eben diesen Exzellenzforderungen, könnten die Exzellenzgrundlagen für dieses Kriterium wie folgt aussehen:

B1   Das Bezugsgruppenmanagement wird über eine integrierte Kommunikation geführt, die alle funktionalen Aufgaben bündelt.

B2   Das Bezugsgruppenmanagement ist aufbauorganisatorisch bei der Führungsebene verankert und wird im direkten Abgleich mit strategischen Unternehmensentscheidungen vorgenommen. (*Folglich muss mindestens der Zugang zur dominant coalition gewährleistet sein.*)

B3   Das Bezugsgruppenmanagement ist eine unverzichtbare Variable bei der Entwicklung der Geschäftsstrategie.

B4   Das Bezugsgruppenmanagement stellt Kommunikationsstrategien und –programme bereit, die die Ziele der Geschäftsstrategie unmittelbar unterstützen.

B5   Das Bezugsgruppenmanagement basiert auf der Herstellung von symmetrischen Beziehungen zu den jeweils relevanten Bezugsgruppen.

B6   Das Bezugsgruppenmanagement erstellt seine Kommunikationsprogramme auf der Basis fundierter Bezugsgruppenanalysen und Meinungsmarktforschungsergebnissen.

Weitere Forschungsarbeit zur Entwicklung des EFQM-Modells müsste klären, ob es sinnvoll wäre, die kommunikativen Aspekte aus den anderen Befähigerkriterien und den Ergebniskriterien als operative Grundlage für diese dort zu belassen oder zugunsten einer

Präzisierung des Kriteriums „Bezugsgruppenmanagement" herauszulösen. So wäre es zum Beispiel denkbar, über „Führungskräfte befassen sich persönlich mit externen Interessensgruppen" nachzudenken. Auf der einen Seite wird dieses Exzellenzkriterium als solches sicherlich weiterhin Bestand haben und hätte somit ausreichend Berechtigung, als Faktor des Kriteriums „Führung" weitergeführt zu werden. Nicht zuletzt, um das Bewusstsein der Führung für ihre kommunikative Rolle am Ort des Entstehens zu stärken. Auf der anderen Seite ist es gerade eine grundsätzliche Aufgabe des Bezugsgruppenmanagements, solche Beziehungen herzustellen (vgl. B5). Somit könnte man die unterschiedlichen Rollen bei der Herstellung auch innerhalb dieses Kriteriums beleuchten, wie es ja auch ein grundsätzliches Vorgehen bei der Beschreibung der Kriteriendefinitionen im EFQM-Modell ist.

Dasselbe gilt auch zum Beispiel für das Kriterium „Strategie", die laut Ausführung „auf dem Verständnis der Bedürfnisse und Erwartungen der Interessengruppen und des externen Umfelds" zu beruhen hat (vgl. 2a im EFQM-Modell). Diese Anforderung entspricht dem vergleichbaren Ansinnen (B3) im Kriterium „Bezugsgruppenmanagement".

So würde man bei näherer Untersuchung noch einige weitere Aussagen zu kommunikativem Handeln in den anderen Kriterien finden, über deren Zuordnung im Sinne eines ganzheitlichen Exzellenzverständnisses nachgedacht werden müsste. Ebenso sollte geklärt werden, ob und wie die bereits existierenden Arbeiten (Stumpf 2005; Huhn 2010; Müller 2011) mit Vorschlägen für Ergänzungen und Verdichtungen kommunikativer Anforderungen innerhalb der Kriterien des EFQM-Modells in die Perspektive des Bezugsgruppenmanagements einfließen können. Diese Arbeiten enthalten unterschiedliche und jeweils detailliert ausgearbeitete Ansatzpunkte, die für eine Präzisierung des Kriteriums im Sinne seiner konkreten Anwendbarkeit sicherlich wertvoll wären.

Insgesamt kann festgehalten werden, dass es für resiliente Organisationen sinnvoll ist, die Kommunikation und hier vor allem die Kommunikation mit ihren Bezugsgruppen in den Mittelpunkt ihrer Aufmerksamkeit zu stellen. Denn wie mehrfach in diesem Buch erläutert, ist sie der Dreh- und Angelpunkt nicht nur für grundsätzliche Exzellenz, sondern hierbei vor allem für die beständige Fähigkeit, organisationales Wissen zu generieren und strategisch zu verwerten, Unsicherheit zu managen und Vulnerabilität unter größtmöglicher Kontrolle zu halten.

Nun kann man darüber diskutieren, ob es die Funktion der Internen Unternehmenskommunikation ist, das Bezugsgruppenmanagement zu steuern und zu controllen, mithin die Verantwortung für die integrierte Kommunikation der Organisation zu übernehmen. Wie bereits erwähnt, spräche der Umstand dafür, dass das Ergebnis dieses Managements in die internen Entscheidungsprozesse und in die Gestaltung von entscheidungsförderlichen Strukturen des Unternehmens einflösse, im Unternehmen also über Lernroutinen weiterverarbeitet würde.

In jedem Fall muss sich die Interne Unternehmenskommunikation als Teilbereich des umfassenden Kommunikationsmanagements aber der Anforderungen an die exzellente Führung ihrer strategischen und operativen Prozesse stets bewusst sein. Ihr übergeordnetes Ziel in resilienten Organisationen ist das Schaffen und Erhalten von Orientierungssicherheit für die Mitarbeiter (vgl. Kap. 3). Dieses Unterfangen ist immer wieder großen, manchmal radikalen Veränderungen und fluktuierenden Unternehmensstrukturen unterworfen, was eine kontinuierliche Überprüfung der Kommunikationsstrategie mit einem ganzheitlichen Qualitätsverständnis erforderlich macht. Ziel ist es dabei immer, deutlich zu machen, dass und wie die Interne Unternehmenskommunikation die Leistungsprozesse im Unternehmen auch und gerade unter sich ständig verändernden Bedingungen optimal unterstützt. Business Excellence ist dafür eine Zielgröße, die eine Position auf Augenhöhe mit der Unternehmensführung ermöglicht und dem Kommunikationsmanagement eine strategische Relevanz zuweist. Zumindest dies sollten die Kommunikationsverantwortlichen im Sinn haben. Eine optimale Einflussnahme auf die Führung der Organisation könnte dann erfolgen, wenn es ihnen zusätzlich gelänge, das Kommunikationsmanagement in Form eines Bezugsgruppenmanagements in das in vielen Unternehmen bevorzugte EFQM-Modell als Analyse- und Handlungsgrundlage für ein umfassendes Qualitätsverständnis zu integrieren.

Teil IV

Handlungsfelder zur Verbesserung individueller Resilienz: Der Beitrag der Internen Unternehmenskommunikation zur Adaptionsfähigkeit von Organisationsmitgliedern

Kompakt

Mitarbeiter werden von der Internen Unternehmenskommunikation in der Regel als homogene Gruppe angesprochen. Ihre Instrumente wie etwa die Mitarbeiterzeitschrift, Newsletter, Intranet, Veranstaltungen dienen der Information aller organisationsinternen Mitglieder gleichermaßen.

Überprüft und gegebenenfalls angepasst wird von den Verantwortlichen der Internen Kommunikation meist die Qualität der einzelnen Instrumente, eventuell auch der gesamte Kommunikations-Mix mit Blick auf die Vermeidung von Redundanzen. Dahinter steckt dann nicht selten der aus der Belegschaft diffus vermittelte Eindruck, dass sich die Mitarbeiter im Grunde nicht informiert fühlen und ständig unzufrieden nach mehr Informationen verlangen, obwohl die Anzahl der Instrumente in Summe und durchaus auch ihre journalistische Qualität eigentlich eine ausreichende Informationsdichte und –tiefe erzielen können sollte.

Dieses sogenannte Rezipientenparadoxon kann man mit einem durchdachten Informationsmanagement auflösen. Anstelle Informationen im Gießkannenprinzip über womöglich immer mehr oder immer wieder neue Instrumente zu verteilen, muss der Fokus auf den Inhalten und den Informationsprozessen liegen. Dabei ist das Informationsverhalten der Menschen Dreh- und Angelpunkt für die Aufbereitung und das Angebot von Informationen.

In der Sozialwissenschaft gewonnene Erkenntnisse lassen in diesem Zusammenhang ein Vorgehen zu, mit dem man in seinem Unternehmen diejenigen Informationsprozesse identifizieren und mit adäquaten Inhalten bedienen kann, über die bestimmte Informationstypen üblicherweise Informationen aufgreifen und verarbeiten. Schlüsselt man die Belegschaft also in solche Informationstypen auf, kann man mit diesen ein bestimmtes, sozialwissenschaftlich zu erwartendes Kommunikationsverhalten in Verbindung bringen, das mit gezielten Kommunikationsmaßnah-

U. Buchholz, S. Knorre, *Interne Unternehmenskommunikation in resilienten Organisationen,*   119
DOI 10.1007/978-3-642-30724-9_13, © Springer-Verlag Berlin Heidelberg 2012

men und vor allem adäquat aufbereiteten Inhalten zu adressieren ist. So kann man mit den richtigen Stimuli im kommunikativen Gesamtangebot die spezifische Aufmerksamkeit der jeweiligen Informationstypen erzielen und darüber den entsprechenden Informationsbedarf ansprechen, da die Mitglieder der jeweiligen Gruppen ihr individuelles Informationsinteresse aus dem für sie über die Stimuli überschaubar gemachten Angebot selbständig befriedigen können.

Bereits in ihrer Studie „Interne Kommunikation im Wandel" aus dem Jahre 2008 haben Frenzel, Müller und Sottong in deutschen Unternehmen eine Informationsüberflutung festgestellt, die von den Mitarbeitern beklagt wird, wobei diese gleichzeitig aber nach mehr Informationen verlangen (2008, S. 62, 73). Die Autoren bezeichnen dieses Phänomen als Rezipientenparadoxon (ebd., vgl. auch Sottong 2008, S. 27–32). Ein wesentlicher Grund für die Unzufriedenheit der Mitarbeiter ist nach Erkenntnis der Autoren der Umstand, dass die Verantwortlichen der Internen Kommunikation Informationen unselektiert nach dem Gießkannenprinzip an alle Mitarbeiter über alle ihnen zur Verfügung stehenden Kanäle verteilen, um den ihnen rückgemeldeten Mangel an Informationen zu beseitigen (Frenzel et al. 2008, S. 62). Doch alle Anstrengungen, oft unterstützt durch den Einsatz neuster Informationstechnologien, scheinen das Problem nur noch zu verschärfen. Denn eine steigende Informationsmenge über immer wieder neue Kanäle überfordert die Rezeptionsfähigkeit, zumal wenn der Arbeitsalltag selbst komplex und schnelllebig ist. So sind die Mitarbeiter immer weniger fähig, die für sie relevanten Informationen zu erkennen, zu bewerten und sie für die Umsetzung ihrer Aufgaben im Rahmen der Unternehmensstrategie einzusetzen.

Auch in einer aktuellen Studie von Simone Huck-Sandhu und Klaus Spachmann spielt das Managen von Informationen, insbesondere die Verbesserung der Informationsstrukturen, für die Verantwortlichen der Internen Kommunikation weiterhin eine zentrale Rolle (Huck-Sandhu und Spachmann 2010, S. 14, 15, 16). Dabei wird deutlich, dass mehr Transparenz, Orientierung und Vertrauen erzeugt werden sollen (ebd., S. 14), wofür offenbar geeignete Informationen und Wege (insbesondere über die Führungskräfte, ebd. S. 15) vonnöten sind. Die Studie weist zwar nicht explizit die Existenz eines Rezipientenparadoxons aus. Doch die Tatsache, dass die zielgruppengerechte Verteilung von Informationen offenbar weiterhin eine Rolle bei den Befragten spielt, lässt darauf schließen, dass eine zufriedenstellende Routine noch nicht zu verzeichnen ist. Diese Annahme wird untermauert durch ein weiteres Ergebnis der Studie, nämlich dass es in vielen Unternehmen „schwieriger geworden ist, Mitarbeiter mit Themen und Botschaften zu erreichen" (Huck-Sandhu und Spachmann 2010, S. 13, 17).

Eine zielgruppenadäquate Vermittlung von unternehmensrelevanten Inhalten stellt offenbar ein grundlegendes Problem dar. Denn die Zunahme des Informationsvolumens und der -geschwindigkeit scheint Mitarbeiter immer stärker zu überfordern und löst gleichzeitig ein Gefühl des Nichtinformiertseins aus (Mast 2007, S. 76; Frenzel et al. 2008, S. 33).

In resilienten Organisationen wird ein umfassendes, zielgruppenadäquates Informationsmanagement als wettbewerbsentscheidend betrachtet. Denn kennzeichnend für solche Organisationen ist ihre Fähigkeit, schnell auf unvorhersehbare Abweichungen und kurzfristig unüberschaubare Störungen reagieren zu können (Stephenson 2010, S. 109, 245). Dazu ist ein entsprechendes waches Bewusstsein der Organisationsmitglieder nötig, welches wiederum auf rechtzeitige und relevante, selektierte Informationen beziehungsweise daraus generiertes Wissen basiert (ebd., S. 245). Gefragt sind in solchen Unternehmen Mitarbeiter mit ausgeprägter Eigeninitiative, Flexibilität und Tatkraft sowie einer hohen Wahrnehmungsfähigkeit. Sie organisieren sich in Netzwerken und nutzen gerne Informations-Schlüsselstellen, mit deren Hilfe sie eigeninitiativ und ausgestattet mit einer hohen Reflexionsfähigkeit entscheidungsorientierte Informationen beschaffen und andere Mitarbeiter involvieren (Stephenson 2010, ebd., Heitger und Serfass 2010, S. 22).

In Unternehmen mit einer solchen Belegschaft können Informationen im Gießkannenprinzip keine Lösung mehr sein. Stattdessen müssen die relevanten Inhalte zielgruppenspezifisch aufbereitet und über geeignete Kanäle in der notwendigen Frequenz an die entsprechenden internen Bezugsgruppen transportiert werden. Dabei ist die Ausrichtung auf die Bedürfnisse der Mitarbeiter signifikant, was den Fokus nicht auf die Quantität, sondern auf die Qualität der Informationen lenkt. Das wiederum heißt, stets diejenigen Mitarbeitergruppen zu identifizieren, die im Vermittlungsprozess Priorität haben (vgl. Buchholz und Knorre 2010, S. 61 f.).

Das Diktat des Tagesgeschäfts führt in vielen Unternehmen aber immer noch zu einer unsystematischen, wenig strategischen Informationsvermittlung, was einer angestrebten Robustheit keineswegs zuträglich ist. So ergab die Studie von Frenzel, Müller und Sottong (2008), dass Mitarbeiter oft unterschiedlich priorisierte und formulierte Botschaften aus verschiedenen Quellen erhalten, in erster Linie von der Internen Kommunikation als Sprachrohr der Unternehmensleitung auf der einen und den direkten Führungskräften auf der anderen Seite (Frenzel et al. 2008, S. 15 f.). Auf diese Weise gibt es ein virtuelles Gezerre zwischen beiden Parteien um die Deutungshoheit. Dies führt zu Verunsicherung, und die Glaubwürdigkeit der Quellen wird in Frage gestellt. So ist es dann wohl auch kein Wunder, das die Mitarbeiter entsprechenden Informationen „von oben", vermittelt über die Interne Unternehmenskommunikation, häufig einen werblichen Charakter unterstellen, der mehr dazu dient, die Unternehmensspitze ins rechte Licht zu rücken als tatsächlich Inhalte zu vermitteln (ebd., S. 10, 35, 54 f.).

Hinzu kommt, dass Unternehmen trotz oder vielleicht gerade wegen der Fülle an grundsätzlich verfügbaren Informationen aufgrund einer häufig fehlenden systematischen Kommunikation von unten nach oben zu wenig über sich selbst informiert sind (ebd., S. 17). So weiß die Unternehmensspitze nicht, was die Unternehmensbasis bewegt, und ein fruchtbarer Gedanken- und Ideenaustausch findet kaum statt. Außerdem läuft man bei einem unsystematischen Informationsangebot allein aufgrund der Angebotsfülle Gefahr, Informationen zu erheben, die für den (potenziellen) Rezipienten irrelevant sind. Neue Kommunikationstechnologien verschärfen diese Option noch. Denn Informationen können so einfacher und schneller, dadurch auch hastig bzw. übereilt transportiert werden. Dadurch kann das Informationsangebot des Unternehmens den individuellen Informationsbedarf übersteigen sowie die Interpretationsfähigkeit des Einzelnen überfordern.

Stattdessen müsste das Informationsangebot besser gebündelt und selektiv kanalisiert werden, um sie für strategische Zwecke verwertbarer zu machen. Informationen müssten so zur Verfügung gestellt werden, dass die Mitarbeiter genau diejenigen Informationen erhalten, die sie für ihre eigene Orientierungssicherheit sowie zum Zwecke der Resilienzsicherung benötigen. Das bedeutet konkret, dass Informationen zielgruppenadäquat aufbereitet werden müssen, und weiter, dass die oftmals vielleicht zu einseitig als homogen betrachtete unternehmensinterne Zielgruppe „Mitarbeiter" aufgeschlüsselt und mit selektiven Kommunikationsmaßnahmen versorgt werden muss. Eine interne Zielgruppenanalyse ist sogar eine Voraussetzung für ein strategisches Vorgehen, da nur so Inhalte adäquat vermittelt sowie Kommunikationstechniken und –kanäle sinnvoll (und wirkungsvoll) zum Einsatz gebracht werden können (vgl. auch Buchholz und Knorre 2010, S. 52).

Die Literatur zur internen (Unternehmens)Kommunikation liefert jedoch bislang nur wenige Ansatzpunkte für eine entsprechende Zielgruppenanalyse. Sofern überhaupt eine Differenzierung vorgenommen wird, richtet sich diese an den Kommunikationszielen aus, oder sie identifiziert Gruppen von Mitarbeitern, die eine positive Relevanz (Kooperationspotenzial) oder eine negative Relevanz (Bedrohungspotenzial) für das Unternehmen besitzen, oder verfolgt das Ziel, Bedürfnisse und Ansprüche von Mitarbeitern aufzugreifen (Liebrich 2008, S. 167–176). So kann man die Bezugsgruppe der Mitarbeiter nach ihren kognitiven Strukturen, affektiven Bedürfnissen oder organisationalen Rahmenbedingungen einordnen (vgl. Buchholz und Knorre 2010, S. 55). In diesem Fall ist eine Analyse im Kontext der Unternehmensorganisation sinnvoll. Hier wiederum ist die Zuordnung nach der Position in der Wertkette (etwa Einkauf, Produktion, Vertrieb), der Zugehörigkeit zu einer Berufsgruppe (etwa Ingenieure, Techniker, Vertriebskräfte), der hierarchischen Position (etwa Zentrale, Geschäftseinheiten, Leitende Angestellte) oder der Mitgliedschaft in Gremien (etwa Betriebsrat, Wirtschaftsausschuss, Jugendvertretung) eine Differenzierungsoption (ebd., S. 57). Aber alle diese Vorschläge lassen das Phänomen des Rezipientenparadoxons weitgehend unberücksichtigt und liefern somit keine wirksame Lösung.

Ein solcher Prozess ist aber essenziell für die Bedürfnisse der Mitarbeiter im Zuschnitt moderner, robuster Organisationen, wo ein umfassendes, zielgruppenadäquates Informationsmanagement als wettbewerbsentscheidend betrachtet wird. So muss auf der einen Seite die vielerorts beklagte unsystematische Informationsflut eingedämmt werden. Auf der anderen Seite müssen die Mitarbeiter aber dennoch diejenigen Informationen erhalten können, die sie selbst im Hinblick auf Inhalt und auf Aktualität als relevant betrachten. Das wiederum kann aber abhängig vom Informationsverhalten durchaus unterschiedlich bewertet werden. Jegliche Informationsverarbeitung wird von individuellen, situativen und organisationalen Faktoren beeinflusst (Petty und Cacioppo 1986, S. 17; Mast 2010, S. 225) und ist insbesondere abhängig von der kognitiven Fähigkeit (Vorwissen, Intelligenz) und der Motivation (etwa Petty und Cacioppo 1986; Chen und Chaiken 1999; Lang 2000). Diese Sichtweise eines individuellen Rezeptionsverhaltens mit Blick auf die Diskussion eines Zielgruppenmanagements wurde bislang in der Literatur zur Internen Kommunikation noch nicht berücksichtigt.

Ein möglicher Ansatz für ein adäquates Zielgruppenmanagement zum Zweck der Auflösung des Rezipientenparadoxons ist eine Typologisierung, die das heterogene Informations- und Reflexionsverhalten der Bezugsgruppe Mitarbeiter berücksichtigt (vgl. Jendro 2011). Dazu ist es sinnvoll, die Erkenntnisse aus dem Elaboration-Likelihood-Modell (ELM) von Petty und Cacioppo auf die Anforderungen der Internen Unternehmenskommunikation zu übertragen. Das ELM geht bekanntlich von zwei Arten der Verarbeitung einer Information aus, die bezüglich der Aufmerksamkeitserregung und vor allem des Einflusses auf die Änderung einer Einstellung betrachtet werden, nämlich die zentrale Verarbeitung und die periphere Verarbeitung einer Botschaft (Petty und Cacioppo 1986).

Personen, die auf der sogenannten zentralen Route angesprochen werden müssen, sind sehr kognitiv ausgerichtet und reagieren nur dann, wenn die vorgebrachten Argumente stichhaltig sind. Ihre Grundeinstellung ist gefestigt und lässt sich nicht so leicht verändern. Es bedarf dazu einer besonderen Überzeugungskraft. Personen, die besser auf einer peripheren Route erreicht werden, reagieren eher auf nebensächliche Hinweisreize, die mit der eigentlichen Mitteilung verbunden sind. Das sind vor allem Merkmale, die dem Absender einer Information zugeschrieben werden wie etwa dessen Position in der sozialen Gruppe, seine Attraktivität, seine (vermutete) Kompetenz, seine Bekanntheit oder die Ausführlichkeit der Kommunikation. Wenn diese Reize stark genug sind, verändern die Personen dieses Aufmerksamkeitstypus (auch wiederholt) durchaus ihre Einstellung.

Es muss also mit Hilfe des ELM gelingen, einen Informationsprozess zu identifizieren und schlussendlich zu bedienen, der die Art und Weise berücksichtigt, wie bestimmte Mitarbeiter (in bestimmten Situationen) Informationen aufgreifen und verarbeiten. Exemplarisch soll hier eine solche Typologisierung auf Basis der Diffusionstypen von Everett M. Rogers (2003) erfolgen. Rogers unterscheidet fünf Typen, die unterschiedlich auf den Eintritt einer Innovation, einer Neuerung oder Veränderung reagieren, nämlich Die Innovatoren, Die frühen Umsetzer, Die frühe Mehrheit, Die späte Mehrheit und Die Nachzügler (Rogers 2003, S. 282 ff.; vgl. auch Buchholz und Knorre 2010, S. 108–111). Diese Typen sind vor allem gekennzeichnet durch bestimmte Grundeinstellungen und darauf basierende Verhaltensweisen innerhalb einer sozialen Gruppe. Für die Anforderungen des internen Zielgruppenmanagements muss auf dieser Grundlage geklärt werden, welche Kommunikationsmittel sinnvoller Weise zum Einsatz kommen sollten, um die einzelnen Mitarbeitergruppen wirkungsvoll anzusprechen. Es dürfte klar sein, dass niemand ein Schildchen vor der Stirn trägt, aus dem die Zugehörigkeit zu den Typen hervorgeht, was vielleicht eine gezielte Ansprache als „früher Umsetzer" möglich machte. Vielmehr ist es sinnvoll zu überlegen, welche Inhalte und kommunikativen Handlungen geeignet sind, die Aufmerksamkeit der jeweiligen Typen zu erzielen, und über welche Kanäle diese Inhalte bevorzugt vermittelt werden müssen. Idealerweise werden sich die einzelnen Typen aufgrund ihres Aufmerksamkeitspotenzials und ihrer Informationsaffinität die für sie bestimmte Botschaft aus dem Gesamtangebot heraussuchen und ihre Handlungen daraus ableiten (vgl. auch Buchholz und Knorre 2010, S. 108–111).

Diffusions-typus nach Rogers	Informations-typus	charakteristisches Informations- bzw. Kommunikations-verhalten	bevor-zugte ELM-Route	besonders zu setzende kommunikative Stimuli
Die Innovatoren	Die Informations-suchenden	suchen einen Wissensvor-sprung; suchen selbstän-dig (pull-Effekt); nutzen gerne Massenkommunika-tionsmittel; bilden sich gerne eine eigene Meinung; suchen Kontakt zu Gleichgesinnten (Netzwerke); importieren Informationen gezielt von außen nach innen	zentral	Informationsbuffet mit leichtem, schnellem Zugang; aufmerksam-keitsfördernde Schlag-wörter; qualitativ hoch-wertige und intellektuell ansprechende Inhalte; reine (verständliche) Texte ohne besondere Visualisierungen; passive, aber relevante Kanäle (Quelle!)
Die frühen Umsetzer	Die Informierten	sind in ihrer sozialen Gruppe oft Meinungsführer; erleben dadurch kontinuier-lich eine Informations-überlast; Selektion erfolgt etwa über Status der Quelle; dabei auch Orientierung an Innova-toren	zentral (ergänzt peripher)	Inhalte zu Chancen/ Risiken (Pro und Contra!), Zukunfts-aussicht, Vorteile; wiederholtes Informa-tionsangebot auf unter-schiedlichen Kanälen; dabei Statusquellen nutzen; wenn medial: reine (verständliche) Texte ohne besondere Visualisierungen;
Die frühe Mehrheit	Die Interessierten	sind grundsätzlich gegen-über Unternehmensthemen aufmerksam, haben aber deutliche Überzeugungs-schwelle; Orientierung an frühen Umsetzern; bevor-zugen direkte, persönliche Kommunikation; suchen Informationen im Abgleich zu ihrer persönlichen Situation, aber durch-schauen Zusammenhänge oft nicht sofort	peripher (evtl. ergänzt zentral)	fragmentierte Inhalte mit individuellen Anknüpfungspunkten; bevorzugt Statusquellen und Multiplikatoren ein-setzen; bildhafte Aufbe-reitung von Inhalten; visuelle Kommunikation
Die späte Mehrheit	Die Beobachter	Unternehmensthemen eher uninteressant; sind grund-sätzlich skeptisch und haben deutliche Überzeu-gungsschwelle, reagieren aber auf Dringlichkeit (Konformitätsdruck); hoher push-Effekt nötig	peripher	müssen die frühen Umsetzer und die frühe Mehrheit beim Kommu-nizieren beobachten können (Meinungsbil-dung); Führungskom-munikation sehr wichtig; ansonsten wie bei „frühe Mehrheit"
Die Nachzügler	Die Desinter-essierten	grundsätzlich negativ ein-gestellt; stets Ablehnung neuer Unternehmens-themen; nutzen Kommuni-kationsmittel eher nicht; kommunizieren ungerne, rezipieren wenig; Zusam-menhänge werden eher nicht durchschaut	peripher (wenn über-haupt)	wenn überhaupt spezi-fisch (großer Mobilisie-rungsaufwand!): sehr vereinfachte, fragmen-tierte, gerne bildliche Darstellung kontrover-ser Themen; enge „Ja-Aber"-Diskussion ermöglichen. (Achtung: Glaubwürdig-keitsfalle mit Blick auf die anderen Informa-tionstypen)

Abb. 13.1 Informationstypen im Zielgruppenmanagement

Um dieses Informationsverhalten gezielt anzusprechen, ist auf der Basis des ELM eine Bestimmung grundsätzlicher Informationstypen möglich (vgl. auch Jendro 2011, S. 50 f.). So können die Innovatoren als die Informationssuchenden identifiziert werden, die frühen Umsetzer als die Informierten, die frühe Mehrheit bildet die Interessierten, die späte Mehrheit die Beobachter und die Nachzügler die Desinteressierten (Abb. 13.1).

Die Informationssuchenden (Innovatoren)

Die Innovatoren machen zwei bis drei Prozent ihrer sozialen Gruppe aus. Sie sind durch eine hohe Risikobereitschaft charakterisiert und nehmen neue Ideen schon an, wenn diese noch nicht voll durchdacht oder abgesichert sind. Sie sind immer auf einen Wissensvorsprung bedacht und agieren auf diese Weise als Impulsgeber. Unter dem Aspekt des Zielgruppenmanagements kann man diese Gruppe als die Informationssuchenden bezeichnen. Sie sind intensive Nutzer von Massenkommunikationsmitteln, aus denen sie die (Fach)Informationen ziehen, auf deren Basis sie ihre Entscheidungen treffen und Handlungen einleiten. So reagieren sie auf Inhalte, die das Neuartige hervorheben, die Zukunftsaussichten, das damit verbundene Prestige und mögliche Chancen. Dabei achten sie insbesondere auf die Stichhaltigkeit vorgebrachter Argumente und scheuen sich auch nicht, Scheinargumente oder schwache Inhalte zu entlarven. Da die Innovatoren sich schon sehr früh mit einer neuen Situation oder einem neuen Produkt auseinander setzen, interessiert sie für die Beurteilung des Neuen auch Branchenvergleiche oder die Beschreibung der Wettbewerbsaktivitäten. Deshalb suchen sie als die Informationssuchenden kontinuierlich den Kontakt zu Gleichgesinnten und richten dazu wirkungsvolle Netzwerke im und außerhalb des Unternehmens ein. Sie sind in ihren Netzwerken sehr aktiv und importieren unternehmensrelevante Informationen auch gezielt von außen in ihre Organisation. Von den anderen Mitgliedern ihrer sozialen Gruppe werden sie zwar – durchaus wohlwollend – wahrgenommen, haben auf sie aber in der Regel einen eher geringen Einfluss, da man sie (im Abgleich mit der Unternehmenskultur) schnell als skurril und sonderbar betrachtet. Aufgrund ihres ausgeprägten Informationsverhaltens sind sie für resiliente Unternehmen aber sehr wertvoll, da über sie die Outside-in-Kommunikation als Grundlage der wettbewerbsintensiven Selbstbeobachtung (vgl. Kap. 7) geführt werden kann.

Diesem Informationstypus müssen auf der zentralen Route des ELM solche Inhalte und Themen angeboten werden, aus denen er einen Wissensvorsprung ziehen kann. Dabei sollten ihm die entsprechenden Informationen so bereitgestellt werden, dass er sie sich nach thematischem und zeitlichem Bedarf selbständig besorgen kann. Das bedeutet auch, dass die Inhalte mit aufmerksamkeitsfördernden, evidenten Schlagwörtern hinterlegt werden müssen. Um nicht nur eine erste Aufmerksamkeit zu erregen, sondern auch bei näherem Hinsehen von den Informationssuchenden als relevant und wertvoll eingeschätzt zu werden, müssen die bereitgestellten Inhalte ebenso qualitativ hochwertig und intellektuell ansprechend aufbereitet sein, wie Informationen, die der Informationssuchende etwa in Fachbeiträgen oder in seinen Netzwerken zu rezipieren gewohnt ist. Was sonst eher als Problem bei der Vermittlung von Inhalten betrachtet wird, darf bei der Bereitstellung für den hier beschriebenen Typus als positive Darstellungsform gewertet werden: Der großen kognitiven Energie dieses Typus entsprechen reine, durchaus komplexe Texte ohne großartige Visualisierungen. Allerdings sollten sie immerhin verständlich aufbereitet werden, um die Motivation zur Rezeption aufrecht zu erhalten. Als Basiskanal ist für den Informationssuchenden jedes passive, aber offenkundig relevante Kommunikationsinstrument sinnvoll, das ihm die Quelle offenbart (etwa die Unternehmensführung) und einen leichten Zugang zu Informationen ermöglicht. Darüber hinaus sollte den Informationssuchenden eine Plattform angeboten werden, auf der sie sich mit Gleichgesinnten austauschen können, die aber wiederum nicht so exklusiv sein sollte, dass sie nicht auch von anderen Mitgliedern der Belegschaft, vor allem der Gruppe der frühen Umsetzer, als Beobachtungsraum und Informationskanal genutzt werden kann. (Vgl. dazu auch Jendro 2011, S. 50–52.)

Die Informierten (Frühe Umsetzer)

Die frühen Umsetzer haben eine geringere Risikobereitschaft als die Innovatoren, sind jedoch bereit, zum Beispiel in Veränderungsprozessen eine höhere Unsicherheit zu tolerieren als die Mehrheit ihrer sozialen Gruppe und nehmen die neue Situation daher relativ früh an. Ihr Anteil an der Gruppe beträgt etwa 10 %. Dennoch haben die frühen Umsetzer einen großen Einfluss auf gut 60 % ihrer sozialen Gruppe, welche sich bei ihrer Meinungsbildung eben nach den Empfehlungen der frühen Umsetzer richten. Denn anders als die Innovatoren sind die frühen Umsetzer stärker in ihr soziales Umfeld, das heißt in die Unternehmenskultur, integriert und nehmen darin eine Meinungsführerrolle ein. Ihre Denk- und Wahrnehmungsvorgänge sowie deren mentale Ergebnisse wie Wissen, Einstellungen, Überzeugungen, Erwartungen laufen ähnlich ab wie bei den Innovatoren. Unter dem Aspekt des Zielgruppenmanagements kann man diese Gruppe als die Informierten bezeichnen (Jendro 2011, S. 52). Sie wollen ihre Position als Meinungsführer bewusst ausfüllen, weil sie sich durch die Vielzahl an dargebotenen Informationen und ihre Kommunikatorrolle in ihrer sozialen Gruppe bestätigt fühlen und sie darüber hinaus in der Belegschaft eher der Gruppe der Führungskräfte oder vergleichbarer Fachverantwortlicher angehören.

Die kommunikative Ansprache der Informierten muss wie bei den Informationssuchenden grundsätzlich auf der zentralen Route des ELM erfolgen. Allerdings verarbeiten sie ihre Informationen anders als diese ebenfalls auf der peripheren Route. Denn ihre Position in der sozialen Gruppe verursacht eine kontinuierliche Informationsüberlast, aus der sie die geeigneten Botschaften erst herausfiltern müssen. Periphere Reize wie etwa das Ansehen, die Kompetenz oder der Status der Informationsquelle (also des Kommunikators) sind für die Bewertung solcher Informationen im Hinblick auf Relevanz für sich selbst und für die soziale Gruppe eine wichtige motivationale Entscheidungshilfe. Für ihre Meinungsbildung reagieren die Informierten insbesondere auf Inhalte, die die Chancen und Risiken der neuen Situation oder Produkte erläutern und Zukunftsaussichten und Vorteile beschreiben. Darüber hinaus ist es für sie hilfreich, wenn sie den Umgang mit der Neuerung durch Innovatoren erkennen können. In diesem Zusammenhang ist auch die Wahrnehmbarkeit des CEO oder einer vergleichbaren Funktion in der sozialen Gruppe eine Unterstützung.

Bei der Vermittlung der zu kommunizierenden Inhalte muss zudem berücksichtigt werden, dass die Informierten, in erster Linie ebenfalls aufgrund ihrer Position, häufig unter Zeitdruck stehen. So sind Ablenkungen durch Unterbrechungen beim Aufnehmen und Verarbeiten von Informationen nicht selten, was Aufmerksamkeit binden oder auch die Fähigkeit zu einer tiefen Reflexion immer wieder boykottieren kann. Daher ist für die Informierten nicht nur die Qualität der Informationsquelle motivierend für die Aufnahme und Verarbeitung einer Botschaft auf der zentralen Route, sondern auch ein wiederholtes Angebot, womöglich auf unterschiedlichen Kanälen. Wie bei den Informationssuchenden müssen die Inhalte für die Informierten ebenfalls unmittelbar verständlich formuliert werden. Denn die Motivation, sich mit Botschaften auseinander zu setzen, lässt wegen der Informationsquantität und der geringen Zeit für die Rezeption schnell nach.

Auch für die Informierten gilt, dass sie aufgrund ihrer kognitiven Energie reine, durchaus komplexe Texte ohne aufwändige Visualisierungen bevorzugen. Dabei spielen Pro- und Kontra-Darstellungen einer spezifischen Thematik eine bedeutende Rolle, da diese Textform die Aufgabe als Meinungsführer gut unterstützen kann. (Vgl. dazu auch Jendro 2011, S. 52–53.)

Die Interessierten (Frühe Mehrheit)

Die frühe Mehrheit umfasst gut 30 % der sozialen Gruppe und folgt in ihren Entscheidungen und Handlungen den frühen Umsetzern, sobald sie bei ihnen erkennen, dass die Vorteile die Nachteile überwiegen können. So sind sie weniger durch ihre Risikobereitschaft gekennzeichnet als mehr durch ihr verhaltenes Abwarten und Abwägen. Die Mitglieder der frühen Mehrheit sind allerdings aufmerksam in Richtung der Neuerung und reagieren schneller als die späte Mehrheit, müssen aber dennoch nachhaltig überzeugt werden. Grundsätzlich sprechen sie auf Massenkommunikationsmittel daher nur bedingt an und ziehen die Informationen für ihre Entscheidungen lieber aus Formen der persönlichen Kommunikation, die sie gerne mit Mitgliedern der frühen Umsetzer austauschen. Allerdings suchen und nutzen sie auch deren Aussagen und Meinungen in Massenkommunikationsmitteln. Unter dem Aspekt des Zielgruppenmanagements kann man diese Gruppe als die Interessierten bezeichnen. Im Gegensatz zu der Gruppe der Informationssuchenden und Informierten überschauen Sie ein Thema und seine Bedeutung für den eigenen Arbeitsplatz oder das Unternehmen oft nicht sofort. Sie tun sich in der Regel schwer, Muster zu erkennen und den Transfer grundsätzlicher Zusammenhänge auf die eigene Situation zu leisten. So reagieren sie in der Kommunikation besonders auf fragmentierte Inhalte zu unternehmensbezogenen Themen, die ihnen eine Orientierung im Hinblick auf ihre persönliche, individuelle Situation geben können.

Obwohl die Interessierten grundsätzlich in der Lage und willens sind, Informationen auf der zentralen Route des ELM zu verarbeiten, reagieren sie doch rascher und im Sinne der erwünschten Einstellungsveränderung verlässlicher, wenn sie zunächst auf der peripheren Route angesprochen werden. Aufmerksamkeit und eine vorläufige Zustimmung kann man von ihnen dann erwarten, wenn sie über eine anerkannte und aussagekräftige Quelle von der grundsätzlichen Machbarkeit des Neuen und gleichzeitig von der Ernsthaftigkeit der Führung bei der Umsetzung überzeugt werden. Ein solcher peripherer Stimulus ist für die Aktivierung der Interessierten besonders wichtig. Die direkte Kommunikation mit den frühen Umsetzern oder eine Möglichkeit, sie bei der Diskussion von Themen zu beobachten, ist daher sinnvoll. Eine wirkungsvolle Vorgehensweise ist auch die gezielte Kommunikation über Multiplikatoren. Allerdings ist die kognitive Verarbeitung auf der zentralen Route für eine nachhaltige Einstellungsfestigung und für die Beibehaltung neuer Abläufe nach einer ersten Sensibilisierung über die periphere Route unerlässlich. Inhalte kann man den Interessierten am besten beispielhaft, durchaus auch bildhaft vermitteln, so dass sie ihre eigene Situation leicht damit abgleichen können. Dafür sind zum Beispiel klassische Workshops als persönliche Kommunikation geeignet. Aber auch Printmedien wie etwa die Mitarbeiterzeitschrift sind ein probates Mittel, die Interessierten zu erreichen. Sie eignen sich ausgezeichnet, um zum Beispiel über Reportagen oder über eine Darstellung von Fallbeispielen Wissen zu vermitteln. Ebenso sind alle Arten von Visualisierungen sinnvoll (Plakate, Intranet-Banner etc.), die einen Stimulus auf der peripheren Route setzen können. (Vgl. dazu auch Jendro 2011, S. 54–55.)

Die Beobachter (Späte Mehrheit)

Die späte Mehrheit umfasst weitere gut 30 % ihrer sozialen Gruppe. Wie die frühe Mehrheit müssen diese Gruppenmitglieder nachhaltig überzeugt werden, eine Neuerung anzunehmen. Denen gegenüber sind sie jedoch besonders skeptisch eingestellt und akzeptieren Abweichungen oder gar Veränderungen oft erst unter relativ starkem Druck. Ihr Interesse an unternehmensbezogenen Themen, die über konkrete Informationen zum eigenen Arbeitsumfeld hinausgehen, ist nicht besonders ausgeprägt. Unter dem Aspekt des Zielgruppenmanagements kann man diese Gruppe als die Beobachter bezeichnen. Massenkommunikationsmittel nutzen sie zwar, aber eher oberflächlich, da sie grundsätzlich erst einmal abwarten und beobachten. Als Überzeugungsgrundlage kann diese Form der Kommunikation nicht dienen, da diesem Informationstypus über den indirekten Kanal keine ausreichende Dringlichkeit vermittelt werden kann. Der Verarbeitung von Inhalten auf der zentralen Route des ELM verschließen sich die Beobachter zunächst nachdrücklich. Aber auch die Vermittlung über die periphere Route bedarf der richtigen Impulse, um sie zu erreichen. Dazu muss ihnen vor allem gespiegelt werden, worüber die frühen

Umsetzer und die frühe Mehrheit, also insgesamt die Mehrheit der Belegschaft, gerade diskutieren. Die Beobachter müssen ohne großen aktiven Aufwand schlicht beobachten können. Da die späte Mehrheit einem Konformitätsdruck über kurz oder lang nicht ausweichen kann, ist darüber hinaus die Kommunikation über die Führungskräfte sinnvoll. Wirksame Kommunikationsinhalte und Vorgehensweisen sind vergleichbar mit denen für die frühe Mehrheit, allerdings müssen sie intensiver beziehungsweise zeitlich länger vermittelt werden, um eine Aktivierung in Gang setzen zu können. Wenn sie erst einmal bereit sind, sich mit einem Thema auseinanderzusetzen (Dringlichkeit und Konformitätsdruck), sind die Beobachter am besten über leichte Reize wie gut verstehbare Beispiele und ansprechende Visualisierungen zu überzeugen. Außerdem ist wie bei der frühen Mehrheit eine Wiederholung über unterschiedliche Kanäle erforderlich. Immerhin ist die Einstellung der späten Mehrheit, wenn man sie erst einmal erreicht hat, über die periphere Route (Konformitätsdruck) leicht zu verändern. (Vgl. dazu auch Jendro 2011, S. 55–56.)

Die Desinteressierten (Nachzügler)

Die Nachzügler machen etwa 15 % ihrer sozialen Gruppe aus. Ihr Verhalten ist an Traditionen orientiert und fußt auf Sicherheit. Abweichungen oder Neuerungen lehnen sie ab, sei es, weil sie nicht informiert sind und sich auch nicht aktiv darum kümmern oder weil sie Neuem gegenüber als einem großen Unsicherheitsfaktor generell negativ eingestellt sind. Obwohl diese Gruppenmitglieder einen insgesamt geringen Anteil an der gesamten sozialen Gruppe haben und für die Durchsetzung einer Umgestaltung oder Neuerung im Grunde nicht bedeutsam sind, muss man dennoch stets ein Auge auf sie haben. Denn wenn sie ihre Ablehnung aktiv zum Ausdruck bringen, können sie als Störfaktoren wahrnehmbar sein und eine latente Gefahr für die Implementierung neuer Routinen bilden. Unter dem Aspekt des Zielgruppenmanagements kann man diese Gruppe als die Desinteressierten bezeichnen. Sie nutzen die angebotenen Kommunikationsmittel kaum, kommunizieren selbst nur ungerne und rezipieren daher nur wenige Inhalte. Da Fragmente Unsicherheit auslösen und frühere (Vor)Urteile bestätigen, verharren die Desinteressierten in ihrer Meinung und agieren stets auf Basis bewährter Verhaltensweisen. Auf der zentralen Route des ELM können sie nicht erreicht werden, weil sie eben nicht bereit sind, sich kognitiv mit Inhalten zu befassen, wozu im Übrigen auch ihre Fähigkeiten nicht immer ausreichen. Die Desinteressierten kann man nur über die periphere Route ansprechen, indem man also nebensächliche Hinweisreize setzt. Da es für diesen Typus im Grunde nicht wichtig ist, worüber andere Mitglieder ihrer sozialen Gruppe sprechen und welche Meinung sie haben, müssen andere Reize die Aufmerksamkeit der Desinteressierten hervorrufen. Will man die Nachzügler bewegen, sich mit einer Thematik zu befassen, könnte man inhaltliche Fragmente offerieren, die sie offensichtlich zu Gegenargumenten verleiten, da sie sich in ihrer traditionellen Geisteshaltung und ihrem Sicherheitsbedürfnis bedrängt fühlen. Allerdings sollten sich die Kommunikationsverantwortlichen sehr genau überlegen, ob sie diese Leistungsreserven bei sich und bei den Desinteressierten aktivieren wollen. Denn sie sind zunächst weder beim Kommunikator noch bei der Zielgruppe wertschöpfend im Sinne der Unternehmensziele. Es gehört eine gehörige Mobilisierung dazu, die Nachzügler in den Prozess zu integrieren. Und vielleicht schafft man es über die Kommunikation auch gar nicht. Wenn man allerdings zum Zwecke der Integration den Aufwand betreiben will, sollte man versuchen, mögliche Gegenargumente in die thematische Aufbereitung aufzunehmen und durch förderliche, nachvollziehbare Argumente auflösen. Dies macht dem Nachzügler deutlich, dass sich das Unternehmen sehr wohl mit allem Für und Wider auseinander gesetzt hat, was wiederum die Glaubwürdigkeit fördert und die Unsicherheit reduziert. Da sich die Desinteressierten aber im Grunde nicht mit den Kommunikationsmitteln des Unternehmens befassen, muss die Kommunikation über das Für und Wider über alle Kanäle erfolgen und zudem schlicht und visuell leicht erfassbar aufbereitet sein. Diese Art der Kommunikation würde aber die Gefahr bergen, zumal wenn sie über den für die Desinteressierten nötigen langen Zeitraum erfolgt, von der Mehrheit der Belegschaft als wenig glaubwürdig und in der Sache zu oberflächlich bewertet und damit die Ernsthaftigkeit des eigentlichen Unterfangens in Frage gestellt zu werden. (Vgl. dazu auch Jendro 2011, S. 56–58.)

Um es noch einmal zu betonen: Die hier entwickelten Informationstypen sind nicht als konkret zu bestimmende Zielgruppen ansprechbar, ihre Mitglieder vielleicht in Einzelfällen, aber nicht als Gruppen bildende Typen identifizierbar. Man kann diese Zielgruppen nur auf der Grundlage von geeigneten Inhalten und adäquaten Kanälen erreichen, indem man die jeweiligen Reaktionsmuster antizipiert und eben folgerichtig adressiert. Es geht also darum, mit den richtigen Stimuli die Aufmerksamkeit der jeweiligen Informationstypen zu erzielen. Sie werden sich die für sie bestimmte Botschaft auf Basis ihrer grundsätzlichen Affinität aus dem Gesamtangebot heraussuchen und ihre Handlungen daraus ableiten. Diese wiederum werden von anderen beobachtbar sein, umso mehr wie dafür geeignete Plattformen eingerichtet werden. Insgesamt ist es von Bedeutung, dass die Informations- und Kommunikationsbedürfnisse der Mitarbeiter in resilienten Unternehmen mit Blick auf die dort zu führenden Prozesse und zu erzielenden Ergebnisse im Sinne der Unternehmensstrategie befriedigt werden. Eine Aufteilung nach Informationstypen kann ein wirkungsvoller Ansatz sein. In diesem Zusammenhang ist die Interne Unternehmenskommunikation dann Wert schöpfend, wenn es ihr gelingt, den größten Teil der Belegschaft so mit Informationen zu versorgen und ihm eine so geartete Kommunikation zu ermöglichen, dass das Generieren und das Vermitteln von Wissen im Unternehmen für dessen strategische Zwecke unmittelbar verwertbar gemacht wird.

Kompakt

Nach wie vor wird ein signifikanter Mangel an überzeugender Kommunikation sowohl der Führungskräfte mit ihren Mitarbeitern wie auch des Topmanagements mit ihrer Führungsmannschaft festgestellt. Eine Mobilisierungs- und Vorbildfunktion, zumal in wettbewerbsintensiven oder sogar Existenz bedrohenden Situationen, ist so kaum zu realisieren.

Ein transformativer Führungsstil, der die Menschen zusammenschweißen und immer wieder auf eine neue Richtung einschwören kann, ist dort sinnvoll, wo das Management unter den Anforderungen schnellen und unter Umständen unkonventionellen Handelns zur Lösungsfindung auf Vertrauen und unkomplizierte hierarchieübergreifende Kooperation im Unternehmen setzt. Aufgabe der Internen Unternehmenskommunikation ist es in diesem Zusammenhang insbesondere, ihre Kommunikationsstrukturen auf Transparenz und Eigenverantwortlichkeit hin auszurichten, so dass die Nutzer weitgehend selbständig und nach Bedarf damit umgehen können. Außerdem müssen die offerierten Themen so gewählt werden, dass im Unternehmen ein Bewusstsein für eben Eigenverantwortlichkeit, Vertrauen und Zusammenarbeit geschaffen und aufrecht erhalten wird. Gleichzeitig sollten komplexe Themen aufgeschlüsselt und für die Führungskräfte inhaltlich und formal leicht verwertbar gemacht werden, so dass diese ihren Mitarbeitern hinsichtlich einer größeren, Vertrauen schaffenden, Glaubwürdigkeit Wirkungszusammenhänge darstellen können, statt schlicht lineare Informationen oder Anweisungen weiterzugeben.

Vor allem aber muss die Interne Unternehmenskommunikation dafür sorgen, dass sich die Mitglieder der Führungsmannschaft miteinander im gesamten Unternehmen hierarchiefrei und bedarfsorientiert vernetzen können. So wird der Blick über den (operativen) Tellerrand gefördert, wodurch im gemeinsamen Abgleich

U. Buchholz, S. Knorre, *Interne Unternehmenskommunikation in resilienten Organisationen*, 131
DOI 10.1007/978-3-642-30724-9_14, © Springer-Verlag Berlin Heidelberg 2012

von Beobachtungen, Meinungen und Erkenntnissen Marktchancen und potenzielle Störfälle identifiziert und rasch adäquate Lösungen gefunden werden können. Wenn Web 2.0-basierte Netzwerke im Unternehmen einen Sinn machen, dann gewiss mit Blick auf den Umstand, dass, im Sinne von Resilienz, niemand alleine wirklich erfolgreich sein kann. Die Interne Unternehmenskommunikation sollte konkret helfen, sinnvolle Vernetzungsoptionen zu identifizieren und das Netzwerk auszugestalten.

Führungskräfte sind nach wie vor maßgebliche Ansprechpartner und Meinungsführer bei der Vermittlung der Unternehmensstrategie, von Sinn und Unumgänglichkeit anstehender Veränderungen sowie deren Durchsetzung. Inzwischen findet man in der Fachliteratur schon Überlegungen, die kommunikative Kompetenz neben den klassischen Kompetenzfeldern der Managementlehre, nämlich die technische, die konzeptionelle und die soziale Kompetenz, als eigenständige Kompetenz zu betrachten.

Diese Herangehensweise zollt der Entwicklung der letzten 20 Jahre Rechnung, in denen die Begleitumstände der alltäglichen Führungsaufgaben durch die vielfältigen Veränderungsprozesse in Wirtschaft und Gesellschaft sehr viel komplexer und diffiziler geworden sind. Dazu zählen schwer durchschaubare Strukturen und Informationen, deren Verbindlichkeit einen geringen Halbzeitwert hat und damit einen hohen Grad an Unsicherheit mit sich bringt. Bei all diesen Unwägbarkeiten und Widersprüchlichkeiten sollen Führungskräfte jedoch unverändert zielsicher entscheiden, Prozesse im Sinne der Unternehmensstrategie vorantreiben und ihre Mitarbeiter auf diese Prozesse ausrichten. Das war schon immer eine Aufgabe, bei der die Kommunikation eine bedeutende Rolle spielte. Doch inzwischen ist sie aufgrund der beschriebenen Begleitumstände zur Schlüsselrolle geworden. Die Wirksamkeit der Steuerungs- und Entscheidungsprozesse steht und fällt mit der Kommunikation.

Aber obwohl das Thema Führung in den Unternehmen vor allem mit Blick auf die Anforderungen zunehmender Veränderungsprozesse eine hohe Relevanz hat, lässt die gelebte Realität jüngeren Studien zufolge offenbar immer noch viel zu wünschen übrig (Kyaw und Claßen 2010; Kinter et al. 2010). Als signifikant wird dabei die mangelhafte Kommunikation identifiziert, und zwar sowohl in Form der Führungskommunikation in Richtung Mitarbeiter wie auch die Führungskräftekommunikation selbst.

Denn obwohl vielerorts zahlreiche Instrumente für die Führungskräftekommunikation eingesetzt werden (Kinter et al. 2010, S. 7; Kinter et al. 2009), bewerten die Führungskräfte deren Inhalte und Organisation mehrheitlich als nicht zufriedenstellend (Kinter et al. 2010, S. 10). So fühlt sich ein Großteil der Befragten nicht ausreichend informiert und viele sind bezüglich der Weiterentwicklung ihres Unternehmens, in der sie als Führungskraft per se eine maßgebliche Rolle spielen sollen, verunsichert, was wiederum zu Blockaden führt (Kyaw und Claßen 2010, S. 49).

So gesehen sind Führungskräfte auch nicht anders „gestrickt" als ihre Mitarbeiter. Die einen wie die anderen bemängeln ein Defizit an Information bei eigentlich großen Mengen an grundsätzlich zur Verfügung stehenden Informationen. Offensichtlich gelingt es hier wie dort nicht, diese auf den Bedarf der Zielgruppe hin zu selektieren und adäquat auszurichten. Eine immer und jederzeit passende Vorauslese wäre aber auch für die organisierte Kommunikation zu viel verlangt. Aber ein strategisches Zielgruppenmanagement könnte zu einer intelligenten thematischen Strukturierung von Informationen führen, deren Aufmerksamkeitsfaktoren im Wesentlichen bei den Suchenden selbst angelegt wären. (Vgl. dazu auch Kap. 13.)

Daneben ist es in Zeiten von Unsicherheit, Turbulenzen und Krisen, wie wir sie seit einigen Jahren vermehrt zu gewärtigen haben, von großer Bedeutung, den Mitgliedern einer Organisation, seien es die Mitarbeiter oder die Führungskräfte, eine optimale Orientierung zu ermöglichen – wenn sie sich schon auf keine stabilen Sicherheiten mehr verlassen können. Und wenn die Sachverhalte und ihre Umstände selbst keinen Halt mehr bieten können, weil sie sich eben andauernd verändern, sind es offenbar vermehrt und verstärkt die Führungspersonen, an denen die Menschen sich ausrichten wollen. Vermutlich lässt sich auch die Begeisterung der letzten Jahre rund um die CEO-Kommunikation dadurch erklären. Interne wie externe Bezugsgruppen sind auf der Suche nach Führung, weil sie sich verunsichert fühlen. Im Rahmen der Führungskräftekommunikation hat die Interne Unternehmenskommunikation hier eine besondere Aufgabe. (Vgl. dazu auch Buchholz und Knorre 2010, S. 81–96.)

Führungskräfte in resilienten Organisationen sind in zweifacher Hinsicht gefordert. Zum Einen sollen sie Mitarbeiter führen, die überaus selbständig und eigenverantwortlich agieren sollen, was mit einem traditionellen, hierarchiebezogenen Führungsverständnis nur schwer vereinbar ist. Und zum Anderen sollen sie, ausgestattet mit einem hohen Improvisationsvermögen, die Vulnerabilität ihres Verantwortungsbereichs verstehen und akut erkennen sowie schnell geeignete Gegenmaßnahmen einleiten können. Und dies alles im Rahmen kontinuierlicher Veränderungsprozesse von gesamtunternehmerischen Strategien und Strukturen. Dazu bedarf es mehr denn je professionell aufgesetzter Informations- und Kommunikationsprozesse.

Die jüngste Change Management-Studie von Capgemini Consulting (Kyaw und Claßen 2010) macht bereits mit Blick auf „normale" Veränderungsprozesse aktuellen Zuschnitts einen Kanon an Aufgaben aus, die Führungskräfte der angegebenen Bedeutung nach im Grunde meisterlich umzusetzen haben. Die drei wichtigsten sind, neben der auch weiterhin bedeutsamen Entscheidungsfunktion, die Mobilisierungsfunktion, die Vorbildfunktion sowie die Kommunikationsfunktion (Kyaw und Claßen 2010, S. 43). Führungskräfte sollen die Menschen in Veränderungsprozessen mitnehmen, ihnen dabei ein Vorbild sein und die Veränderung aktiv kommunizieren (ebd.). Und obwohl sie dabei mit der Unterstützung alternativer Kommunikationskanäle (der Internen Kommunikation) rechnen, spielt ihrer Ansicht nach die direkte und persönliche Kommunikation die entscheidende Rolle (ebd.).

Wie sehr muss das erst in Zeiten großer Krisen und weit reichender Umbrüche zutreffen? Doch offenbar sind viele Führungskräfte dort noch gar nicht angekommen. Das liegt nicht zuletzt daran, dass sie selbst nicht ausreichend mobilisiert und unterstützt werden und die Zustimmung zu Veränderungen über die Hierarchieebenen folglich deutlich abfällt (Kyaw und Claßen 2010, S. 45 f.). Und wenn das Topmanagement es nicht schafft, seine direkten Mitarbeiter zu überzeugen, kann auch nicht erwartet werden, dass nachfolgende Ebenen sich für ein Veränderungsvorhaben begeistern. Vielerorts findet eine dezidierte Kommunikation mit den Führungskräften beziehungsweise für sie gar nicht statt (Kinter et al. 2010, S. 14), und wenn doch, ist die Qualität der Kommunikation oft nicht zufriedenstellend und geht an den Bedürfnissen der Führungskräfte vorbei (ebd.).

Da mag es nicht verwundern, dass bei vielen Führungskräften eine ungenügende Veränderungskompetenz und eine mangelhafte Veränderungsbereitschaft festzustellen ist (Kyaw und Claßen 2010, S. 47 f.). Hauptgründe für letztere macht die Studie in fehlender Einsicht, in der Angst vor Entscheidungen und im Verlust an Einfluss aus (ebd., S. 49). Wissen, Einstellung und Verhalten sind klassischerweise über Kommunikation zu beeinflussen.

Ein Mangel an Wissen sowie eine nicht selten daraus resultierende zurückhaltende, wenn nicht ablehnende Einstellung gegenüber Veränderungsprojekten führt dann konsequenterweise zu einem ungenügenden Kommunikationsverhalten gegenüber den eigenen Mitarbeitern. Das hat dann wiederum zur Folge, dass viele Mitarbeiter die Kommunikation ihrer Vorgesetzten in Veränderungsprojekten als unregelmäßig, nicht zielgruppengerecht, unverständlich und in vielen Bereichen weder offen noch ehrlich empfinden. Das notwendige Vertrauen in die zukunftsorientierte Strategiefindung und Handlungsfähigkeit der Unternehmensführung kann so wohl nicht erzielt werden.

Für die Führungskräfte in resilienten Organisationen gilt in erster Linie dasselbe wie für ihre Mitarbeiter: Sie müssen Resilienzwissen aufbauen und Orientierungssicherheit gewinnen. Das bewirkt Selbstvertrauen sowie das nötige Vertrauen in die Strategien der Unternehmensführung (vgl. dazu Kap. 2) und legt eine solide Grundlage zu Veränderungskompetenz und Veränderungsbereitschaft.

Die Aufgabe der Internen Unternehmenskommunikation ist dabei vielfältig. Insbesondere muss sie vier Charakteristika des Führungsverständnisses resilienter Organisationen strukturell und instrumentell unterstützen: 1. einen transformativen Führungsstil, 2. eine themenbezogene Führung, 3. Führen im Gegenstromprinzip sowie 4. die Vernetzung der Führungskräfte untereinander.

1. Transformativer Führungsstil

Resiliente Organisationen sind geprägt von Transparenz und Vertrauen sowie von Wertschätzung und Prinzipien. Es herrscht eine Innovationskultur vor, die zu Hochleistungen motiviert und Veränderungen als Chance für Entwicklung versteht. Um die Unternehmensstrategie einer solchen resilienten Organisation wirksam umsetzen zu können, werden Mitarbeiter benötigt, die in hohem Maße eigenverantwortlich agieren und mit viel Eigeninitiative ausgerüstet sind, um Krisen und Umbrüche rechtzeitig als solche zu identifizieren und angemessene Vorgehensweisen entwickeln zu können. Eigenverantwortlichkeit und Eigeninitiative wiederum benötigt ein bestimmtes Führungsverhalten, das nicht mehr im kooperativ-delegativen bzw. partizipativen Stil der vergangenen Jahrzehnte erfolgen kann, sondern entsprechend des Verständnisses von John P. Kotter ein echtes „Leadership" bewirkt. (Vgl. Kotter 1991).

Diese Ausrichtung bedarf, wie bereits in Kap. 8 umrissen, einer transformativen Führung (vgl. auch Stephenson 2010, S. 109–111). Der Stil ist besonders in Situationen angemessen, in denen Führungskräfte die Arbeit oder Lösungsansätze ihrer Mitarbeiter zum Beispiel aufgrund von Expertenwissen oder auch im Kontext rascher Entscheidungsnotwendigkeit nicht im Detail beurteilen können (vgl. Rosenstiel 2003, S. 255). Dieser Führungsstil ist geprägt durch Vertrauen und setzt auf eine gemeinsame Zielerreichung des/der Führenden und der Geführten mit einem in der Regel altruistischen Handlungsverständnis. Denn im Gegensatz zur verwandten transaktionalen Führung handeln die Geführten nicht nach dem Marktprinzip „Gibst Du mir … (Entlohnung, Handlungsspielraum, Weiterkommen auf der Karriereleiter etc.)…, gebe ich Dir …" (Leistungskraft, Aufmerksamkeit, Problemlösungen etc.), sondern setzen ihre Fähigkeiten ein, weil sie dazu mit realistischen und attraktiven Visionen inspiriert und durch eine individuelle Wertschätzung motiviert werden. (Vgl. Rosenstiel 2003, S. 254; auch Kyaw und Claßen 2010, S. 55 f.). Die Geführten werden so angehalten, sich für höhere Ziele einzusetzen, die über ihre Eigeninteressen hinausgehen (Rosenstiel 2003, ebd.).

Eine bedeutende Grundlage resilienter Organisationen ist die Fähigkeit ihrer Mitglieder, die Zukunft realistisch betrachten zu können (Stephenson 2010, S. 66; Heitger und Serfaß 2011, S. 26; Coutu 2002, S. 48). Dazu müssen sie befähigt sein oder werden. Vor allem bei zeitkritischen Störungsfällen ist es bedeutsam, schnell reagieren zu können. Dieser Umstand erfordert ein kooperatives Verhalten in hierarchieübergreifender Teamarbeit und mit Expertenwissen, egal wo sich die gerade benötigten Experten in der Hierarchie befinden. Loslassen, Verantwortung übertragen und den Menschen im Mitarbeiter im Fokus haben, sind dabei die Kriterien einer adäquaten Führung. Denn nur verteilte Macht ermöglicht zeitgerechte, nicht selten wettbewerbsentscheidende Handlungen.

Ein entsprechender transformativer Führungsstil mit echtem Leadership ist per se geprägt durch (interne) Kommunikation. Die Interne Unternehmenskommunikation kann unterstützen, indem sie quasi als Verstärkung oder Bestärkung ihre geregelten Kommunikationsflüsse auf Transparenz und Befähigung ausrichtet und im Sinne einer organisationalen Verantwortungsethik auch konsequent anwendet. Zudem fällt in ihren Aufgabenbereich, auf eine entsprechende Unternehmenskultur einzuwirken, indem etwa adäquate Führungsleitbilder entwickelt und gefestigt werden oder der Resilienz förderliche positive Rollenmodelle aufgeworfen und in der Organisation diskutiert werden. Vor allem aber muss es ihre Aufgabe sein, laufend auf entsprechende Themen aufmerksam zu machen, sie im Unternehmen zu platzieren, das gewünschte Bewusstsein zu schaffen und die Thematik in die Identifikationsstrategie zur Orientierung der Mitarbeiter einzubinden.

2. Themenbezogene Führung

Die Mitglieder resilienter Organisationen müssen stets auf dem Laufenden sein über die generelle Lage ihrer Organisation und sie müssen im Störungsfall schnell und richtig reagieren können. Aber bei der Vielzahl an Informationen, die in den Unternehmen generiert werden oder über externe Quellen zur Verfügung stehen, bedeutet es für sie eine große Herausforderung, rasch und zielsicher diejenigen Informationen für sich zu erheben, die sie für ihre jeweilige Aufgabe oder Problemlösung benötigen. In der Regel fehlt die Zeit, um sich ausreichend lange mit allen in der üblichen Art und Weise verteilten Inhalten zu befassen, sie zu be- und zu verwerten. So muss die Interne Unternehmenskommunikation andere Wege finden, um ihre Zielgruppen sinnvoll mit Informationen zu versorgen. (Vgl. auch Kap. 13.) Aber auch für die Führungskräfte bedeutet dieser Umstand einer grundsätzlichen eingeschränkten Aufmerksamkeit, dass sie für die Zusammenarbeit relevante Informationen anders vermitteln müssen als in der bislang eher üblichen Form hierarchischer Anweisungen. Die nötige Aufmerksamkeit der Mitarbeiter wird vielmehr dann erzielt, wenn die für ihre Führung relevanten Inhalte über Themen oder Ideen vermittelt werden, welche oft auch komplexe Zusammenhänge transparent machen, eine rasche Bewertung für die eigene Arbeit ermöglichen und im wahrsten Sinne des Wortes „Sinn machen". Aufgabe der Internen Unternehmenskommunikation ist es dabei, die Führungskräfte mit dem Aufbereiten kommunizierbarer Inhalte aus komplexen Themen, das heißt dem Zusammenstellen komplexitätsreduzierter, leicht verwertbarer Themenpakete zu unterstützen.

Dazu kann die Interne Unternehmenskommunikation ihr kommunikationsstrategisches Know-how einsetzen, indem sie zum einen diejenigen Themen identifiziert, die für das Unternehmen relevant und substanziell sind. Zum Anderen wird sie auf Basis der Kenntnis ihrer Zielgruppe „Mitarbeiter" (ermittelt über sozialwissenschaftliche Methoden wie etwa Befragungen) deren Bedarf und Zugänglichkeit (über Wissen, Wahrnehmung, Einstellung) in Erfahrung bringen. Die Kommunikation erfolgt dann über die eigenen Kanäle oder aber über die Führungskräfte. In diesem Fall muss die jeweilige Führungskraft jedoch ergänzend für sich entscheiden, in welchen der möglichen Themen sie sich authentisch positionieren kann, das heißt wo sie glaubwürdig Involviertheit, Stetigkeit und Emotionalität vermittelt.

Eine solche themenbezogene Führung ist besser geeignet als traditionelle Führungstechniken, die in resilienten Organisationen in hoher Eigenverantwortung sowie mit großer Eigeninitiative arbeitenden Mitarbeiter zu erreichen und eben transformativ zu führen. Wer Themen so strategisch intelligent und gleichzeitig attraktiv besetzt, dass sie in den Augen der Mitarbeiter relevanter werden, sorgt für eine gewünschte Ausrichtung. Transparenz, Verständlichkeit und Sinngebung führen außerdem dazu, dass Vertrauen in die Bezugsquellen, in diesem Fall in die Führungskräfte, geschaffen wird. Denn wer produktiv mit einer sehr offenen Zukunft und nicht vorhersehbaren Risiken umzugehen hat, muss sich auf verlässliche Informationen stützen und sie stets sicher bewerten können. Führungskräfte, die Themen vermitteln, so Wirkungszusammenhänge verdeutlichen, statt wenige und/oder nicht zusammenhängende lineare Informationen zu übermitteln, stiften für ihre Mitarbeiter einen direkten Nutzen, erzielen dadurch eine höhere Glaubwürdigkeit und lösen somit eine schnellere, gezieltere Handlung der Geführten aus. Das wiederum stellt einen klaren Wettbewerbsvorteil für die Organisation dar.

3. Führen im Gegenstromprinzip

Resiliente Organisationen wissen um die Dynamik von äußeren Verhältnissen und rechnen grundsätzlich mit Überraschungen, die sich auf ihre strategischen Planungen auswirken können (vgl. etwa Heitger und Serfaß 2011, S. 22). Darum gilt das Prinzip, erstellte Konzepte und Strategien immer wieder auf den Prüfstein zu legen und sie gegebenenfalls zu korrigieren und an geänderte Verhältnisse anzupassen. Dieser Prozess ist aber nicht alleinig einer Funktion „Strategieentwicklung" vorbehalten. Das Prinzip resilienter Organisationen ermöglicht es, dass neue Ideen oder konkrete strategische Optionen überall im Unternehmen generiert werden sollen und können. Der gesamte Strategieprozess passt sich also an die jeweilige Situation und den Grad der Unsicherheit an. (Vgl. auch Kap. 4.) Dabei auftretende Widersprüche werden nicht negativ bewertet und womöglich einer unzureichenden Führungsfähigkeit zugeordnet, sondern als konsequente Ausrichtung an den Wettbewerb und als Notwendigkeit zur Aufrechterhaltung der Innovationsfähigkeit eingeschätzt. In diesem Zusammenhang ist es die Aufgabe der Internen Unternehmenskommunikation, Pläne und Strategien sowie die Abweichungen davon zu erklären und deren Sinnhaftigkeit zu verdeutlichen. Vor allem ist es wichtig, die Glaubwürdigkeit der Unternehmensführung beziehungsweise den Glauben an sie durch die genannten Erläuterungen zu unterstützen, so dass die Mitarbeiter nicht schlicht aufgrund mangelnden Wissens das Vertrauen in die Lösungskompetenz des Managements verlieren.

Das Prinzip resilienter Organisationen, Strategien stets im Abgleich mit äußeren Umständen auf Relevanz zu überprüfen und sie gegebenenfalls zu verändern, kann aber aufgrund der damit verbundenen Dynamik und Komplexität nicht ausschließlich Aufgabe der Führung sein. Bei ihr liegt zwar die Entscheidung, in welchem Rahmen und Ausmaß die Unternehmensstrategie verändert wird, und sie muss im Unternehmen für eine Balance zwischen dem Eingehen von Risiken und deren Vermeidung sorgen, damit nach Möglichkeit eine fortlaufende vordere Wettbewerbsposition erhalten bleibt. Aber die Verantwortung für die Herbeiführung solcher Entscheidungen liegt aus den weiter oben geschilderten Gründen bei allen Mitgliedern der Organisation. Resiliente Organisationen zeichnet die Fähigkeit aus, der Realität ins Auge zu schauen und daraus sowohl Chancen für das eigene Unternehmen wie auch potenzielle Krisen erkennen zu können, inklusive deren Konsequenzen für das Geschäft (vgl. Stephenson 2010, S. 66). Diese Fähigkeit schließt ein ausgeprägtes Verständnis für Wirkungszusammenhänge und Krisen auslösende Faktoren ein (vgl. dazu auch den Absatz „Themenbezogene Führung" weiter oben in diesem Kapitel). Die Unternehmensführung muss also mit Blick auf die Notwendigkeit einer situativen Strategieführung Hand in Hand mit den Mitarbeitern arbeiten. Dafür ist, wie in Kap. 8 bereits angeführt, das Konzept der Führung im Gegenstromprinzip besonders geeignet.

Dieses Gegenstromprinzip kombiniert top-down mit bottom-up geführten Planungsschritten. Dabei werden zunächst auf Basis allgemeiner Rahmenbedingungen und grundsätzlicher Optionen des Unternehmens vorläufige Ziele durch das Topmanagement definiert und an die nachgeordneten Führungsebenen kommuniziert. Diese wiederum analysieren und prüfen die Pläne auf ihre Umsetzbarkeit im konkreten Geschäftsfeld und reflektieren ihre Erkenntnisse und eventuellen Änderungsvorschläge wieder zurück. Beim

Topmanagement erfolgt dann die abschließende Entscheidung und Koordination der Teilpläne. Auf diese Weise kann sich die Ordnung der Einzelgeschäfte in die Ordnung des grundsätzlichen Unternehmenszweckes einfügen und sich im Gegenzug die grundsätzliche Ausrichtung des Unternehmens im Abgleich mit den (sich immer wieder verändernden) Gegebenheiten und Erfordernissen der individuellen Geschäfte an diese anpassen (vgl. Horváth 2006; Weber et al. 2009). Der Vorteil einer Strategieführung auf Basis des Gegenstromprinzips liegt darin, dass zum Einen eine Konsistenz von Planungsinhalten gewährleistet ist, zum Anderen aber auch deren Ausführbarkeit mit Blick auf Realitätsnähe und der damit verbundenen unternehmensweiten Akzeptanz der Planung überprüft (und gegebenenfalls abgeändert) werden kann. Allerdings ist diese Art der Strategieführung aufgrund ihrer (durchaus wünschenswerten) Komplexität nicht selten recht aufwändig und bedarf daher einer professionellen Unterstützung bei der Kommunikation zwischen den Ebenen.

Hier kommt nun die Interne Unternehmenskommunikation ins Spiel, die die Kommunikationsströme zwischen den Ebenen ergänzend zum eigentlichen Controlling- beziehungsweise Planungsverfahren so organisieren muss, dass die gewünschte situative Strategieentwicklung über einen kontinuierlichen vertikalen Gedankenaustausch befeuert wird. Es geht hierbei also um Verfahren und Instrumente für einen systematischen, hierarchieunabhängigen Dialog und dafür geeignete regelmäßige reale oder virtuelle Begegnungsmöglichkeiten zwischen der Unternehmensführung und den Mitarbeitern. Dafür sind abhängig von der Unternehmenskultur und dem gängigen Kommunikationsverhalten verschiedene Wege denkbar, zum Beispiel reale oder virtuelle Diskussionsplattformen, die entweder zu bestimmten Zeiten organisiert werden (was sich besonders bei realen Plattformen anbietet) oder kontinuierlich „online" sind (dann aber auch moderiert werden sollten), Formen der „Kamingespräche" oder „Vorstandsfrühstücke" oder auch der Einsatz einer Instant Messaging-Funktion, die einen direkten und vor allem zeitnahen Zugang zur Unternehmensleitung ermöglicht.

4. Vernetzung der Führungskräfte

Von Führungskräften wird erwartet, dass sie ihren Mitarbeitern gerade in turbulenten Zeiten Orientierung geben und tragfähige Entscheidungen treffen, die sicher durch unwegsames Gelände zu wieder stabileren Verhältnissen führen. Dabei wird oft vergessen, dass sie, um glaubhaft Orientierung geben zu können, was wiederum mit dem Treffen nachvollziehbarer Entscheidungen zusammenhängt, selbst erst einmal unsichere Situationen und Störfälle bewältigen können müssen.

Zum einen ist hier das Topmanagement gefragt, von dem eine offene und umfassende Darstellung über die angestrebte Position des Unternehmens im Wettbewerb und ihre Einschätzung der damit verbundenen Chancen und Risiken erwartet wird. Denn Führungskräfte möchten den dazu notwendigen Wertschöpfungsprozess nachvollziehen können, in dessen Rahmen sie ihre eigene Position und ihre Karrieremöglichkeiten bewerten. Sie wollen wissen, ob es sich lohnt, Zeit und Kraft in das Unterfangen zu investieren. Ihre Gefolgschaft wollen sie nur einem in ihren Augen kompetenten und glaubwürdig agierenden Topmanagement leisten. Dazu muss dieses für die Führungskräfte unmittelbar erlebbar sein und so seine Wertschätzung dokumentieren. Diese wiederum kommt nicht zuletzt dadurch zum Ausdruck, dass der Anspruch vieler Führungskräfte befriedigt wird, Informationen als ein Lernprozess um ihrer selbst willen zu erhalten und nicht nur, wenn der Bedarf im Rahmen des jeweiligen Geschäfts gegeben ist. Dies gilt umso mehr für Führungskräfte des mittleren Managements, die in ihrer Funktion eher mit der operativen Steuerung und Kontrolle des Geschäfts befasst sind (vgl. Voß 2011, S. 67). Ein grundsätzlicher Austausch mit dem Topmanagement über die strategische Ausrichtung des Unternehmens und die damit verbundenen Ideen und Pläne der Leitung stärkt die Identifikation der Führungsmannschaft.

Die Interne Unternehmenskommunikation muss hier im Rahmen der Führungskräftekommunikation für einen hierarchiefreien Diskurs sorgen, in dem die Unternehmensführung Rede und Antwort steht. Dies kann in kleinen Gruppen oder in einem großen Rahmen wie etwa einer Führungskräftekonferenz geschehen. Wichtig ist in jedem Fall, Zugänglichkeit zu demonstrieren und dem Austausch Exklusivität zuzuweisen, die bevorzugt Informationen für sie, die Führungsmannschaft, bereithält. (Vgl. Buchholz und Knorre 2010, S. 81 ff.; Voß 2011, S. 67.)

Eine solche umfassende Informationspolitik kann darüber hinaus fast wie nebenbei in der Führungsmannschaft die gewünschte starke Reflexion über aktuelle und zukünftige Situationen auslösen, die einen Blick über den eigenen (operativen) Tellerrand ermöglicht und so der Bewältigung von Störfällen zu Gute kommt. Damit diese Reflexion aber auch der Steuerung des Unternehmens als Ganzes zu Gute kommen kann, muss dafür gesorgt werden, dass die Führungskräfte ihre individuelle Reflexion mit anderen Führungskräften teilen und abgleichen können. So wird in einer komplexen, sich kontinuierlich entwickelnden Umwelt die notwendige realistische Einschätzung von Gegebenheiten und Zukunftsszenarien erleichtert, und es werden rasch realisierbare Alternativen geschaffen.

Resiliente Führungskräfte zeichnen sich durch ihren Realitätssinn aus. Das schließt auch die Erkenntnis ein, dass im Sinne der Resilienz niemand alleine wirklich erfolgreich sein kann (vgl. Stephenson 2010, S. 101–103). Deshalb stellt die Zusammenarbeit in Netzwerken ein wesentliches Erfolgskriterium dar. Netzwerke erleichtern die Lösungsfindung vor allem bei kurzfristig auftauchenden Problemen oder bei der Realisierung von Innovationsideen. Nicht zuletzt aber dient der gegenseitige Austausch auch dazu, mit den in Veränderungsprozessen auftauchenden Widersprüchen und inhaltlichen Mehrdeutigkeiten objektiver und damit sachdienlich umzugehen. Denn mit einfachen Ursache-Wirkungs-Modellen können die Entwicklungen in der Unternehmensumwelt nicht mehr erklärt werden, schon gar nicht in Zeiten immer wieder auftretender Turbulenzen. Vermeintliche oder tatsächliche Unvereinbarkeiten und Spannungen sind im Verständnis resilienter Organisationen willkommene Gegebenheiten, aus denen die Chancen für das Unternehmen herausgefiltert werden müssen (Heitger und Serfaß 2011, S. 23). Entsprechende Entscheidungsprozesse werden aufgrund der Komplexität und der Schnelligkeit von Veränderungsprozessen nicht mehr alleine top-down durchgesteuert und kontrolliert, sondern in weiten Teilen in die Organisation delegiert (s. weiter oben „Führen im Gegenstromprinzip").

Damit die Basis solcher breit gestreuter Entscheidungsfindung und daraus resultierender Handlungen aber dennoch einen im Sinne der Unternehmensziele konsensualen Effekt erhalten, ist es unerlässlich, die Mitglieder der Organisation, in unserem Fall genauer die Führungskräfte miteinander zu vernetzen. Auf diese Weise bleibt es nicht bei einer individuellen Betrachtung und Bewertung von Ereignissen oder Sachverhalten und einer Handlungsentscheidung aufgrund persönlicher Vorlieben oder Erfahrungen. Im gegenseitigen Austausch reflektieren die Mitglieder sozialer Netzwerke die (möglichen) Folgen ihrer Handlungen auch auf Basis der Erkenntnisse und Verhaltensweisen der Anderen (vgl. Voß 2011, S. 66). So verschafft die Kommunikation in Netzwerken den Handelnden mehr Sicherheit im Sinne der Bewertung grundsätzlicher Zusammenhänge und lässt dennoch viel Spielraum für individuelle und kreative Entscheidungen.

Dieser Umstand ist umso wichtiger in Unternehmen, die hochkomplex mit vielen, zum Teil generisch gewachsenen Bereichen, Divisionen oder Tochtergesellschaften aufgebaut sind. Denn solche Strukturen spiegeln immer auch viele unterschiedliche Subkulturen wider, die ein unterschiedliches Verständnis von der eigentlich gemeinsam getragenen Ausrichtung ihres Unternehmens haben können. Die Führungskräfte sind (wie alle anderen Mitglieder eines Unternehmens auch) primär getragen von ihren Subkulturen und deren Ansichten und Handlungsoptionen. Erst im Austausch mit Mitgliedern anderer Subkulturen können sie ihre Einstellungen und Verhaltensweisen in einen neuen Kontext setzen und ihren Entscheidungen damit eine höhere Qualität geben (vgl. Voß 2011, S. 66). Und entscheidungssichere Führungskräfte, die Handlungen einleiten, welche von ihren Mitarbeitern als lösungsrelevant erkannt werden, stärken ihre eigene Glaubwürdigkeit und können so gerade in turbulenten Zeiten die nötige Orientierung vermitteln. So dient die Vernetzung der Führungsmannschaft zum einen dazu, qualitativ hochwertigere Entscheidungen treffen zu können und zum anderen die Gefolgschaft der eigenen Mitarbeiter zu festigen.

Aufgabe der Internen Unternehmenskommunikation ist es hier, eine solche Vernetzung zu initiieren und/oder instrumentell zu unterstützen und gegebenenfalls zu koordinieren und zu moderieren – sofern das nicht aus dem Netzwerk selbst geschieht. Führungskräfte haben sich auch schon vor dem Web 2.0-Zeitalter miteinander vernetzt, alleine schon um einen Informationsvorsprung zu erhalten, auf dessen Basis sie ihre Entscheidungen einleiten oder absichern konnten. Ein solches soziales Netzwerk funktionierte über Telefonate, E-Mails, Arbeitsgruppen (wie eben bei den Mitarbeitern auch) oder eigens organisierten Plattformen wie beispielsweise Führungskräftekonferenzen und ähnliche Gelegenheiten. Diese analogen Optionen reichen aber in den schnelllebigen und turbulenten Arbeitsabläufen, die zudem vermehrt auch durch Zufälle bestimmt werden, nicht mehr aus. Web 2.0-basierte Netzwerke, in denen jederzeit ein unmittelbarer, hierarchieunabhängiger Austausch von Meinungen und Ideen und schlicht von handlungsleitenden Informationen möglich ist, stellen eine sinnvolle Ergänzung dar.

Mit Blick auf das Führen im Gegenstromprinzip sollten solche Netzwerke mit unterschiedlichen Vernetzungsintentionen eingerichtet werden. Eine Möglichkeit wäre, die Arbeit von Funktionseinheiten der Bereiche oder Tochtergesellschaften (Einkauf, Finanzen, Personal, Vertrieb etc.) durch digitale soziale Netzwerke zu unterstützen. So können die Vorhaben der Unternehmensleitung mit Blick auf ein bestimmtes Fachgebiet ohne Abhängigkeit von Zeit und Raum stressfrei diskutiert und analysiert und gemeinsam Konzepte entwickelt werden (Voß 2011, S. 68). Ebenso lassen sich überregionale Benchmarkanalysen in diesen Netzwerken leichter koordinieren (ebd.). Noch effektiver im Sinne der Veränderungsfähigkeit ist das Zulassen von Nicht-Fachleuten in den Netzwerken, welche zwar einen strategischen, aber eben anderen Blick auf Zusammenhänge haben und durch ihre Beiträge Impulse geben können, die durch eine fachlich bedingte Betriebsblindheit womöglich gar nicht aufgekommen wären.

Eine andere Netzwerkoption ist die Organisation unter der regionalen Perspektive (Voß 2011, S. 69). Dies könnte sich aus der Notwendigkeit ergeben, regionale Wettbewerbssituationen und Markttrends im Blick zu halten oder besondere Bedingungen regionaler politischer oder gesellschaftlicher Positionen zu diskutieren und sich über gemeinsame Handlungsoptionen zu verständigen.

So kann die Effizienz sowohl der Führungskräftekommunikation wie auch der Führungskommunikation auf vielfältige Weise durch die Interne Unternehmenskommunikation unterstütz werden. Die nachhaltige Einbindung der Führungskräfte in das Unternehmensgeschehen, die vor allem auf eine hohe Dichte und Qualität von Informationen beruhen muss, fördert die Identifikation und damit die Bereitschaft, sich voll einzubringen. Sowohl die Förderung der Vernetzung innerhalb dieser internen Bezugsgruppe wie auch regelmäßige Gelegenheiten für einen direkten Austausch mit dem Topmanagement sind dabei die Schlüsselfaktoren. Auf einer solchen Basis kann sich dann auch die Führungskommunikation im Hinblick auf den besonderen Anspruch resilienter Organisationen entfalten. Ein transformativer Führungsstil findet so einen fruchtbaren Boden. Ein weiteres Charakteristikum der beschriebenen Organisationen ist, sich von festen Strukturen zu lösen und Unsicherheit nicht nur zuzulassen, sondern geradezu wertzuschätzen. Dabei weiterhin in den Augen der geführten Mitarbeiter glaubwürdig bleiben und ihre Gefolgschaft erhalten zu können, bedarf der Unterstützung einer effektiven und effizienten Führungskräftekommunikation, die zudem ein Bewusstsein für eine themenbezogene Führung schafft und die Umsetzung unterstützt.

Kompakt

Nach wie vor gibt es erhebliche Diskrepanzen in der tatsächlichen organisationsinternen Nutzung von Social Media einschließlich der internen Unternehmenskommunikation. Auch wenn Social Media in Umfragen als besonders relevante
Instrumente eingeschätzt werden, deren Bedeutung noch wachsen wird, so bleiben
Praxiserfahrungen oft weit hinter den Erwartungen zurück. Oft konzentriert sich
die Diskussion darauf, wie mit der Nutzung von externen Plattformen während der
Arbeitszeit umgegangen wird und welche Social Media Guidelines denn die besten
sind. Ein eigenständiger organisationsinterner Einsatz für die strategischen Ziele des
Unternehmens ist weiterhin nicht die Regel. Die Potenziale sind jedoch unbestreit-
bar, dazu zählen eine stärkere Einbeziehung von Mitarbeiterbeobachtungen zum
Beispiel aus dem Kundenkontakt, ein besserer interkultureller Austausch in internationalen Unternehmen oder der Austausch und die Teilhabe an kollektivem Wissen.

Social Media ergänzen die Erklärungs- und Orientierungsfunktion der Internen
Unternehmenskommunikation also um eine Austauschfunktion. Im Medienmix der
internen Kommunikation erweist es sich dabei häufig als notwendig, mit der Einführung von Social Media zugleich andere Kanäle zu verstärken, nicht zuletzt die
direkte Führungskräftekommunikation. Zugleich erhöhen Social Media in vielerlei
Hinsicht die Ansprüche an die interne Kommunikation, die insgesamt kürzer und
schneller, informeller und in jeder Hinsicht flexibler werden muss. Nicht zuletzt verschwinden die Grenzen zwischen externer und interner Kommunikation – auch dies
ein Merkmal resilienter Unternehmen.

Während das Konzept des Enterprise 2.0 (vgl. Kap. 10) auf den unternehmensinternen
Einsatz von Social Media (Social Software) in der gesamten Lern- und Entwicklungsebene
der unternehmerischen Wertschöpfung abzielt, geht es im Folgenden um die Auswirkun-

U. Buchholz, S. Knorre, *Interne Unternehmenskommunikation in resilienten Organisationen*,   143
DOI 10.1007/978-3-642-30724-9_15, © Springer-Verlag Berlin Heidelberg 2012

gen von Social Media auf die Managementfunktion der Internen Unternehmenskommunikation im engeren Sinne.

Weite Teile der Fachöffentlichkeit diskutieren das Thema Social Media in der Unternehmenskommunikation im Hinblick auf die externen Kommunikationsaufgaben des Marketings, der Medienarbeit und PR (vgl. FAZ Blog Netzökonom 2011). Für die interne Kommunikation werden häufig lediglich die Klischees des hierarchiefreien, transparenten Austausches unter Mitarbeitern herangezogen, ohne die komplexen Wirkungsweisen im Rahmen der organisationalen Kommunikation zu berücksichtigen. Dass aber mehr Kommunikation mit noch mehr Medien nicht unbedingt zu mehr Wertschöpfung führt, dürfte sich jedoch allmählich festgesetzt haben. Deshalb werden im Folgenden die Wirkungen von Social Media im Hinblick auf die Orientierungsfunktion der instrumentellen internen Kommunikation erörtert sowie deren Beziehung zu der von Social Media ermöglichten direkten, informellen Kommunikation und Kollaboration beleuchtet.

Die Digitalisierung in der Stufe des Web 1.0 bedeutete für die Interne Unternehmenskommunikation zunächst einmal, dass hier zusätzliche Kommunikationskanäle entstanden sind, mit denen interne Zielgruppen erreicht werden können. Bei den elektronischen Medien wie E-Mail, Intranets der ersten und zweiten Generation oder auch den so genannten Apps geht es um elektronische bzw. digitale Kommunikation zwischen Unternehmensführung und Mitarbeitern, die sämtlich interaktive Elemente aufweisen können. Der „aufgesetzte" Vorstands-Blog im Intranet fällt genauso in diese Kategorie wie der Audio- oder Videopodcast mit Frage-Antwort-Funktion.

Grundsätzlich muss sich jedes Medium fragen lassen, welchen Mehrwert es für die interne Kommunikation bieten kann: Optimiert es den Medienmix? Erhöht es die Reichweite der zentralen Botschaften des Unternehmens? Verbessert es die Führungskommunikation? Führt es zu einer inhaltlich stärkeren Wahrnehmung von relevanten Themen? Der technische und finanzielle Aufwand für solche Kommunikationsformen ist zum Teil hoch, die redaktionellen Aufgaben, die damit verbunden sind, werden systematisch unterschätzt. Der Ruf nach entschlackten, einfach aufgebauten Intranets spricht in diesem Zusammenhang Bände.

Die Fragen nach dem Mehrwert von zusätzlichen Kommunikationskanälen sind angesichts der raschen Innovationszyklen in der Informations- und Kommunikationstechnologie in immer kürzeren Abständen neu zu stellen. Allerdings werden die Antworten mit zunehmender Komplexität der Technologien nicht einfacher. So erklärte das Wall Street Journal bereits 2009, warum das Email-Zeitalter beendet ist (vgl. Vascellaro 2009) und verwies darauf, dass digitale Kanäle wie E-Mails zwar weiterhin von hunderten Millionen Nutzern global verwendet würden, aber die Nutzerzahlen der sozialen Netzwerke deutlich rasanter stiegen. Diese Antwort war richtig und falsch zugleich, denn das Ende der E-Mails ist lange nicht in Sicht, auch wenn die prognostizierten Nutzerzahlen für die sozialen Netzwerke sogar noch zu niedrig ausgefallen waren.

Der Übergang zwischen digitalen Kanälen und Social Media (gemeint ist hier eine nicht abschließende Sammlung von Softwareprodukten, vor allem Wikis, Blogs, Foren, Social Networking, Instant Messaging etc.) ist in der Praxis der internen Unternehmenskommunikation oft fließend. Die Unterscheidung wird üblicherweise daran festgemacht, dass Social Media eine zusätzliche Qualität bereitstellen, denn hier geht es im Gegensatz zu den digitalen Medien bzw. Kanälen des Web 1.0 um den direkten, Inhalte generierenden Austausch (um den normativ belegten Begriff des Dialoges zu vermeiden) zwischen Unternehmensangehörigen – Mitarbeitern und Führungskräften – auf entsprechenden, vom Unternehmen in der Regel organisations- und hierarchieübergreifend bereitgestellten Plattformen. Diese sind oft den populären Internetplattformen entsprechend aufgebaut. Unternehmensspezifische Mitarbeiter-„Facebooks" oder „Wikipedias" sowie von Mitarbeitern gestaltete Nachrichtenräume fallen darunter. Dennoch zeigen empirische Erhebungen, dass Social Media in der weitaus überwiegenden Zahl der Anwendungen entsprechend der Web 1.0-Schtweise lediglich als zusätzlicher elektronischer Kanal betrachtet werden (Huck-Sandhu und Spachmann 2011, S. 19).

Feststeht in jedem Fall, dass auch Social Media im Unternehmenskontext zugleich ein Teil der instrumentellen Unternehmenskommunikation bleiben. Social Media werden mit bestimmten Zielen von der Unternehmensführung eingesetzt, ja sie werden ungeniert gesteuert – wer kennt nicht die Versuche, Blogs oder Foren zum Laufen zu bringen – damit sie letztlich der klassischen Orientierungsfunktion z. B. durch die Kommunikation der strategischen Geschäftsgrundlagen und Botschaften gerecht werden können. Hierzu treten Führungskräfte oder entsprechende Verantwortliche der Kommunikationsabteilung als aktive Diskussionsteilnehmer auf. In diesem Zusammenhang ist auch die relativ kleine Gruppe der Social Media Aktivisten unter den Mitarbeitern (vgl. Kap. 10) ins Fadenkreuz der instrumentellen Kommunikation gerückt. Sie werden als die neuen Gatekeeper der Online-Kommunikation angesehen und bilden selbst eine äußerst relevante Zielgruppe für die instrumentelle interne Kommunikation. Können sie sich mit den zentralen Aussagen der Unternehmensführung identifizieren, so können sie durch selbst generierte Inhalte erheblichen Einfluss auf die interne Meinungsbildung ausüben.

Doch beim Einsatz von Social Media gehen die Ziele des internen Kommunikationsmanagements über diese Orientierungsfunktion hinaus. Es soll gezielt vor allem die interaktive Seite der internen Kommunikation gestärkt werden, weil der direkte, eher informelle Austausch vertikale Hierarchien und horizontale Trennungen gerade in komplexen Organisationen schneller überwinden kann als die instrumentelle Kommunikation. Auch vom stärkerem informellen Austausch via Social Media, dem digitalen Flurfunk, müssen sich Unternehmen Vorteile versprechen können – alles andere widerspräche dem erwerbswirtschaftlichen Gedanken. Dementsprechend geht es immer um die Frage, ob mit den zusätzlichen Gesprächs- und Austauschmöglichkeiten über Social Media tatsächlich ein qualitativ Neues für die Existenzsicherung und Weiterentwicklung des Unternehmens, mithin ein echter Mehrwert entstehen kann (vgl. Kap. 10).

Wie also lässt sich der Mehrwert bezeichnen, den Social Media organisationsintern leisten kann? In jedem Fall bezieht er sich auf das Human- und Organisationskapital in der so genannte Lern- und Entwicklungsperspektive von Unternehmen (vgl. Kaplan und Norton 2004). Social Media ermöglichen die schnelle und direkte Teilhabe an explizitem Wissen, das in der Organisation gesammelt ist, sowie den Austausch zwischen unterschiedlichen

Mitarbeitern bzw. Mitarbeitertypen, möglicherweise den interkulturellen Austausch. Social Media können den Zusammenhalt von Gruppen und Teams insbesondere im Rahmen von Projekten stärken und Führungskräften das Gespräch mit ihren Mitarbeitern erleichtern, weil der Rahmen von Social Media eher informell ist und die Kommunikation zeitlich völlig flexibel gestaltet werden kann.

Aus Sicht der Resilienzforschung sind darüber hinaus zusätzliche Potenziale ableitbar. Social Media können durch ihren eher informellen Charakter die kritische Beobachtung und interne Diskussion darüber erleichtern, wie strategische Pläne in der operativen Praxis umgesetzt werden – so wie es modernes strategisches Denken und das daraus abgeleitete Delegationsprinzip verlangen (vgl. Kap. 4). Social Media können die Beobachtung des Unternehmensumfeldes verbessern, indem sie einfacher und schneller Mitarbeiterbeobachtungen aus dem Unternehmen sammeln und auswerten können. Insgesamt lässt sich die These aufstellen, das Social Media das Potenzial haben, die Agilität eines Unternehmens zu verbessern.

Insgesamt können Social Media aufgrund ihres besonderen technologischen Leistungsspektrums die Erklärungs- und Orientierungsfunktion der Internen Unternehmenskommunikation um eine Austausch- und Kollaborationsfunktion ergänzen. Inwieweit damit die eben genannten erwünschten Wirkungen, z. B. im Hinblick auf den Aufbau immaterieller Werte wie Orientierung, Mobilisierung oder gar Agilität erzielt werden, bleibt Aufgabe der empirischen Überprüfung, wie bei allen Maßnahmen am besten unternehmensspezifisch beispielsweise im Rahmen des Kommunikationscontrollings (vgl. Kap. 11).

Als Bestandteil der instrumentellen internen Kommunikation bleiben Social Media zugleich Teil des eingesetzten Medienmixes im Unternehmen. Die strategische Entscheidung, wie dieser Medienmix angerührt sein muss, wird von den Themen und den als Zielgruppen definierten Anspruchsgruppen bestimmt. Dabei sind nicht zuletzt die Wechselwirkungen zwischen den Medien in die Beurteilung mit einzubeziehen. Beobachtungen zeigen zum Beispiel, dass mit dem Einsatz und der erhöhten Bedeutungszuschreibung von Social Media zugleich der Wunsch bzw. die Bedeutung der interpersonellen, direkten Kommunikation weiter steigt (vgl. ECM 2011, S. 90; Trendmonitor Interne Kommunikation 2011; Schindler 2010).

Feststehen dürfte, dass die Nutzung von Social Media zu veränderten Ansprüchen an das gesamte Kommunikationsverhalten im Unternehmen führt. Schneller, kürzer, informeller und zeitlich flexibel – das sind Qualitäten, die sich an die Gesamtkommunikation stellen, vielleicht zu allererst in Bezug auf die Orientierungsfunktion der internen Kommunikation. Für die weitere Positionierung der Internen Unternehmenskommunikation als Managementdisziplin, insbesondere im Bereich der Führungskommunikation, können diese veränderten Ansprüche bzw. der Veränderungsdruck, der von ihnen auf die medienübergreifende Gesamtkommunikation ausgeht, positive Effekte haben. So gesehen kann hier ein indirekter Beitrag zur Verbesserung der internen Unternehmenskommunikation insgesamt eintreten, der sich von den verantwortlichen Kommunikationsmanagern gezielt fördern lässt.

War bislang vom ausschließlich unternehmensinternen Einsatz von Social Media die Rede, so geht es in einer weitergehenden Überlegung um die Folgen, die sich aus ihrem Charakter als hybrider, zwischen extern und intern schwankender Kommunikationsplattform ergeben. „Instead, I believe that an organisation and its publics now are embedded in internet-mediated social networks but public relations is still about an organisation`s relationships with its publics. (Grunig 2009, S. 6). Fast schon trotzig klingt die Aussage von Grunig in seiner jüngsten Bestandaufnahme der Exzellenzprinzipien für PR. Es könne – so Grunig – im Zeitalter der Digitalisierung erst recht nicht darum gehen, mit jedem Individuum Beziehungen aufzubauen, das die schnellen, einfach zu nutzenden elektronischen Kanäle und Plattformen nutzt, um mit oder über ein Unternehmen zu kommunizieren. Es komme vielmehr darauf an, aus dem digitalen „conversations" (ebd.) die der relevanten Bezugsgruppen herauszufinden und mit ihnen Beziehungen zu pflegen.

Was Grunig hier anspricht, ist für die Unternehmenskommunikation insgesamt eine der zentralen Fragestellungen: Wie lässt sich im unübersichtlichen globalen Netz Relevantes von Irrelevantem, zu Beantwortendes von nicht zu Beantwortendem unterscheiden? Wo kommunizieren relevante Bezugsgruppen und wo werden „nur" Einzelmeinungen ausgetauscht? Für die interne Unternehmenskommunikation gilt dieses Relevanzproblem ebenfalls, allerdings unter der Prämisse, dass Mitarbeiteräußerungen im Netz zunächst einmal prinzipiell relevante Äußerungen von Bezugsgruppen sind, auch wenn deren Beiträge unterschiedliche Qualität haben mögen.

Internetbasierte soziale Netzwerke, die unter dem Begriff Web 2.0 zusammengefasst werden, gehören zum Alltag großer Teile der Belegschaften. Mit dem zahlenmäßigen Anwachsen der so genannten „digital natives" wird dieses Mediennutzungsverhalten der Mitarbeiter in den strategischen Überlegungen der internen Unternehmenskommunikation eine immer größere Rolle spielen.

Auf Facebook, Xing, Linkedin oder Google + sind Mitarbeiter zunächst einmal User, die ihre eigene Kommunikation inhaltlich und zeitlich steuern und damit auch die ihrer jeweiligen Gruppen oder Freunde beeinflussen. Diese sozialen Netzwerke können während oder außerhalb der Arbeitszeiten genutzt werden – dies spielt für ihre Bedeutung in der internen Kommunikation keine Rolle. Als hybride Plattformen verbinden sich auf ihnen private und unternehmensinterne Kommunikation, förmliche organisatorische Zusammenhänge verlieren in diesem Umfeld an Bedeutung – ähnlich der Entwicklung bei Arbeitszeiten und Arbeitsstätten, bei denen sich mit den digitalen Medien die Unterscheidung zwischen Privatem und Beruflichem ebenfalls bereits deutlich aufgelöst hat.

Gerade große Unternehmen stellen fest, dass sich das Mitarbeitergespräch zum Teil auf eigentlich externe Plattformen verlagert hat. Mitarbeiter nutzen regelmäßig Social Media, dabei entstehen Facebook- oder Xing-Gruppen mit Firmenbezug, tausende Videos auf Youtube und zahlreiche private Blogs von Mitarbeitern, in die Themen aus dem beruflichen Umfeld transportiert werden. Spätestens seitdem Personalberater aus naheliegenden Gründen dazu aufrufen, sich gezielt Profile in sozialen Netzwerken zu erarbeiten, indem auf firmen- und branchenbezogene Inhalte oder Personen Bezug genommen wird, sehen sich viele Unternehmen einer Flut solcher privaten Beiträge über das eigene Unternehmen gegenüber.

Interessant ist die Bewertung dieses Mediennutzungsverhaltens. Die von Grunig postulierte „symmetrische Kommunikation", also eine Kommunikation, in der sich Gruppen gleichberechtigt miteinander austauschen, scheint zunächst einmal gerade in den externen Social Media realisiert zu werden. Mitarbeiter und Führungskräfte begegnen sich hier mit externen Bezugsgruppen als gleichberechtigte User, die auf Augenhöhe Gespräche führen und bestenfalls Inhalte generieren.

Doch wohin führt dieser Austausch für Organisationen, die eine Wertschöpfung betreiben und Renditen erwirtschaften müssen, um ihre Überlebensfähigkeit zu sichern? Führt die unbeschränkte Nutzung von Web 2.0 während der Arbeitszeit nun zum inzwischen international stark beklagten Effizienzverlust (Davenport 2011, S. 3) oder realisiert sich hier ein Effizienzgewinn dadurch, dass Mitarbeiter den freien und unbegrenzten Zugang zu Social Media als Wertschätzung betrachten und deren Nutzung für die informelle Kommunikation zu Motivation und Integration unter den Mitarbeitern und zwischen Mitarbeitern und Führungskräften beiträgt?

Wenn man einmal akzeptiert hat, dass die Vorstellung einer kontrollierten Kommunikation, in denen Botschaften ihre erwünschten Wirkungen entfalten, schon immer eine Illusion gewesen ist (vgl. Grunig 2009, S. 4), kommt man hilfsweise zunächst einmal auf eine Reaktion, nämlich Social Media zu „monitoren", insbesondere natürlich im Hinblick auf die Nennung des Unternehmensnamens, von Personen oder Produktnamen auf den entsprechenden Plattformen. Dass hier ein echtes Risiko für die Reputation des Unternehmens entstehen kann, weil Mitarbeiter in ihren Beiträgen sowohl das eigene Unternehmen als auch dessen Führungskräfte negativ erwähnen, zeigen erste Erhebungen (vgl. myjobgroup.co.uk 2010). Monitoring ist deshalb zum Zauberwort in Bezug auf die Social Media Aktivitäten von Mitarbeitern geworden. Man tut etwas ohne etwas zu tun – zunächst einmal. Dabei erleichtern kostenlose Blog-Suchmaschinen, Twitter Search oder Facebook-Tools die Recherche genauso wie spezialisierte Dienstleister, die qualitativ auswerten und dazu z. B. Threads auf relevanten Foren unter die Lupe nehmen.

Der Vollständigkeit halber sei erwähnt, das Monitoring auch beim rein unternehmensinternen Social Media Einsatz eine Rolle spielt. Manches Softwareprodukt wie das Tagging bzw. Social Bookmarking setzt geradezu voraus, dass systematisch beobachtet und ausgewertet wird, zum Beispiel welche Schlagworte oder Websites die Mitarbeiter in welcher Häufigkeit aufrufen. Und auch der Administrator, der firmeninterne Gespräche beim Instant Messaging mitlesen und dokumentieren kann, ist hier als eine Form des so genannten Monitorings zu erwähnen, auch wenn in der Praxis sicher nicht jede dieser Aktivitäten tatsächlich als gezielt eingesetztes Instrument der Risikoprävention verstanden und eingesetzt wird.

Der Begriff des Monitorings, der aus der Principal-Agent-Theorie herrührt und die systematische Überwachung von vertraglichen Beziehungen meint, bedeutet nichts anderes als eine systematische Überwachung und knüpft dieses Überwachen immer an die Option, in die Abwicklung eingreifen zu können oder sogar zu müssen. Doch wie ist seitens der

Internen Unternehmenskommunikation ein solches Eingreifen in Bezug auf Mitarbeiteraktivitäten in öffentlich zugänglichen Social Media überhaupt denkbar?

Zwei gedankliche, in der Praxis oft miteinander verbundene Möglichkeiten sind vorhanden:

Zum einen versucht man, durch rechtliche Regeln einzugreifen. Bemerkenswert ist, dass das Komplettverbot zur Nutzung von Social Media am Arbeitsplatz zum bevorzugten Repertoire der Unternehmenspolitik gehört. Zwischen 40 und 60 % der deutschen, englischen oder französischen Unternehmen verbieten grundsätzlich Twitter, Facebook und Co. im Unternehmen (vgl. Cisco 2010). Das ist allerdings nicht wie oft suggeriert wird ein Zeichen von Fortschrittsfeindlichkeit, sondern zumindest in Deutschland vor allem darauf zurückzuführen, dass eine geduldete betriebliche Übung wie zum Beispiel die private Online-Nutzung während der Arbeitszeit zu einem rechtliche Problem für den Arbeitgeber werden kann, wenn er zu einem späteren Zeitpunkt die Nutzung beschränken will. Daher gehen viele Unternehmen auf die sichere Seite und verbieten grundsätzlich die Nutzung von Social Media, um sie dann ggf. in einem definierten Rahmen zuzulassen.

In diesem Zusammenhang entwickeln Unternehmen für ihre internen Zielgruppen spezielle Verhaltensrichtlinien und Social Media Guidelines, die ihrerseits wieder zum Gegenstand der klassischen instrumentellen Kommunikation werden. Ob als Video im viralen Webeinsatz (vgl. Tschibo Blog 2011) oder als förmliches Dokument – die Formen solche Regeln für das Mitarbeiterverhalten im Netz sind vielfältig, während ihre Inhalte weitgehend gleich sind.

Der zweiter Teil der möglichen Konsequenzen aus dem Monitoring besteht darin, Mitarbeitern nicht nur Verhaltens- und Höflichkeitsregeln mit auf den Weg ins Netz zu geben, sondern sie mit entsprechenden Inhalten aus Sicht des Unternehmens bzw. der Unternehmensführung zu versorgen und zum aktiven Umgang mit Facebook und Co. zu ermuntern. Hier schließt sich der Kreis: Die private Nutzung von Social Media durch Mitarbeiter wird zum Ziel der instrumentellen Unternehmenskommunikation. So werden Unternehmen, die ihre Agilität erhöhen wollen, um flexibel auf Veränderungen in ihrem Umfeld reagieren zu können, zukünftig mehr denn je ihre im Netz aktiven Mitarbeiter dazu auffordern, kritische Stimmen und deren Resonanz zu beobachten und diese Beobachtungen auch in das Unternehmen einzuspeisen.

Damit nicht genug: Die zunehmende Verbreitung von Social Media und ihr Leistungsspektrum zwingen Unternehmen dazu, die digitale Form der informellen Kommunikation der instrumentellen Unternehmenskommunikation quasi einzuverleiben. Das wird immer dann besonders deutlich, wenn interne und externe Kommunikation miteinander verschmelzen. Aus der externen Perspektive werden Mitarbeiter grundsätzlich immer als relevante Bezugsgruppen eines Unternehmens wahrgenommen, ihre Beiträge im Netz gelten externen Beobachtern als authentisch und mit hoher Glaubwürdigkeit behaftet. So gesehen kann aus externer Perspektive jeder Beitrag der internen Kommunikation und jeder vom Mitarbeiter selbst erstellte Beitrag hohe Wirkung entfalten, weil er als gut informierte Quelle gilt.

Das ist im Grunde kein neues Phänomen, es gewinnt durch Web 2.0 allerdings eine völlig neue Dynamik. Kein Wunder, dass sich die Unternehmenskommunikation diesen Windfallprofit in Sachen Glaubwürdigkeit nicht entgehen lässt. „Interne" Mitarbeiter-Blogs oder Plattformen, die von einzelnen Mitarbeitern, oft die Leiter der Online-Kommunikation, im Auftrag des Unternehmens betrieben werden, werden als „authentische PR" eingesetzt, Blog-Einträge des Vorstandes an die Mitarbeiter werden entweder vom Kommunikationschef selbst oder entsprechend gebrieften Kollegen direkt auf Facebook gepostet oder getwittert. Das alt bekannte Spiel zwischen interner und externer Kommunikation gewinnt durch Web 2.0, also Kommunikation in Echtzeit und mit globaler Reichweite, eine neue Dimension.

Mitarbeiter werden mit Hilfe von Social Media zu Botschaftern des Unternehmens oder der Marke. Es versteht sich von selbst, dass all dies wiederum nicht geht ohne die kleine Gruppe der besonders aktiven Nutzer von Social Media. Ihre Blogs oder Xing-Gruppen zu Fachthemen dienen natürlich auch zur internen Kommunikation, aber oft geht es zum Beispiel um das Aufspüren von neuen Fachkräften aus begehrten Berufen, sprich um Rekrutierung von Mitarbeitern durch Mitarbeiter. Social Media können also genutzt werden, um Mitarbeiter für die Interessen des Unternehmens zu mobilisieren, selbst wenn eine solche Aufgabe nicht zum eigentlich Job gehört (vgl. Kap. 17.).

Aus der Perspektive der instrumentellen internen Kommunikation, die aus Sicht der Unternehmensführung für eine Orientierung der internen Zielgruppen auf die zentralen Zwecke und Ziele der Unternehmung sorgen muss, kann dieses Intern-Extern-Spiel positiv sein, weil auf diese Weise die Themen und Botschaften der Unternehmensführung über den Umweg über externe Medien erneut in die interne Unternehmenskommunikation eingeführt werden.

Vor allem aber sollte allen Zielgruppen klar sein, dass der vermeintlich interne Dialog unter Mitarbeitern vor allem als eine besonders effektive Form der externen Kommunikation angesehen und eingesetzt wird. Wenn der Mitarbeiterblog auf der Unternehmenswebsite verlinkt ist, dann ist dies zwar ein klares Indiz, aber entbindet die Unternehmenskommunikation nicht davon, dies eindeutig zu erklären. Internetplattformen, bei denen sich erst beim zweiten Hinschauen Mitarbeiter im Auftrag ihres Unternehmens als verantwortlich erklären, können ihre Glaubwürdigkeit schnell verlieren.

Zu welchen neuen Organisationsstrukturen die Verbreitung von Social Media führen wird, wird weiter zu beobachten sein. Erste Studien zeigen zwar noch keinen klaren Trend (vgl. Fink und Zerfaß 2010), allerdings ist es keine Überraschung, dass Unternehmen mit eher traditionellen Reflexen wie dem Aufstellen von Regeln und Sanktionen, dem Entwickeln von so genannten Social Media Strategien (eine weitere Umschreibung des Einverleibens der Social Media in die instrumentelle Unternehmenskommunikation) sowie dem Versuch einer verstärkten horizontalen und funktionsübergreifenden Zusammenarbeit reagieren. Jedenfalls ist eine Wirkung der Social Media sicher: Die traditionelle Trennung von externer und interner Kommunikation in der Aufbauorganisation der Unternehmen wird sich immer weiter zu Gunsten einer an Themen oder Projekten orientierten Organisation auflösen (vgl. Kap. 9).

Kompakt

Diversity Management, der planmäßige und offensive Umgang mit der Vielfalt von internen und externen Bezugsgruppen, meist fokussiert auf die Mitarbeiter und die Kunden, gehört aktuell noch nicht zu den grundsätzlichen Aufgaben der (Internen) Unternehmenskommunikation. Mit Blick auf die Belegschaft geht es dabei in der Regel noch um Gleichstellungsfragen oder die Adressierung kultureller Unterschiede, wodurch die Motivation und Bindung der Mitarbeiter gefördert werden soll.

Resiliente Unternehmen denken weiter. Sie betrachten Vielfalt, selbst wenn sie sich widersprüchlich darstellt und somit integrative Maßnahmen erforderlich macht, als eine Voraussetzung für ihre Innovationsfähigkeit und damit für ihre grundsätzliche Wettbewerbsfähigkeit. Eine Pluralität von Meinungen, Beobachtungen und Erkenntnissen dient der umfassenden Wahrnehmung von Problemlösungspotenzialen, sei es zum Zweck des rechtzeitigen Abwendens von Krisen oder des frühzeitigen Ergreifens von Marktchancen. Ein so verstandenes Diversity Management eröffnet ein Höchstmaß an Flexibilität und Handlungsfähigkeit. Voraussetzung ist eine intelligente Vernetzung der Unternehmensmitglieder untereinander, und übrigens auch mit externen Bezugsgruppen, was ein Überprüfen der bislang starren Einteilung der Kommunikationsmaßnahmen nach intern und extern erforderlich macht.

Aufgabe der Internen Unternehmenskommunikation ist es hier zunächst, in jeglicher Hinsicht für Integration zu sorgen, ohne nivellieren zu wollen. Im Gegenteil, eine Voraussetzung der Integration von Vielfalt bedarf zuvor einer Förderung von Pluralität. Dazu muss eine, durchaus auch divergente, Kommunikation im Unternehmen ermöglicht und angestoßen und wo möglich ein Austausch mit externen Meinungsträgern hergestellt werden. Damit man bei aller Vielfalt aber auch das Gemeinsame nicht aus den Augen verliert, sorgt die Interne Unternehmenskommunikation für Gelegenheiten zu einem Dialog mit der Unternehmensleitung, stellt

U. Buchholz, S. Knorre, *Interne Unternehmenskommunikation in resilienten Organisationen*,   151
DOI 10.1007/978-3-642-30724-9_16, © Springer-Verlag Berlin Heidelberg 2012

auf verschiedenen Plattformen erklärende Hintergrundinformationen zur Unternehmensstrategie bereit und macht die Unternehmensphilosophie, die gemeinsam getragenen Werte und Prinzipien erlebbar.

Als im Dezember 2006 auf Initiative von vier international tätigen Konzernen in Deutschland die „Charta der Vielfalt" (www.charta-der-vielfalt.de) ins Leben gerufen wurde, waren die damit verbundenen Aktivitäten noch so überschaubar, dass an die Einrichtung einer Geschäftsstelle noch nicht zu denken war. Nur fünf Jahre später, im Jahre 2011 wurde sie aber installiert, um die inzwischen mehr als 1100 Organisationen zu koordinieren, welche die Charta bereits unterzeichnet haben und damit bewusst und gezielt dem Prinzip der Wertschätzung von Vielfalt bei ihren Mitgliedern und ihren Bezugsgruppen folgen wollen. Ziel der Initiative, die auch in einigen anderen Mitgliedsländern der Europäischen Union Korrelate hat, ist die Einbeziehung von Vielfalt in die Unternehmenskultur und damit die Schaffung eines vorurteilsfreien Arbeitsumfeldes.

Es ist wohl kein Zufall, dass die Charta in dem Jahr konstituiert wurde, als das Allgemeine Gleichstellungsgesetz in Kraft trat, welches Unternehmen dazu verpflichtet, ihrer Belegschaft ein diskriminierungsfreies Arbeitsumfeld zu gewährleisten. Der Umstand, dass sich Menschen in vielerlei Hinsicht unterscheiden oder eben auch gleichen, ist inzwischen zu einem potenziellen Fall der Rechtsprechung geworden. So war das sogenannte Diversity Management ursprünglich vor allem als Maßnahme für die Umsetzung von Gleichberechtigung gedacht. Inzwischen hat es sich jedoch zu einem betriebswirtschaftlich orientierten Instrument der Unternehmensführung weiterentwickelt, mit dem personelle und kulturelle Vielfalt produktiv zu managen ist.

Die Hauptursache für diesen Bedarf ist in der fortschreitenden Globalisierung zu suchen. Diese führt mehr und mehr zu einer weltweiten Ausdehnung organisationaler Strukturen und zur Erweiterung von Marktaktivitäten. Ein global agierendes Unternehmen muss sich auf verschiedenen Märkten mit verschiedenen Kulturen behaupten, und es muss seine Struktur auf eine sehr dynamische und heterogene Umwelt einstellen. Damit einher geht eine wachsende ethnisch-kulturelle Vielfalt der Personalstruktur. Darüber hinaus befindet sich unsere Gesellschaft in einem signifikanten Wandel, der vor allem eine Veränderung der Wertehaltung, etwa im Hinblick auf die Geschlechterrollen, und eine Differenzierung der Lebensstile mit sich bringt. Hinzu kommt die zunehmende Alterung der Bevölkerung. So sind Unternehmen mehr und mehr gezwungen, diese Veränderungen in ihrer Unternehmensführung zu berücksichtigen. Im globaler und insgesamt härter werdenden Wettbewerb um die Marktpositionen eins und zwei lenken erfolgreiche Unternehmen mithin ihre Aufmerksamkeit gezielt auf Prozesse, durch die sie sich einen signifikanten Vorteil zu verschaffen hoffen. Dazu zählt in den Unternehmen des angelsächsischen Raums, vor allem in den USA, schon lange auch verbreitet das Diversity Management. In Deutschland herrscht aber noch immer deutlicher Nachholbedarf, so eine Studie der Bertelsmann-Stiftung (vgl. Köppel et al. 2007).

Der Begriff des Diversity Managements referiert auf die Heterogenität aller Bezugs-gruppen eines Unternehmens, insbesondere auf diejenigen Menschen, von denen der Unternehmenserfolg unmittelbar abhängt, nämlich die Mitarbeiter, die Kunden und die Lieferanten. Im Mittelpunkt steht die Wertschätzung individueller Fähigkeiten, Eigenarten und Zugehörigkeiten bzw. Orientierungen mit dem Ziel ihrer systematischen Einbindung in den Arbeitsalltag zum Nutzen des Unternehmenserfolges (vgl. Liebrich 2008; Lindau 2011; Schulz 2009; Watrinet 2008). „Alle Mitglieder einer Organisation sollen Wertschät-zung erfahren, unabhängig von Geschlecht, Nationalität, ethnischer Herkunft, Religion oder Weltanschauung, Behinderung, Alter, sexuelle Orientierung und Identität" (Charta der Vielfalt). Diversity Management stellt sich somit als handlungsorientiertes Konzept des Umgangs mit Vielfalt in Unternehmen dar. Dazu werden im Allgemeinen Strukturen und Personalprozesse auf ihre entsprechende Durchlässigkeit und Adäquanz hin untersucht und gegebenenfalls angepasst. Von besonderer Bedeutung ist dabei die – gegebenenfalls zu verändernde – Einstellung der Organisationsmitglieder, die in der Organisationskultur gründet oder sich dort prägend niederschlägt. Ziel der Maßnahmen ist es vor allem, Moti-vation und Kreativität der Mitarbeiter durch die Nutzung verschiedener Hintergründe zu steigern sowie die Strategie des Unternehmens zu unterstützen und damit wirtschaftliche Vorteile für die Organisation zu erreichen. Dies nicht zuletzt auch durch die entsprechen-de Einbindung von Kunden und Lieferanten.

Strategisch angelegtes Diversity Management ist somit nicht einfach die Befriedigung moralischer Ansprüche wie Fairness oder Integrität und bezeichnet nicht schlicht eine spezielle Form der Personalwirtschaft. Vielmehr zielt es als Instrument der Unterneh-mensführung auf neue Märkte, neue Kunden, neue Konsumenten oder neue Nutzer von Dienstleistungen. Dieses planmäßige Managen von Vielfalt basiert auf einer offenen, die Menschen wertschätzenden, kreativen Unternehmenskultur, die die Einzigartigkeit jedes Einzelnen respektiert. Konsequent umgesetzt kann Diversity Management nach gängigem Verständnis zu einer verbesserten Zusammenarbeit in den Unternehmensprozessen füh-ren und damit zu einer erhöhten Produktivität der Mitarbeiter. Einfallsreichtum, Kreativi-tät und Innovationsfähigkeit werden gefördert und so eine passgenaue Kundenorientie-rung ermöglicht. Außerdem werden die Zufriedenheit und damit die Loyalität der Mit-arbeiter gesteigert und die Offenheit gegenüber Veränderungen forciert. Darüber hinaus ermöglicht die Strategie der offensiven Nutzung von Vielfalt einen besseren Zugang zu qualifizierten Bewerbern. Insgesamt führt Diversity Management zur optimierten Nut-zung personeller Ressourcen.

Eine den umrissenen Anforderungen entsprechende interne Kommunikation sensibi-lisiert die Menschen im Unternehmen dafür, dass die Beschäftigung mit anderen Kultu-ren, Eigenarten und Orientierungen sinnvoll ist, weil sie zu einer konstruktiven Zusam-menarbeit führt und sich darüber hinaus auch außerhalb des Unternehmens positiv auf die Gesellschaft auswirkt. Die Interne Unternehmenskommunikation muss in diesem Zusammenhang vor allem die Themen identifizieren und gestalten, die eine unmittelba-re Begegnung mit „dem Anderen" ermöglichen. Besondere Beachtung sollte dabei dem Sprachgebrauch im Unternehmen gezollt werden. Denn Sprache spiegelt Weltansichten und bildet Wirklichkeit. So macht schon ein vielleicht im ersten Augenblick als positiv oder wenigstens neutral genutzter Begriff wie „Mitbürger" im Grunde auch nur eine Abgrenzung deutlich und kann als diskriminierend gewertet werden. Welche kulturempfindlichen Begriffe im Unternehmensalltag eingeführt und verwendet und gegebenenfalls sogar in Unternehmensdokumenten, Handbüchern oder Leitbildern manifestiert werden, ist unter dem Aspekt der Wertschätzung besonders umsichtig zu behandeln.

Soweit das derzeitige Ideal des Diversity Managements, das noch keineswegs die gelebte Realität in deutschen Unternehmen ist. Die rund 1100 Unterzeichner der Charta der Vielfalt stellen noch eine Minderheit dar. Aber selbst die wahrscheinlich vorbildliche Umsetzung der Diversity-Prinzipien dort muss unter den Vorzeichen anhaltender Volatilität, Komplexität und Unwägbarkeiten in Wirtschaft und Gesellschaft vielfach überdacht und neu justiert werden.

Die Wertschätzung von Vielfalt und der entsprechende Umgang mit einer selbst widersprüchlichen Pluralität sind in resilienten Organisationen Grundvoraussetzungen unternehmerischer Entscheidungen und Handlungen, was ein deutlich fokussierteres Diversity Management als derzeit üblich erforderlich macht. Denn die solche Organisationen kennzeichnende Innovationskraft und sie begleitende Improvisationsfähigkeit (Heitger und Serfaß 2011, S. 23, 24; Ungericht und Wiesner 2011, S. 192; Stephenson 2010, S. 112; Coutu 2002, S. 55) benötigt Vielfalt „weil nur sie der Zufälligkeit Raum gibt, der wir das Neue verdanken" (Petersen et al. 2011, S. 45). Das Einnehmen verschiedener Perspektiven, unterschiedliche Annahmen über Entwicklungen oder Zusammenhänge sowie differierende Einstellungen werden als hilfreich betrachtet, um im Unternehmen ein möglichst umfassendes Bild anzunehmender Störungen oder erreichbarer Chancen zu erhalten. Auch wenn dies für die Koordinierung solcher Vielfalt ein hohes Maß an Integrationsnotwendigkeit bedeutet, ein so verstandenes Diversity Management erschließt ein großes Problemlösungspotenzial mit hoher Produktivität. Die bewusste Auseinandersetzung mit Vielfalt ermöglicht das Erkennen von Unterschieden, was wiederum eine notwendige Voraussetzung für das Erschließen der gesamten Wirklichkeit ist. Dabei können auch Unterschiede Relevanz gewinnen, die vordergründig gar nichts mit den Unternehmenszielen zu tun haben, wie etwa Religionszugehörigkeit, ethnische Herkunft oder auch einfach Weltanschauungen. Insgesamt geht es darum, in Situationen hoher Volatilität, Komplexität und Unsicherheit durch vielfältiges, ebenso komplex gestaltetes organisationales Wissen rasch und effizient Lösungen zu generieren. Eine Vielfalt an Erkenntnissen, Beobachtungen und Einstellungen, die sich zudem noch in Netzwerken selbstreferentiell steuert, statt über Hierarchie-Routinen und langwierige Befehlsketten abzulaufen, schafft die nötigen Spielräume. Handlungen aus solchen Interaktionen können spontan erfolgen und sind dabei häufig von einer hohen schöpferischen Kraft gekennzeichnet. Veränderung, Strategieentwicklung und taktische Maßnahmen gesteuert über Varietät ist insbesondere dann ein wirksames Verfahren, wo es um hochkomplexe, sich auf verschiedenen Ebenen niederschlagende Sachverhalte geht, welche wiederum eine größtmögliche Interaktion zwischen sowohl situativ wie auch individuell variierenden Know-How-Trägern und Ideengebern notwendig machen. Und solche Situationen werden in unserer mehr und mehr bewegten

Welt in Zukunft häufiger anzutreffen sein. Unter den Gegebenheiten hoher Volatilität und Unvorhersehbarkeit wirtschaftlicher und politischer Prozesse muss jedes Unternehmen ein Höchstmaß an Flexibilität und Handlungsfähigkeit aufweisen. Vorgegebene Rahmenbedingungen oder Restriktionen als normative Grundlagen für unternehmerisches Handeln können in einem solchen Umfeld den Blick für die Realität verstellen, weil sie eine „Schere im Kopf" erzeugen können. Alles Denkbare muss grundsätzlich möglich sein, anders wird manches Problem als solches gar nicht einmal erkannt werden können, bevor es eskaliert. Eine Pluralität an Betrachtungsweisen desselben Sachverhalts ergeben Informationen unterschiedlicher Logik und eröffnen so zusätzliche Dimensionen bei der Identifizierung eines Problems oder bei Maßnahmen für seine Behebung.

Strategisch orientiertes Diversity Management betrachtet daher jedes Mitglied einer Organisation als individuelle kreative Ressource zur Problemerkennung und Lösungsfindung. Diese individuellen Ressourcen sind in einer vernetzten Zusammensetzung in der Lage, völlig neue Handlungsmöglichkeiten zu schaffen, ohne allerdings der Beliebigkeit eines Gemischtwarenhandels zu verfallen. Denn obschon kreatives Denken immer auch mit Zufälligkeit verbunden ist (Bateson 1982, S. 218 und 229; zitiert nach Petersen et al. 2011, S. 86 und 88), wird die gewonnene Erkenntnis doch stets abgeglichen mit bisherigen Annahmen und bereits Bekanntem (ebd.). Auch diese Vorgehensweise ist typisch für Netzwerke, die ja in sich ein soziales System darstellen, in denen die Akteure sich verständigen müssen. So wirkt die Logik also bei aller Kreativität als Selektionsmechanismus (ebd.), was letztlich aber dem Herbeiführen von Entscheidungen dient. Dabei sind Netzwerkstrukturen und damit die intelligente Verbindung vielfältiger Informationen aufgrund ihrer Fähigkeit zur kontinuierlichen Reorganisation und Anpassungsfähigkeit aber im Gegensatz zu traditionellen starren, eindimensionalen, integrierten Organisationsstrukturen besser geeignet, schnell und kompetent zu agieren und zu reagieren. Die Voraussetzung für solcherart zielgerichtete und gewissermaßen getaktete Handlungen ist eine starke, funktionierende interne Kommunikation: Die Netzwerkmitglieder vernetzen sich auf der Basis gemeinsamer Handlungsprinzipien (vermittelt und kontinuierlich bekräftigt durch die Unternehmensführung mit Hilfe der Internen Unternehmenskommunikation) autonom und arbeiten durchaus divergent an gemeinsamen Themen. Zur vereinten Ausrichtung beziehungsweise zum Zwecke des „Alignments", sorgen zentrale Führungsprozesse für Konvergenz gestaltende Begegnungen. Hieran hat die Interne Unternehmenskommunikation einen hohen Anteil, indem sie über die (Aus)Gestaltung von strategierelevanten Themen eine Reflexion ermöglicht. Dies geschieht zum einen durch die Bereitstellung von Hintergrundinformationen und schriftlichen Darstellungen der Unternehmensführung. Zum anderen müssen immer wieder plenare Situationen geschaffen werden, in denen die Unternehmensphilosophie und die ökonomischen und sozialen Treiber der Unternehmensstrategie erlebbar werden. Darüber hinaus muss die Interne Unternehmenskommunikation regelmäßig für einen direkten Gedankenaustausch mit der Unternehmensführung in kleineren Gruppen oder mit Hilfe der Web 2.0-Technologie für alle Beteiligten sorgen.

Die Gestaltung von und die Arbeit in solcherart resilient aufgebauten Unternehmensstrukturen verlangt von den Mitarbeitern aber auch die Fähigkeit, mit fluktuierenden, sich widersprechenden und nicht immer eindeutig zu interpretierenden Variablen umgehen zu können, ohne den Halt zu verlieren. Menschen, die in den hier geschilderten offenen Netzwerken mit den ihnen eigenen Entscheidungsfindungsprozessen interagieren, müssen diese Variabilität, die oft konfliktgeladen sein kann, persönlich aushalten und gleichzeitig sachlich und unternehmerisch angemessen auf Störungen und Krisen reagieren können. Das bedeutet, dass das Wohl der Menschen in den Unternehmen ganzheitlich betrachtet werden muss. Es reicht nicht, alle Mitarbeiter schlicht auf die finanziellen Ziele des Unternehmens einzuschwören und zu erwarten, dass sie diesen bedingungslos folgen und den Einsatz ihres individuellen Humankapitals stets nur unter dem Aspekt des Returns on Investment prüfen. Vielmehr ist es unabdingbar, dass auch die Bedürfnisse der Mitarbeiter mit Blick auf ihre Persönlichkeit und ihre Identität Beachtung finden, wenn die Organisation von ihnen Widerstandsfähigkeit, Robustheit, eine hohe Flexibilität und Improvisationstalent erwartet. Diese Balance zu schaffen, ist die besondere Aufgabe des strategischen Diversity Managements in resilienten Organisationen. Vielfalt zu achten, so die Erkenntnis, erzeugt eine Vielfalt an Kompetenzen, Präferenzen und Besonderheiten, die zum Wohle der Unternehmensentwicklung und dessen Resilienz eingesetzt werden können. Damit geht das Konzept des Diversity Managements deutlich über die derzeit geführte Diskussion hinaus, die zwar dessen wirtschaftswissenschaftliche beziehungsweise betriebswirtschaftliche Relevanz erkennt und befürwortet (vgl. etwa die Charta der Vielfalt), über die Wahrung von Gleichstellung und Anerkennung kultureller Unterschiede zum Zwecke der moralischen Befriedigung häufig aber kaum hinausgelangt (vgl. Petersen et al. 2011, S. 87).

Die hier angestellten Überlegungen treffen aber auch für die Unternehmensumwelt zu. Auch die externen Bezugsgruppen haben und stellen den Anspruch, als Individuen mit eigenen Bedürfnissen und Weltansichten wahrgenommen zu werden. Auch hier greift das strategische Diversity Management. Denn Bezugsgruppen werden vermehrt und nachhaltig darauf achten, dass Unternehmen grundsätzlich adäquat mit Vielfalt umgehen und so ein qualitatives Wachstum der Gesellschaft unterstützen und helfen, dass sich Potenziale zum Wohle der Gemeinschaft entfalten können. Resiliente Organisationen haben das verstanden und artikulieren ihr Verständnis nicht nur, sondern beziehen die Bedürfnisse ihrer Bezugsgruppen direkt und konkret in ihre Strategieentwicklungen mit ein. Dabei darf aber auch nicht verkannt werden, dass ein wahrhaftiger Umgang mit Pluralität und damit mit Meinungsvielfalt sowohl innerhalb der Organisation wie auch in der Interaktion mit externen Bezugsgruppen ganz besonders Grund für Auseinandersetzungen und Konflikte sein kann. Somit ist Diversity Management ein hochkommunikativer Prozess. Hier ist es zum Einen die Aufgabe des Kommunikationsmanagements, die handlungsleitenden Bedürfnisse und Präferenzen der Bezugsgruppen umfassend zu identifizieren, im Zusammenhang mit der eigenen Unternehmensstrategie zu interpretieren, der Unternehmensführung Vor- und Nachteile damit verbundener unternehmerischer Handlungen deutlich zu machen und so entsprechende Entscheidungen zu unterstützen, die schließlich womöglich noch im Gegenstromprinzip mit den operativen Einheiten herbeigeführt werden. (Vgl. dazu auch Kap. 7.) Zum Anderen muss das Kommunikationsmanagement einen Dialog mit den

Bezugsgruppen in Gang setzen und aufrecht erhalten, in dem Entscheidungen und Handlungen des Unternehmens verdeutlicht werden und gegenläufige Positionen im Idealfall ebenfalls in einer Art Gegenstromprinzip aufgegriffen und einander angenähert werden. (Vgl. dazu auch Kap. 7) Und dies nicht nur, weil die Moralvorstellung es so verlangt oder man Konflikten aus dem Weg gehen will, sondern weil die jeweiligen Kompetenzen und die Vorteile des Sachverhalts (an)erkannt und zum Wohle beider Seiten genutzt werden sollen. Dazu muss die Organisation aber Verwerfungen eine Zeit lang aushalten und sie in der Breite zur Diskussion stellen können, statt sie schnell und risikoarm in einem Vier-Augen-Gespräch bereinigen zu wollen.

Vielfalt wird in resilienten Organisationen als Ressource verstanden, die aus Problemen zugleich die adäquate Lösung gewinnt. Der sachlichen Komplexität wird mit sozialer Komplexität begegnet (vgl. auch Petersen et al. 2011, S. 99). Damit muss man sich zumindest in Teilen von dem gängigen Konstrukt der Komplexitätsreduktion zum Zwecke der Lösungsfindung verabschieden. Die Informationen zur Generierung von Wissen für die Behebung eines Problems oder generell für das Bewältigen von unsicheren Situationen oder gar von Krisen sind individuell in und im Umfeld der Organisation verteilt. Die Kunst, sich dieses Wissen zunutze zu machen, stellt sich in der richtigen Verknüpfung der individuellen Informationen dar. Dazu muss sich die Organisation aber allen Optionen gegenüber öffnen. Ohne Vielfalt, Komplexität und Zufall entsteht nichts nachhaltig Neues (ebd., S. 97). Dabei führt aber die bewusste Handhabung von Unterschieden über die Auseinandersetzung mit ihnen zur Selektion und damit zu Entscheidungen, was insgesamt ein hochkommunikativer Prozess ist und gemanagt werden muss. Ein richtig verstandenes Diversity Management sorgt also gezielt für Pluralität und Komplexität und versteht es gleichzeitig, die herbeigeführte Vielschichtigkeit mit Hilfe von Kommunikation zum Nutzen einvernehmlicher Handlungen aufzulösen. Somit sollte dieser Führungsprozess integraler Bestandteil des Kommunikationsmanagements sein. Derzeit ist die Realität in den meisten Organisationen aber noch eine andere. Die Unternehmenskommunikation involviert sich noch kaum in das Diversity Management. Speziell die Interne Unternehmenskommunikation müsste sich zumindest als Treiberin, wenn nicht sogar als Funktionsträgerin des Managens von Vielfalt verstehen. Denn es wäre im Sinne der Unterstützung des organisationalen Leistungserstellungsprozesses ihre ureigenste Aufgabe, auch über das Diversity Management für die Adaptionsfähigkeit der Mitarbeiter Sorge zu tragen, ihre Widerstandsfähigkeit zu erhöhen und insgesamt dem Unternehmen das Managen seiner Vulnerabilität zu erleichtern. (Vgl. dazu Kap. 2.)

Einen Schritt weiter gehen: Die Mobilisierung von Mitarbeitern für die Interessen des Unternehmens gegenüber externen Bezugsgruppen

17

Kompakt

Mitarbeiterbefragungen erheben in der Regel nach wie vor Dimensionen, die auf Mitarbeiterzufriedenheit und Mitarbeiterbindung abheben. Dies ist symptomatisch für die Beobachtung, dass sich die oft geforderte Kommunikationsstrategie, Mitarbeiter als aktive Fürsprecher für das Unternehmen und seine Produkte bzw. Leistungen zu gewinnen, in der Praxis bislang nur ansatzweise durchgesetzt hat.

Dennoch hängen eine Reihe wichtiger Aufgaben der Unternehmensführung davon ab, dass Mitarbeiter sich über den „Dienst nach Vorschrift" hinaus engagieren. Das gilt sowohl für das oft propagierte Empfehlungsmarketing genauso wie für das Arbeitgebermarketing, das Mitarbeiter im Rahmen der Rekrutierung von Fach- und Führungskräften einsetzt. Corporate Social Responsibility- oder Public Affairs-Strategien schöpfen ohne eine Mobilisierung von relevanten Teilen der Belegschaften ihre Potenziale schlicht nicht aus. Hier bestehen nach wie vor erhebliche Handlungsspielräume für die Interne Unternehmenskommunikation. Sie muss die notwendige strategische Orientierung und emotionalen Bezugspunkte vermitteln, die den Nährboden dafür bilden, dass sich Mitarbeiter über die reine Arbeitsvertragserfüllung hinaus für dessen Ziele engagieren. Es bleibt zu beobachten inwieweit die Social Media im Hinblick auf die Mitarbeitermobilisierung gegenüber externen Zielgruppen für neuen Schwung sorgen können.

Das Ziel, Mitarbeiter mit Hilfe der Internen Unternehmenskommunikation als Fürsprecher für die Interessen ihres Unternehmens bei relevanten Bezugsgruppen zu gewinnen, ergibt sich notwendigerweise aus der veränderten Bedeutung, die der Ressource des so genannten Humankapitals in resilienten Unternehmen zugesprochen wird. Wenn Mitarbeiter schon als Beobachter und Mitdenker gebraucht werden, um Veränderungen, Umbrüche oder Krisensymptome im Unternehmensumfeld oder in der Beziehung zwischen

U. Buchholz, S. Knorre, *Interne Unternehmenskommunikation in resilienten Organisationen*, 159
DOI 10.1007/978-3-642-30724-9_17, © Springer-Verlag Berlin Heidelberg 2012

Abb. 17.1 Mobilisierung
als Merkmal resilienter
Unternehmen

Unternehmen und seinen Bezugsgruppen intern zu erkennen und zu verarbeiten; wenn die Gruppen der Innovatoren und frühen Umsetzer (vgl. Kap. 13) als interne „Change Agents" oder Botschafter des Wandels eingesetzt werden, dann ist es nur noch ein kleiner Schritt zu der Überlegung, Mitarbeiter dafür zu gewinnen, auch gegenüber externen Dritten als Fürsprecher für das Unternehmen, seine Produkte und Dienstleistungen aufzutreten.

Diese in der angelsächsischen Literatur „Advocacy" genannte Zielvorstellung der Mobilisierung wird als höhere Form des Engagements im und für das Unternehmen betrachtet. Im Kontext des Resilienzgedankens bedeutet das, dass Unternehmen umso widerstandsfähiger sind als ihre Mitarbeiter, wenigstens einige Gruppen unter ihnen, bereit und befähigt sind, sowohl gegenüber internen als auch externen Bezugsgruppen für die Interessen ihres Unternehmen einzutreten.

Diese Mobilisierung setzt erneut voraus, dass die internen Zielgruppen über die Zwecke, Ziele und Strategien ihres Unternehmens orientiert sind. Diese grundlegende inhaltliche Orientierung ist bereits Voraussetzung dafür, dass Maßnahmen zur Verbesserung des Mitarbeiterengagements im Rahmen der Leistungsprozesse des Unternehmens sinnvoll sind. Ob im Wissensmanagement des Enterprise 2.0 (vgl. Kap. 10) oder im Bereich der Arbeitssicherheit, die besonders darauf angewiesen sind, dass Mitarbeiter ihre Möglichkeiten möglichst umfassend im Interesse des Unternehmens ausschöpfen – ohne das strategische „Alignment" ist erhöhtes Engagement im Unternehmen nicht zielführend. Ob dabei ein klarer Bezug zum monetären Ergebnis des Unternehmens in Form einer Kausalitätskette „10 % improvement in alignment, 6 % improvement in employee effort, 2 % improvement in performance" (van Riel 2011, S. 2) gebildet werden kann, soll dahingestellt bleiben, es bleibt in jedem Fall ein plausibler Zusammenhang (Abb. 17.1).

Die Mitarbeitermobilisierung im unternehmerischen Umfeld bzw. gegenüber externen Bezugsgruppen braucht jedenfalls erst recht die richtige Orientierung. „Doing the right things" bleibt logischerweise die Grundlage aller Strategien und Maßnahmen der Internen Unternehmenskommunikation, die darauf ausgerichtet sind, dass Mitarbeiter nicht nur „Dienst nach Vorschrift" leisten, sondern den berühmten Schritt weiter gehen. Umgekehrt sind Mitarbeiter, die sich ausreichend und vor allem persönlich von den Führungskräften informiert fühlen, eher bereit, positiv gegenüber Dritten über das Unternehmen zu sprechen, ja empfinden es sogar als persönliche Verantwortung, je enger der direkte Kontakt zu den Führungspersönlichkeiten ist (vgl. White et al. 2010, S. 76 f.; Gallup 2010, S. 32).

Diese Rolle des Fürsprechers gegenüber externen Bezugsgruppen kann sich beispielsweise auf das Empfehlen der eigenen Produkte oder die aktive eigenständige Suche nach geeigneten Fachkräften für das Unternehmen beziehen. Gerade was die Aktivitäten von Mitarbeitern in Sozialen Netzwerken angeht, versuchen Unternehmen ihre Mitarbeiter für ihre Rolle als Fürsprecher zu gewinnen und entsprechend „auszurüsten" mit Hintergrundinformationen, Verhaltensregeln oder schlicht kommunikativen Kompetenzen (vgl. Kap. 15). In abwehrender Hinsicht geht es um die Verteidigung in Krisenfällen oder um die öffentliche Kritik an politischen Entscheidungen, die das Geschäftsmodell des eigenen Unternehmens und damit die Arbeitsplätze bedrohen können.

Diese Art der Mobilisierung wird seit einigen Jahren als wichtiger Wettbewerbsvorteil beschrieben, vor allem seitens des Marketings, das Mitarbeiter gezielt als Markenbotschafter einsetzt (vgl. Thomson 2011). „Internal Branding" als Bestandteil der Internen Unternehmenskommunikation hat sich auf diese Weise international etabliert. Dass Mitarbeiter von Kunden als verlässlichere Informationsquelle angesehen werden als die Aussagen der Marketingabteilung, hat vor allem in Konsumgüterbranchen zu vielfältigen Maßnahmen gerade mittels Social Media geführt, in denen ein systematischer Informationsaustausch zwischen Kunden und Mitarbeitern organisiert wird. So werden Mitarbeiter beispielsweise aufgefordert, sich an entsprechenden Diskussionen auf Verbraucherportalen oder in Online-Foren zu beteiligen oder auch eigene Netzwerkgruppen oder Blogs zu gründen.

Gerade serviceorientierte Unternehmen erheben regelmäßig zum Beispiel in Pulsbefragungen diesen Mobilisierungsfaktor unter den Mitarbeitern. Der dafür häufig angewandte, aus dem Marketing stammende „Net Promoter Score" basiert auf der einfachen Frage „Sind Sie bereit, Produkte oder Dienstleistungen Ihres Unternehmens an Freunde weiter zu empfehlen?". Zusammen mit der anschließenden Bewertung in einer 10-Punkte Likert-Skala bietet er eine Umfragemethode, die sehr leicht einen Eindruck vom Grad der Mobilisierung im Unternehmen geben kann.

Dennoch ist der Erfolg aller Bemühungen, Mitarbeiter als Fürsprecher zu mobilisieren, bislang eher gering. Die Bereitschaft, Produkte zu empfehlen oder potenzielle Bewerber aktiv anzusprechen, ist international – trotz zum Teil deutlicher nationaler und branchenspezifischer Unterschiede – grundsätzlich eher schwach. Geradezu ernüchternd ist die Tatsache, dass der weitaus größere Teil der Mitarbeiter eher negativ über die eigenen Produkten und Arbeitgebereigenschaften redet: „Detractors were 49 % of the information workers we sampled, while 24 % were neutrals, and only 27 % were promoters." (http://blogs.forrester.com/matthew_brown/10-11-22). Dieses Ergebnis entspricht anderen Untersuchungen rund um Mitarbeiterengagement oder Mitarbeitermobilisierung, die mit vergleichbaren Fragestellungen die Gruppe der Engagierten/Mobilisierten ebenfalls bei rund 30 % (Thomson 2011, S. 18/19; BMAS 2007, S. 114) oder sogar deutlich darunter (Gallup 2010, S. 8) messen.

Untersuchungen aus Großbritannien zur „Employee Advocacy" zeigen darüber hinaus, dass die Bereitschaft, sich in den lokalen oder regionalen politischen Ebenen einzusetzen oder generell positiv zum Beispiel gegenüber Medien oder Multiplikatoren über das Unternehmen zu sprechen, sogar noch geringer ist als Produkte zu empfehlen oder für den eigenen Arbeitgeber zu werben (Thomson 2011, S. 19). Dieser Befund entspricht der Beobachtung, dass sich Erwartungen, Advocacy werde sich generell zum zentralen Handlungsrahmen der Unternehmenskommunikation entwickeln, bislang nicht erfüllt haben.

Das gilt zum Beispiel auch für eine verstärkte politische Mobilsierung von internen Zielgruppen. Nach amerikanischem Vorbild (vgl. Grefe und Linsky 1995) informieren demnach Unternehmen ihre Mitarbeiter über politische Themen und Akteure, die für die Rahmenbedingungen der Branche oder des einzelnen Unternehmens verantwortlich sind und erheblichen Einfluss auf den unternehmerischen Erfolg oder Misserfolg haben können. Ganz im Sinne von Grassroots Lobbying werden Mitarbeiter mobilisiert, um über alle Kontaktpunkte – im Wahlkreis, über Vereine oder Interessenverbände oder in sozialen Netzwerken – Einfluss im Interesse des Unternehmens auszuüben. Dies entspricht in jeder Hinsicht einem agilen Unternehmen, denn durch Grassroots-Strategien hat die Interne Unternehmenskommunikation nicht nur das Ohr ganz nah an externen Bezugsgruppen im Sinn der Quasi-Selbstbeobachtung (vgl. Kap. 7), sondern setzt sich aktiv damit auseinander, sprich verarbeitet die externen Beobachtungen in den geschäftsstrategischen Überlegungen. Dennoch stößt insbesondere in Deutschland diese Form der Mitarbeitermobilsierung nach wie vor auf große Zurückhaltung.

Etwas leichter tun sich deutsche Unternehmen mit der Idee, Mitarbeiter für das Arbeitgebermarketing einzusetzen bzw. sie als Markenbotschafter zu betrachten (vgl. Terpitz 2008; Kreutzer und Salomon 2009). Bedenkt man allerdings, dass der sprichwörtliche „War for Talents" bereits 1997 von McKinsey ausgerufen wurde und schon dort die Rekrutierung durch Mitarbeitermobilsierung als wirkungsvolle Maßnahme empfohlen wurde, so muss man feststellen, dass sich die genannten Umfrageergebnisse auch hier widerspiegeln. In Anbetracht des akuter werdenden Fachkräftemangels dürfte jedoch die Mobilsierung von Mitarbeitern für die Ansprache potenzieller Mitarbeiter deutlich an Bedeutung gewinnen. Dies verlangt einmal mehr eine enge Zusammenarbeit zwischen Personalabteilung und Interner Unternehmenskommunikation.

Ein Arbeitsfeld der Internen Unternehmenskommunikation, in dem besser zu beobachten ist, wie Mobilisierung erreicht werden kann, ist die Mitarbeitermobilisierung im Bereich der Corporate Social Responsibility (CSR). Auch hier geht es zunächst einmal um die grundlegende strategische Orientierung zu schaffen, also beispielsweise zu erklären warum welche gesellschaftliche Anspruchsgruppen besonders adressiert werden und warum andere nicht. Wenn Unternehmen sich entscheiden, eine bestimmte soziale Verantwortung zu übernehmen, dann müssen die internen Zielgruppen für das Thema sensibilisiert werden, damit sie dann wiederum das Engagement ihres Unternehmens zu würdigen wissen. Es geht also um ein internes Agenda-Setting, mit dem die Aufmerksamkeit der internen Zielgruppen auf Themen jenseits des engeren Arbeitsumfeldes gelenkt wird (vgl. Buchholz und Knorre 2010, S. 140).

Dass CSR-Aktivitäten umso wirkungsvoller sind je mehr es gelingt, die Mitarbeiter in solche Aktivitäten mit einzubeziehen, ist eine Erkenntnis, die sich inzwischen breit durchgesetzt hat. Je breiter die Verankerung von CSR in den internen Zielgruppen, desto nachhaltiger ist die Wahrnehmung im gesellschaftlichen Umfeld. Gemeinsame Freiwilligenaktionen für den Umweltschutz, Matchingfonds, aus denen jede Mitarbeiterspende mit einer Unternehmensspende in selber Höhe aufgestockt wird, soziale Praktika oder Arbeitsplatztauschaktionen mit Sozialeinrichtungen stehen deshalb immer öfter auf der Agenda der Internen Unternehmenskommunikation.

Weist man den Mitarbeitern in CSR-Strategien eine solche aktive Rolle zu, dann sehen darin Vertreter einer kritischen Managementlehre Hinweise auf ein gemeinschaftsorientiertes, „post-heroisches" Führungsverständnis aus der Mitte des Unternehmens heraus (vgl. Mintzberg 2009). Der Internen Unternehmenskommunikation kommt in dieser Sichtweise die Aufgabe zu, Führungskräftekommunikation und Mitarbeitermobilisierung so anzulegen, dass sie sich gegenseitig verstärken. Mitarbeiteraktivitäten verlangen Sinn stiftende Führungskommunikation, brauchen persönliche Bestätigung und Lob durch die Führungskräfte und sollen mit Hilfe von „Core Stories" weiter erzählt werden können. Zugleich sollen Mitarbeiter ihrerseits eine Rückmeldung von den betreffenden Bezugsgruppen im Rahmen der CSR-Aktivitäten erhalten, so dass die Beziehung zu den externen Partnern gepflegt und gestärkt wird. Eine Interne Unternehmenskommunikation, die auf Mitarbeitermobilisierung im Rahmen von CSR setzt, ist zudem grundsätzlich geeignet, vertikale wie horizontale interne Kommunikation herzustellen und die „Silos" der hierarchischen Abteilungsstrukturen in Unternehmen aufzubrechen (vgl. Kap. 8). Auch dies gilt als ein typisches Merkmal resilienter Organisationen.

Die Schnittstelle zwischen Interner Unternehmenskommunikation und Personalentwicklung wird im Zuge solcher Aktivitäten immer enger. Auch dies ist – wie oben bereits gesagt – typisch für ein Handlungsfeld, in dem es um die Verbesserung der individuellen Resilienz der Organisationsmitglieder geht. Beide Managementfunktion teilen eine gemeinsame normative Sichtweise: Wer sich außerhalb des Berufes in seinem realen gesellschaftlichen Umfeld engagiert, ist zugleich besser für den Job qualifiziert. Er lernt und vertieft soziale und kommunikative Kompetenzen, Teamfähigkeit, Kreativität und Verantwortungsbewusstsein. Wer weiß, was außerhalb des Unternehmensalltags wirklich passiert, der kann sich zugleich viel besser im Unternehmensalltag zurechtfinden. Und das bringt motivierte Mitarbeiter und zufriedenere Kunden in einem gesellschaftlichen Unternehmensumfeld, in dem sich das Unternehmen als adaptionsfähig erweisen kann.

Alle Beispiele machen deutlich, dass die Interne Unternehmenskommunikation, die Mitarbeiter mobilisieren will, sich über den „Dienst nach Vorschrift" hinaus intern wie extern zu engagieren, einen realistischen Ziel- und Handlungskorridor braucht. Dazu gehört die Erkenntnis, dass es nicht ausschließlich darum geht, Mitarbeiter mit umfangreichen Informationen, Hintergrundwissen oder Belohnungen aller Art im Hinblick auf ein zusätzliches Engagement anzuleiten, sondern es gerade in diesem Bereich der „Extrameile" darauf ankommt, die Voraussetzungen für intrinsische Motivation zu verbessern.

Das bedeutet konkret, attraktive Angebote für Engagement schaffen, starke emotionale Bezugspunkte herstellen, vorbildliche Führungskräfte zeigen und Stolz auf das

Unternehmen vermitteln. Neben den kognitiven sind vor allem emotionale Faktoren notwendig, damit sich Mitarbeiter selbst leichter entscheiden können, sich über das notwendige Maß hinaus für die Interessen ihres Unternehmens einzusetzen (vgl. Kap. 13). Dennoch bleibt gerade das aktive, positive Zugehen auf Dritte eine individuelle Entscheidung, für die Interne Unternehmenskommunikation den Boden bereiten kann – nicht mehr und nicht weniger.

Zu einem realistischen Ziel- und Handlungskorridor gehört darüber hinaus die Erkenntnis, dass grundsätzlich nicht alle internen Zielgruppen gleichermaßen für Engagement oder Mobilisierung bzw. Advocacy gewonnen werden können. Im Hinblick auf eine effektive und effiziente Interne Kommunikation ist es deshalb sinnvoll, im Rahmen des Zielgruppenmanagements vor allem die positiv engagierte Gruppe der Innovatoren und frühen Umsetzer (vgl. Kap. 13) mit Priorität zu adressieren und sie in ihrem außerordentlichen Engagement zu bestärken. Schließlich muss die Interne Unternehmenskommunikation darüber hinaus berücksichtigen, dass selbst Führungskräfte nicht ohne Weiteres zu den mobilisierten Gruppen gehören (vgl. Thomson 2011, S. 19–20) und damit ebenfalls zu einer der vorrangigen Zielgruppen der Internen Unternehmenskommunikation zählen (vgl. Kap. 14).

Insgesamt bleibt die Mobilisierung der Mitarbeiter für die externen Interessen des Unternehmens gerade vor dem Hintergrund der Resilienzfrage eines der zentralen Ziele der Internen Unternehmenskommunikation (vgl. Kap. 3) Die logische Argumentationskette ist einfach: Eine effektive sinnstiftende interne Kommunikation sorgt dafür, dass Mitarbeiter die Reputation ihres Unternehmen höher einschätzen (vgl. Men 2010; White et al. 2010, S. 69), dieser Stolz wiederum führt dazu, dass sie bereit sind, positiv über das Unternehmen zu sprechen und sich über den „Dienst nach Vorschrift" hinaus für die strategischen Ziele ihre Unternehmens zu engagieren. „Going the extra mile in role behavior und organizational citizenship (van Riel 2010, S. 2) – auf diese Mobilisierung im Sinne einer Verbesserung der Leistungsbereitschaft der Mitarbeiter zielt die Interne Unternehmenskommunikation. In resilienten Unternehmen umfasst sie sowohl das Engagement im Rahmen der eigentlichen Arbeitnehmertätigkeit als auch die darüber hinaus gehende Mobilisierung als Fürsprecher gegenüber externen Bezugsgruppen aufzutreten.

Teil V

Ausblick

Interne Unternehmenskommunikation in resilienten Organisationen: Das Konzept für Agilität als Navigationshilfe durch unsichere Zeiten

18

Wie die vorangegangenen Kapitel dieses Buches gezeigt haben, nimmt die Interne Unternehmenskommunikation in Organisationen, die auch in turbulenten Zeiten mit ihren komplexen, häufig nicht vorhersehbaren wirtschaftlichen, politischen und gesellschaftlichen Umbrüchen bestehen und sich vor allem wettbewerbsfähig weiterentwickeln wollen, eine neue Position ein. Die heute noch gängige Ausrichtung ist eher die einer Filterfunktion, in der die Interne Unternehmenskommunikation in der Regel vertikal angelegte Informationen unter Berücksichtigung inhaltlicher Relevanz und der Art beziehungsweise Tiefe der Komplexität aufbereitet und diese Inhalte im Sinne der Zielgruppen über die richtigen Kanäle sowie im Sinne der Unternehmensführung (einschließlich rechtlicher Vorgaben) mit der richtigen zeitlichen Taktung vermittelt (vgl. auch Huck-Sandhu 2011, S. 10). Aber selbst wenn dies mit der größtmöglichen Professionalität geschieht, indem die Funktionsinhaber die Kommunikationsmaßnahmen stets eindeutig an den Unternehmenszielen ausrichten und sich bei der Umsetzung konsequent an den Bedürfnissen und Kenntnissen ihrer internen Bezugsgruppen orientieren, reicht diese Vorgehensweise in Organisationen mit einer auf Resilienz ausgerichteten Strategie nicht mehr aus. In derart geführten Unternehmen wird die Funktion der Internen Unternehmenskommunikation, wie wir gesehen haben, zu einer integralen Komponente der Unternehmensführung mit Steuerungs- und Organisationsentwicklungsaufgaben.

Resiliente Organisationen zeichnen sich, wie erläutert, durch spezifische Eigenschaften aus, die sie in die Lage versetzen, ihre Geschäftsziele auch bei unerwarteten Störungen, in großen Krisen oder gar Katastrophen verfolgen und erreichen zu können, indem sie sich den Gegebenheiten stets flexibel anpassen und sich von möglichen negativen Begleitumständen immer wieder rasch erholen. Dabei ist nicht nur von Bedeutung, wie effektiv die einzelnen Unternehmensbereiche selbst arbeiten, sondern vor allem, wie effektiv sie zusammenarbeiten (vgl. Dalziell und McManus 2004, S. 4). Das Planen und Handeln resilienter Organisationen bestimmen die drei Faktoren Wachsamkeit, Vulnerabilität und Agilität (vgl. Kap. 2). Insbesondere die Agilität macht eine spezifische Unternehmenskul-

U. Buchholz, S. Knorre, *Interne Unternehmenskommunikation in resilienten Organisationen*,   167
DOI 10.1007/978-3-642-30724-9_18, © Springer-Verlag Berlin Heidelberg 2012

tur erforderlich, die im Wesentlichen charakterisiert ist durch Resilienzwissen, Kreativität, Transparenz und Kommunikation (vgl. Stephenson 2010, S. 105, 245).

Diese auf Resilienz fokussierte Unternehmenskultur, so haben wir im Verlauf dieses Buches gezeigt, stellt die Fähigkeit und Befähigung ihrer Mitglieder in den Vordergrund, eigenständig, verantwortlich, wachsam und kooperativ auf der Basis gemeinsam getragener Werte und Prinzipien im Sinne der Unternehmensziele mit einigem Improvisationsgeschick lösungsorientiert zu handeln, um dem Unternehmen auch in schwierigen Zeiten durch Innovationen und neue Impulse einen Wettbewerbsvorteil zu ermöglichen. Dazu muss die Organisation Abschied nehmen von der häufig noch zu beobachtenden Silo-Mentalität, die Transparenz sehr opak interpretiert und Kommunikation eher zum Zweck der Abgrenzung einsetzt. Informationen aus internen wie aus externen Quellen werden als kostbares Gut verstanden, das systematisch erhoben werden muss, um daraus Wissen generieren zu können, mit welchem die Vulnerabilität der Strukturen und Prozesse minimiert und das Unerwartete gelassener erwartet werden kann. Dabei sehen sich alle Mitarbeiter in der Verantwortung und sie sind gewillt, über ihren eigenen Tellerrand hinauszusehen, so dass sie im Notfall kurzfristig auch andere Aufgaben übernehmen können. Sie verstehen sich als fest eingebunden in die Belange des Unternehmens und engagieren sich, weil sie die Verbindung (um nicht zu sagen „Verlinkung") ihrer Arbeit mit der Unternehmensresilienz und seines langfristigen Erfolges begreifen. Die Organisation wertschätzt die Vielfalt der kreativen Optionen, die ihre Mitarbeiter aufgrund ihrer Fähigkeiten, Kenntnisse und Persönlichkeit einbringen können und fördert ihren Einsatz zum Nutzen neuer Ideen, mit denen bestehende und neue Probleme innovativ gelöst werden können. Dazu erhalten die Mitarbeiter die Entscheidungsvollmacht im Rahmen ihrer Aufgaben und ihrer damit verbundener Expertise, so dass sie adäquat auf Störfälle und Krisensituationen reagieren können, wo ihr Wissen oder Können unmittelbar und rasch erforderlich ist. Die entsprechende Führungsphilosophie im Unternehmen folgt den Prinzipien transformativer Führung, die unternehmerisches Handeln insbesondere in Krisenzeiten wirkungsvoll unterstützt und in einem vertrauenswürdigen, loyalen Miteinander eine grundsätzliche Wachsamkeit gegenüber internen und externen Veränderungen fördert. Dies schließt eine offene und vertrauensvolle Kommunikation ein, wodurch in allen Richtungen über alle Ebenen hinweg ein kontinuierlicher Austausch über gute und schlechte Nachrichten die Organisation betreffend erfolgt und so auch wichtige „early warnings" ausgelöst werden können. (Vgl. dazu auch Stephenson 2010, S. 245).

Die vorangegangenen Kapitel dieses Buches haben gezeigt, dass der Erfolg resilienter Organisationen über eine deutlich gestärkte interne Kommunikation führt. Für das Managen von Resilienz, so sollte deutlich geworden sein, sind hochkommunikative Prozesse nötig, für deren Einrichtung und Steuerung das Kommunikationsmanagement weit besser das notwendige Know-how hat als andere Unternehmenseinheiten. Dieser Umstand wiederum führt zu einer signifikanten Umgestaltung der organisatorischen, strukturellen und funktionalen Merkmale der handelnden Kommunikationsdisziplinen, in unserem Fall der Internen Unternehmenskommunikation. Statt in der heute meist üblichen vertikal orientierten Filterfunktion von unternehmensbezogenen Inhalten zu verharren, entwickelt sich die Interne Unternehmenskommunikation in resilienten Organisationen zu einer Kartografin, die solche Inhalte zwar ebenfalls erfasst und im Sinne der Unternehmensziele interpretiert beziehungsweise bewertet, sie aber nun nicht einfach durchreicht, sondern eine im übertragenen Sinn topografische Straßenkarte anlegt, mit deren Hilfe sich die Organisationsmitglieder beim Navigieren durch unbekanntes oder unwegsames Gelände orientieren können. Obwohl die Navigation weitgehend selbständig durch die Organisationsmitglieder erfolgen kann, da sie sich auf Basis gemeinsamer Werte und Prinzipien auf ein allgemein gültiges, quasi automatisches, „Resilienz-Navigationssystem" verlassen können, macht die Interne Unternehmenskommunikation auf Wegweiser aufmerksam und unterstützt beim Navigieren, wo es die Lage nötig macht. Vor allem sorgt sie aber für die Wartung und Aufrechterhaltung des „Resilienz-Navigationssystems" und gestaltet organisationales Resilienzwissen, mit dessen Hilfe die Reisenden ihre Entscheidungen und Handlungen immer wieder mit Blick auf ablaufende oder anstehende Transformationsprozesse überprüfen und anpassen können. Indem sie den Mitgliedern der Organisation so eine Orientierungssicherheit gibt, stützt und fördert die Interne Unternehmenskommunikation in ihrer zentralen Funktion die Agilität der Organisation. Ziel aller ihrer Maßnahmen ist der grundsätzliche Erhalt der organisationalen Handlungsfähigkeit auch in Zeiten von Unsicherheit und großer Umbrüche.

Merkmale einer auf Agilität ausgerichteten Unternehmenskultur	Beiträge der Internen Unternehmenskommunikation
• Realitätssinn	• Größtmögliche Transparenz herstellen
• Wachsamkeit	• Extern mit intern verbinden
• Aufgeschlossenheit	• Beobachtungen fördern und für Strategieentwicklung verarbeiten
• Eigeninitiative	• Selektion von Informationen gestalten
• Wertschätzung von Vielfalt	• Irritationen zulassen und Differenzen kenntlich machen
• Akzeptanz von Kontingenz	• Orientierung jederzeit sicherstellen
• Kreativität und Improvisationsfähigkeit	• Gegenstromprinzip verankern
• Situatives statt plandeterminiertes Handeln	• Informelle Kommunikation stärken
• Horizontale und vertikale Kommunikation und Kooperation	• Führungspersönlichkeiten aufbauen
• Eigenverantwortung	
• Delegation von Verantwortung	
• Transformatives Führungsverständnis	

Welche Transformation muss die Interne Unternehmenskommunikation dafür ihrerseits eingehen? Wir haben gezeigt, dass die hier untersuchte Kommunikationsdisziplin organisatorisch in der Unternehmensführung verankert sein muss (Kap. 9), da sie die für die kontinuierliche resilienzbezogene Strategiefindung und –gestaltung erforderlichen Kommunikationsprozesse mit den darüber zu generierenden strategisch relevanten Informationen verantwortet. Dazu zählen in erster Linie die planmäßige Selbstbeobachtung (Kap. 7), das damit verbundene Bezugsgruppenmanagement (Kap. 12) und die entsprechend ausgestalteten vertikalen und horizontalen Kommunikationsflüsse (Kap. 8), die zudem zum Zweck eines umfassenden, schnell arbeitenden Wissensmanagements miteinander vernetzt werden müssen (Kap. 5, 6, 7, 14, 16). Und nur auf dieser Basis, auch das wurde deutlich gemacht, hat die Einrichtung von Web 2.0-Strukturen in der Organisation (Kap. 10 und 15) eine sinnvolle, da strategisch begründete, Grundlage.

Die Verantwortlichen der Internen Unternehmenskommunikation müssen aber vor allem zu einem geänderten Selbstverständnis ihrer Disziplin finden, welches sich zugunsten der Anforderungen an die Mitarbeiter in resilienten Organisationen entwickeln muss. Wir haben in diesem Zusammenhang schon mehrfach Charakteristika wie Eigenständigkeit, Verantwortlichkeit, Wachsamkeit, Kooperationsbereitschaft, Improvisationsfähigkeit und Lösungsorientierung genannt (vgl. auch Stephenson 2010, S. 245). Um diese Eigenschaften zu fördern, ist es sinnvoll, dass die Funktionsinhaber sich nicht mehr an dem Prinzip der Mitarbeiterbindung ausrichten, sondern ihre Kommunikationsstrategie auf dem Grundsatz der Orientierungssicherheit aufbauen (Kap. 3). Diese kann den Mitarbeitern unter den gegebenen Umweltbedingungen Verlässlichkeit vermitteln und lässt auf der allen vorliegenden Straßenkarte Richtungen erkennen, die die Mitarbeiter selbständig und verantwortlich aufgreifen und „bereisen". Insgesamt muss die Interne Unternehmenskommunikation dafür sorgen, dass sich vielfältiges Resilienzwissen entwickelt, weil dies die einzige verlässliche Grundlage für eine sichere Reise in unsicheren Zeiten ist. Die Mitarbeiter müssen verstehen, warum ihr Unternehmen im Moment die eine Strategie verfolgt, um sie im nächsten Moment aus gegebenem Anlass wieder zu verlassen oder abzuändern (Kap. 4 und 5). Um dieses situativ orientierte Verhalten akzeptieren und sogar aktiv unterstützen zu können, müssen sie den Prozess der Strategiefindung an sich verstehen (Kap. 4) und eigenes zielgerichtetes Engagement einbringen können (Kap. 7, 10 und 17). Eine zentrale Aufgabe der Internen Unternehmenskommunikation ist dabei nicht zuletzt ein adäquates Themenmanagement (Kap. 5, 6 und 16).

Ein weiteres Handlungsfeld der Internen Unternehmenskommunikation ist die Unterstützung einer Resilienz orientierten Führungsphilosophie. Diese baut auf Vertrauen, Kooperation und ein insgesamt transformatives Verständnis von Führung auf. Ein solches Leadership ist inspirierend und vermittelt Impulse für alle Mitglieder der Organisation. Auf dieser Basis balanciert es stets die Bedürfnisse der Bezugsgruppen mit den Anforderungen der Geschäftsprioritäten aus, und zwar gleichermaßen in ruhigen Zeiten wie unter den Vorzeichen von Transformation oder Krisen. (Vgl. Stephenson 2010, S. 109–111.) Um diesem Leadership dienen zu können, muss die Interne Unternehmenskommunikation die Führungskräftekommunikation so organisieren und ausrichten, dass diese eine transformative Führungskommunikation unmittelbar unterstützen kann (Kap. 14). Ebenso muss die Interne Unternehmenskommunikation die Führung unterstützen, indem sie, vor allem durch ein entsprechendes Themenmanagement, Wissen in der Organisation gestaltet, das Veränderung als Prinzip der Unternehmensführung versteht (Kap. 5), das die Prävention von Krisen einerseits und die Nutzung derselben andererseits als Aufgabe jedes einzelnen Organisationsmitglieds versteht (Kap. 6), das kooperatives Handeln als eine Interaktion im Gegenstromprinzip versteht (Kap. 8 und 14), das die Vielfalt von Meinungen, Kenntnissen und Fähigkeiten als unverzichtbare Ressource für die Bewältigung von Komplexität versteht (Kap. 16) und das die Mitarbeiter für die Interessen des Unternehmens mobilisieren kann (Kap. 17).

Um den geschilderten Funktionen und Aufgaben gerecht werden zu können, wird sich die Interne Unternehmenskommunikation vielerorts neu aufstellen müssen. Zum einen muss sie neben den in der Regel schon funktionierenden vertikalen Strukturen auch horizontal wirksame, hierarchiefreie Kommunikationsstrukturen aufbauen (Kap. 8), was heute noch nicht üblich ist. Insgesamt müssen die Kommunikationswege und –medien so aufgebaut und bedient werden, dass die unterschiedlichen Informationstypen im Unternehmen adäquat erreicht werden können und sich so das wettbewerbsentscheidende Resilienzwissen entwickelt (Kap. 13). Außerdem muss die Interne Unternehmenskommunikation ihr Eigencontrolling auf Resilienztauglichkeit ausrichten (Kap. 11), so dass die Förderung der organisationalen Agilität und die Sicherung der Vulnerabilitätsvorsorge dadurch unmittelbar unterstützt werden. Im Sinne umfassender Resilienz wäre es darüber hinaus sinnvoll, wenn ihre Leistung grundsätzlich Teil des gesamtstrategischen Controllings wäre (Kap. 11).

Fasst man diese organisatorischen, strukturellen und funktionalen Anforderungen an die Interne Unternehmenskommunikation in resilienten Organisationen zusammen, so kann sie ihre Kommunikationsstrategie nicht mehr wie bisher dem Konzept für Mobilisierung verpflichten, sondern sie muss ihre Aktivitäten an einem erweiterten Konzept für Agilität ausrichten (Kap. 2).

Vor dem hier dargestellten Hintergrund der neuen Funktionen und Aufgaben der Internen Unternehmenskommunikation müssen auch aktuelle Strömungen im Feld der (Internen) Organisationskommunikation neu beleuchtet werden, die vielfach sehr eigenständig daherkommen, bei näherer Betrachtung aber kaum anders eingeordnet werden können als Teilaspekte einer grundsätzlichen wertschöpfungsorientierten kommunikativen Aufgabe in beziehungsweise von Organisationen. Und damit müssen sie auf den Prüfstein der Anforderungen an die Kommunikation in und von resilienten Organisationen gelegt werden. Wenn man die Ausführungen dieser Strömungen genauer betrachtet, handelt es sich tatsächlich um Inhalte, die dem Themenmanagement zugeordnet werden können (z. B. Innovationskommunikation) oder dem Bezugsgruppenmanagement (z. B. HR- bzw. Personalkommunikation, Employer Branding, CEO-Kommunikation) oder beide Felder gleichermaßen abdecken (z. B. Change Communication bzw. Veränderungskommunikation und Social Media, besser deren Einsatz in der Kommunikationsarbeit). Über die Relevanz aller hier aufgeführten Themen muss nicht diskutiert werden. Sie ist offensichtlich, entstammen sie doch augenscheinlich einem wirtschaftlich getriebenen Bedarf der Organisationsführung. Aber zumindest im Rahmen der Betrachtungen zur Internen Unternehmenskommunikation bedürfen sie keinen eigenen Auftritt, solange die Disziplin so umfassend angegangen wird, wie im vorliegenden Buch beschrieben.

Das Innovationsmanagement etwa ist vor dem Hintergrund starker Wettbewerbseffekte der Globalisierung seit einigen Jahren ein dominierendes Thema in vielen Unternehmen. In resilienten Organisationen wird es gar als integraler Bestandteil der Unternehmensführung betrachtet (vgl. Stephenson 2010, S. 112 f.; Heitger und Serfaß 2011). In dem einen wie anderen Fall ist es die Aufgabe der Internen Unternehmenskommunikation, die Mitarbeiter durch die richtige Themensetzung für die Notwendigkeit zur Entwicklung und Gestaltung von innovativen Produkten beziehungsweise Dienstleistungen, Strukturen und Prozessen zu sensibilisieren, der Unternehmensführung die Anpassung der Unternehmenskultur an diese Erfordernisse bewusst zu machen und im Rahmen ihrer Möglichkeiten entsprechende Kommunikationsprozesse und -strukturen zu schaffen. Der Umstand, dass sich seit Jahren aber eine ausgewiesene Innovationskommunikation etabliert hat, die nichts anderes offeriert, macht deutlich, dass das hauseigene Kommunikationsmanagement diese essenzielle Aufgabe wohl häufig für die Unternehmensführung nicht zufriedenstellend verfolgt.

Dasselbe kann man für die Genese der HR-Kommunikation oder auch Personalkommunikation unterstellen, die vermehrt im Bereich des Personalmanagements angesiedelt wird und insgesamt als Aspekt des Reputationsmanagements zum Einsatz kommt. Ziel ist es, eine qualitative Steigerung von Motivations- und Identifikationsansätzen für die Mitarbeiter zu bewirken (vgl. dazu auch Buchholz und Knorre 2010, S. 150–154). Die Sicherung von Motivation und Identifikation gehört aber seit jeher zu den klassischen Aufgaben der Internen Unternehmenskommunikation. Dennoch scheint der unbefriedigte Bedarf der Mitarbeiterbindung in den letzten Jahren groß genug geworden zu sein, um aus Sicht der Unternehmensführung Maßnahmen einleiten zu müssen. Die Bewältigung dieser Aufgabe wird offenbar immer häufiger nicht mehr auch der Kompetenz der Internen Unternehmenskommunikation zugeschrieben, sondern ausschließlich im Personalbereich verortet. Womöglich orientieren sich die Verantwortlichen der Internen Unternehmenskommunikation in solchen Fällen zu oft an journalistischen Aufgaben – möglicherweise, weil sie häufig aus diesem Bereich stammen. Ihnen geht es dann eher darum, den Mitarbeitern die (Unternehmens)Welt zu erklären als sie emotional und rational für das Unternehmen als Leistungsträger anzusprechen und zu halten. Die Unternehmensführungen haben den erhöhten Bedarf erkannt, ihre Kommunikationsfachleute aber offenbar noch keine adäquaten Lösungen gefunden. Kein Wunder, dass diese essenzielle Aufgabe der Mitarbeitermobilisierung und -integration dann als selbständige Disziplin ausgerufen und einer vermeintlich kompetenteren Organisationseinheit zugeordnet wird. Resiliente Organisationen betrachten die umfassende Einbindung der Mitarbeiter in das unternehmerische Geschehen als wettbewerbsentscheidend. Denn die Unternehmen sind angesichts zu gewärtigender unerwarteter Störungen und Krisen mehr denn je angewiesen auf das ungebrochene Engagement und die Agilität ihrer Mitarbeiter. Die Entwicklung und der Schutz des Unternehmens ist nach diesem Verständnis Jedermanns Angelegenheit in der Organisation und wird von seinen Mitgliedern auch so verstanden und verfolgt (vgl. Stephenson 2010, S. 98 f.).

Der Bindung und Mobilisierung der Mitarbeiter dient auch das Employer Branding, das sich ursprünglich zur Ansprache und letztlich Gewinnung von Fachkräften etabliert hat – häufig aber auch nicht in der Kommunikationsabteilung angesiedelt ist, sondern beim Personalmanagement. Potenzielle Mitarbeiter sollen über das besondere Profil des

Unternehmens auf dasselbe aufmerksam gemacht werden, und auch die eigenen Mitarbeiter sollen für die eigene Marke begeistert und so zum Zwecke eines gesteigerten Engagements mehr an das Unternehmen gebunden werden. Hier scheinen in der Vergangenheit sowohl die externe wie die interne Kommunikation vielerorts wenig zufriedenstellend gearbeitet zu haben. Denn das Bezugsgruppenmanagement, das zu einer vertrauensvollen Beziehung von externen wie internen Bezugsgruppen zum Unternehmen führen soll, ist eigentlich die einzige Begründung für das Einrichten und Budgetieren eines Kommunikationsmanagements.

Da kann man nur hoffen, dass das neuerdings eröffnete Forschungsfeld der Vertrauenskommunikation im Bereich der Kommunikationswissenschaft bleibt und dort gepflegt wird und nur ihre Erkenntnisse über Vertrauensbildung und -aufrechterhaltung Niederschlag in der Praxis und vor allem in der Kommunikationsberatung findet. Denn anders, wenn auch der Begriff als Disziplin in der Praxis etabliert würde, müsste man davon ausgehen, dass der Vertrauensverlust von Organisationen in der Gesellschaft im allgemeinen als so groß angesehen wird, dass auch ein vertrauensbasiertes Kommunikationsmanagement aktuellen Zuschnitts unglaubwürdig geworden ist und nur eine neuartige Vertrauenskommunikation Rettung für abgeschlagene Organisationen bringen kann.

Das Aufkommen der hier umrissenen Strömungen des Kommunikationsmanagements ist, wie schon erwähnt, nachvollziehbar. Sie decken einen Bedarf nach Kommunikation ab, der sich in der Gesellschaft und in der Wirtschaft herausgebildet hat. Ein wenig Besorgnis erregend ist allerdings, dass sich die „Mutterdisziplinen" des Kommunikationsmanagements bisher nur wenig um eine Konsolidierung bemüht haben. Im Grunde sind alle diese Strömungen eine Art verdeckte Operationen, sowohl aus dem Bereich der Internen wie auch der Externen Kommunikation. Sie werden aber häufig dort gar nicht oder nur als Mitläufer geführt. Vor allem bei der Internen Kommunikation fängt das an bei der Veränderungskommunikation, die vor langen Jahren ebenfalls wegen eines stark erhöhten Bedarfs der Mitarbeitermobilisierung aufkam, welcher aber von der regulären Internen Organisationskommunikation nicht bewältigt wurde (vgl. dazu auch Buchholz und Knorre 2010, S. 97–100), geht über die nur unzureichend befriedigende kommunikative Ausgestaltung essentieller unternehmerischer Themen wie zum Beispiel das Innovationsmanagement und steht derzeit beim erneut erhöhten Bedarf des Mitarbeiterengagements, dessen Ansprache vielerorts aber über die HR-Kommunikation und das Employer Branding erfolgt.

Spätestens an dieser Stelle sollte deutlich geworden sein, dass der zukunftsweisende Entwurf der Resilienz geführten Organisation wie kein anderer geeignet ist, alle kommunikativen Anforderungen unter dem Dach der Internen Unternehmenskommunikation zu vereinen. Und das Konzept für Agilität zeigt mit allen seinen in diesem Buch aufgeführten Facetten, dass eine Ausdifferenzierung nach intern und extern keinen Sinn mehr macht, wenn man das Bezugsgruppenmanagement mit allen erforderlichen Strukturen und Prozessen als Basis eines General Managements ganzheitlich betrachtet. Es wird Zeit, dass sich die Interne Unternehmenskommunikation ihr Feld zurück erobert und es als Funktion eben dieses General Managements ausweitet. Es ist keine Frage, dass der erhöhte

Kommunikationsbedarf von mehr und mehr Unternehmensleitungen gesehen wird. Es ist aber die Frage, wer diese Funktion ausfüllen wird. Wenn die Kommunikationsverantwortlichen sich nicht besinnen, werden wir möglicherweise doch erleben, dass die klassische Interne Unternehmenskommunikation bei ihren sehr oft freiwillig gewählten journalistischen Aufgaben stecken bleibt und ihren Wertschöpfungsbeitrag weiterhin in der Anwendung und Verbesserung der journalistischen Qualität sieht. Gut, dann wird sich ein anderer Bereich des Kommunikationsmanagements herausbilden müssen, der sich auf die Steuerung komplexer kommunikativer Prozesse versteht, und er wird vielleicht Organizational Resource Management heißen. In jedem Fall kann es im Sinne eines wertschöpfungsorientierten Bezugsgruppenmanagements nur sinnvoll sein, die vielfältigen Aufgaben 1. dem Kommunikationsmanagement zuzuweisen und sie 2. in eine koordinierende Hand zu legen, statt immer mehr (vermeintlich) neue Disziplinen auszurufen.

Literatur

Andres S (2004) Internationale Unternehmenskommunikation im Globalisierungsprozess. VS Verlag für Sozialwissenschaften, Wiesbaden

Baecker D (2003) Organisation und Management. Suhrkamp, Frankfurt a. M.

Bateson G (1982) Geist und Natur – eine notwendige Einheit. Suhrkamp, Frankfurt a. M.

Besson NA (2003) Strategische PR-Evaluation. Erfassung, Bewertung und Kontrolle von Öffentlichkeitsarbeit. Westdeutscher Verlag, Wiesbaden

Bogumil J, Schmid J (2001) Politik in Organisationen. Organisationstheoretische Ansätze und praxisbezogene Anwendungsbeispiele. Leske + Budrich, Opladen

Bowen SA (2009) What communication professionals tell us regarding dominant coalition access and gaining membership. J Appl Commun Res 37(4):418–443

Bowen S, Rowlins B, Martin T (2010) An overview to the public relations function. Business Expert Press, New York

Bremmer I, Keat P (2009) The fat tail: the power of political knowledge for strategic investing. Oxford University Press

Brown M (2010) Employee advocates emerge from empowered workforce. http://blogs.forrester.com/matthew_brown/10-11-22_employee_advocates_emerge_from_empowered_workforce. Zugegriffen: 30. Aug. 2012

Buchholz U (2006) Mitarbeiterbindung in Zeichen von Unsicherheit. Verständnis für Zusammengehörigkeit schaffen, statt Wir-Gefühl vergangener Zeiten beschwören. In: Bentele G, Piwinger M, Schönborn G (Hrsg) Kommunikationsmanagement (Loseblattwerk). Neuwied [u. a.], Beitrag 3.41

Buchholz U (2010) Interne Unternehmenskommunikation im Wandel der Zeit. Ihre Entwicklung und ihre Modelle als Instrument der Unternehmensführung. In: Bentele G, Piwinger M, Schönborn G (Hrsg) Kommunikationsmanagement (Loseblattwerk). Neuwied [u. a.], Beitrag 3.69

Buchholz U, Knorre S (2010) Grundlagen der Internen Unternehmenskommunikation. Helios Media, Berlin

Bughin J, Chui M (2010) The rise of the networked enterprise: Web 2.0 finds its payday. McKinsey Q December 2010. http://www.mckinseyquarterly.com/The_rise_of_the_networked_enterprise_Web_20_finds_its_payday_2716. Zugegriffen: 30. Aug. 2012

Bundesministerium für Arbeit und Soziales (2005) Unternehmenskultur, Arbeitsqualität und Mitarbeiterengagement in den Unternehmen in Deutschland. Abschlussbericht Forschungsprojekt Nr. 18/05. Berlin

Chen S, Chaiken S (1999) The heuristic-systematic model in its broader context. In: Chaiken S, Trope Y (Hrsg) Dual-process theories in social psychology. Guilford Press, New York

Cisco Social Media-Studie (2012) http://www.cisco.com/web/DE/presse/meld_2010/16-04-2010-studie_zeit.html. Zugegriffen: 30. Aug. 2012

U. Buchholz, S. Knorre, *Interne Unternehmenskommunikation in resilienten Organisationen*,   175
DOI 10.1007/978-3-642-30724-9, © Springer-Verlag Berlin Heidelberg 2012

Clausewitz C von (2010) Vom Kriege, als Handbuch bearbeitet und mit einem Essay „Zum Verständnis des Werkes" herausgegeben von Wolfgang Pickert und Wilhelm Ritter von Schramm, Rowohlts Klassiker der Literatur und der Wissenschaft, 18. Aufl. Rowohlt, Reinbek

Coutu DL (2002) How resilience works. Harvard Bus Rev 80(5):46–55

Dalziell EP, McManus S (2004) Resilience, Vulnerability, and Adaptive Capacity: Implications for System Performance. Paper presented at the International Forum for Engineering Decision Making. Canterbury, N.Z

Diener K, Piller FT (2010) The market for open innovation. Increasing the efficiency and effectiveness of the innovation process. http://mass-customization.blogs.com/files/extract_the-market-of-open-innovation_2010-report.pdf. Zugegriffen: 5. Jan 2012

Dörfel L (Hrsg) (2008) Instrumente und Techniken der Internen Kommunikation. Trends, Nutzen und Wirklichkeit. Prismus, Berlin

Dörfel L, Schulz T (Hrsg) (2011) Social Media in der Unternehmenskommunikation. Prismus, Berlin

DPRG/ICV (Hrsg) (2011) Positionspapier Kommunikations-Controlling. DPRG e.V., Bonn/ICV e.V., Gauting

Duschek S, Sydow J (2002) Ressourcenorientierte Ansätze des strategischen Managements – Zwei Perspektiven auf Unternehmenskooperation. http://www.iou.uzh.ch/orga/downloads/WiSt-Duschek-Sydow.pdf. Zugegriffen: 30. Aug. 2012

EFQM (2009) EFQM Excellence Modell. Exzellente Organisationen erzielen dauerhaft herausragende Leistungen, die die Erwartungen aller ihrer Interessengruppen erfüllen oder übertreffen. EFQM, Brüssel

Engelen A, Thalmann J, Brettel M (2011) Macht und Einfluss verschiedener Abteilungen in frühen und späten organisationalen Lebenszyklusphasen. Z Betriebswirtschaft 81:295–236

Enterprise 2.0 Fallstudien. Aus Erfahrung lernen. http://www.e20cases.org/. Zugegriffen: 5. Jan 2012

FAZ Blog Netzökonom (2011) Social Media: Kluft zwischen Dax-30-Unternehmen wächst schnell. http://faz-community.faz.net/blogs/netzkonom/archive/2011/03/07/social-media-kluft-unter-dax-unternehmen-waechst-schnell.aspx. Zugegriffen: 5. Jan 2012

Felfe J (2008) Mitarbeiterbindung. Hogrefe, Göttingen [u. a.]

Fink S, Zerfaß A (2010) Social Media Governance 2010. http://www.ffpr.de/fileadmin/user_upload/PDF-Dokumente/Social_Media_Governance_2011_-_220811_Final.pdf. Zugegriffen: 5. Jan 2012

Forrester Social Technographics (2010) http://www.forrester.com/empowered/ladder2010. Zugegriffen: 5. Aug. 2011

Freeman RE (1984) Strategic management. A stakeholder approach. Pitman Publishing, Marshfield

Freeman RE (2004) The stakeholder approach revisited. Z Wirtsch Unternehm 3:228–241

Frenzel K, Müller M, Sottong H (2008) Interne Kommunikation im Wandel: Eine Storytelling-Studie zu Problemen, Perspektiven und Lösungsversuchen aus der Sicht von IK-Verantwortlichen deutscher Großunternehmen. SYSTEM + KOMMUNIKATION, München

Gallup Inc (2011) Gallup Engagement Index 2010. http://eu.gallup.com/Berlin/118645/Gallup-Engagement-Index.aspx. Zugegriffen: 4. Jan 2012

Grefe EA, Linsky M (1995) The new corporate activism: harnessing the power of grassroots tactics for your organization. McGraw-Hill, New York

Grunig JE (2009) Paradigms of global public relations in an age of digitalization. Prism 6(2). http://www.prismjournal.org/fileadmin/Praxis/Files/globalPR/GRUNIG.pdf. Zugegriffen: 10. Jan. 2012

Grunig JE (Hrsg) (1992) Excellence in public relations and communication management. Erlbaum, Hillsdale

Grunig LA, Grunig JE, Dozier D (2002) Excellent public relations and effective organizations: a study of communication management in three countries. Erlbaum, Mahwah

Guery I (2007) Bewertungsmethoden und Erfolgsfaktoren von Public Relations als Organisationsfunktion in Unternehmen und deren Einfluss auf den Unternehmenserfolg in Theorie und

Praxis, Dissertation Universität Freiburg Schweiz. http://ethesis.unifr.ch/theses/downloads. php?file=GueryI.pdf. Zugegriffen: 10. Jan 2012

Heitger B, Serfass A-N (2011) Dem Zufall ein Schnippchen schlagen. Durch Resilienz Unerwartetes meistern. Rev Postheroisches Management 6:20–26

Hofmann T (2007) Interne Krisenkommunikation. In: Dörfel L (Hrsg) Interne Kommunikation: Die Kraft entsteht im Maschinenraum. SCM, Berlin, S 219–238

Horlohe T (2011) Woher und wohin „Strategie"? Ein Streifzug durch die Geschichte eines Modebegriffs. Z Politikberatung 3:399–420

Horváth P (2006) Controlling. 10., vollst. überarb. Aufl. Vahlen, München

Huck-Sandhu S (Hrsg) (2010) Interne Organisationskommunikation. Eine empirische Untersuchung von Bedürfnissen, Motiven und Interessen von Mitarbeitern. Universität Hohenheim, Fachgebiet Kommunikationswissenschaft und Journalistik, Stuttgart

Huck-Sandhu S, Spachmann K (2011) Interne Kommunikation 2.0. Möglichkeiten und Grenzen in Zeiten des Wandels. Universität Hohenheim, Fachgebiet Kommunikationswissenschaft und Journalistik, Stuttgart

Huck-Sandhu S, Spachmann K (2010) Zwischen Strategie und Schnellschuss: Interne Kommunikation in der Wirtschaftskrise, Universität Hohenheim. https://komm-management.uni-hohenheim.de/fileadmin/einrichtungen/media/Dokumente/Teilnehmerbericht_Zwischen_Strategie_und_Schnellschuss_Interne_Kommunikation.pdf. Zugegriffen: 30. Aug. 2012

Huhn J (2010) Bewertung von Business Excellence in der Unternehmenskommunikation. Masterarbeit an der Fachhochschule Hannover, Hannover

Hurst DK (2001) Strategy. Sun Tzu, von Clausewitz, Drucker and other Master Warriors. strategy + business issue 25(10):71–74

Ingenhoff D, Röttger U (2008) Issues Management. in: Meckel M, Schmid BF (Hrsg) Unternehmenskommunikation. Kommunikationsmanagement aus Sicht der Unternehmensführung, 2. überarb. u. erw. Aufl. Gabler, Wiesbaden

Jendro M (2011) Mitarbeiterorientierte Ansprache in der Internen Unternehmenskommunikation. Masterarbeit an der Fachhochschule Hannover, Hannover

Kaplan RS, Norton D (2004) The strategy map: guide to aligning intangible assets. Strategy leadersh 32(5):10–17

Kinter A, Ott U, Manolagas E (2009) Führungskräftekommunikation. Grundlagen, Instrumente, Erfolgsfaktoren. Das Umsetzungsbuch. F.A.Z.-Institut, Frankfurt a. M.

Kinter A, Schulz J, Tönnesmann F (2010) Führungskräftekommunikation. 1. Status quo-Analyse in deutschen Unternehmen. Leadership Reputation Institute, Frankfurt a. M.

Kirsch W, Seidl D, van Aaken D (2009) Unternehmensführung. Eine evolutionäre Perspektive. Schäffer-Poeschel, Stuttgart

Kirsch W, Seidl D, van Aaken D (2010) Evolutionäre Organisationstheorie. Schäffer-Poeschel, Stuttgart

Koch M, Richter A (2009) Enterprise 2.0. Planung, Einführung und erfolgreicher Einsatz von Social Software in Unternehmen, 2. aktualisierte u. erweiterte Aufl. Oldenbourg, München

Köppel P, Yan J, Lüdicke J (2007) Culural Diversity Management in Deutschland hinkt hinterher. Bertelsmann Stiftung, Güterloh

Kotter JP (1991) Abschied vom Erbsenzähler. Leadership: a force for change. Econ, Berlin

Kotter JP (2008) A sense of urgency. Harvard Business Press, Boston

Kreutzer RT, Salomon S (2009) Internal Branding: Mitarbeiter zu Markenbotschaftern machen – dargestellt am Beispiel von DHL. Fachhochschule für Wirtschaft Berlin, Section: Business & Management Paper No. 45, 02/2009

Kuhn M, Ruff F (2007) Corporate Foresight und strategisches Issues Management: Methoden zur Identifikation der Trends und Themen von morgen. In: Piwinger M, Zerfaß A (Hrsg) Handbuch der Unternehmenskommunikation. Gabler, Wiesbaden

Kyaw F von, Claßen M (2010) Change Management Studie 2010. Capgemini Consulting, München

Lang A (2000) The limited capacity model of mediated message processing. J Commun 50(1):46–70

Lang R, Preuß A (2011) Nachweis und Optimierung der Kommunikationseinsätze durch ökonometrisches Modelling. In: Bentele G, Piwinger M, Schönborn G (Hrsg) Kommunikationsmanagement (Loseblattwerk). München, Nr. 4.40

Liebrich A (2008) Gestaltung einer diversitysensitiven internen Unternehmenskommunikation. Hampp, München [u. a.]

Lindau A (2011) Verhandelte Vielfalt. Die Konstruktion von Diversity in Organisationen. Gabler, Wiesbaden

Macharzina K, Wolf J (2008) Unternehmensführung: Das internationale Managementwissen. Konzepte – Methoden – Praxis. 6., vollst. überarb. u. erw. Aufl. Gabler, Wiesbaden

Management Innovation eXchange (MIX) (2011) http://www.managementexchange.com. Zugegriffen: 15. Aug. 2011

Mast C (2007) Interne Kommunikation: Der Dialog mit Mitarbeitern und Führungskräften. In: Piwinger M, Zerfaß A (Hrsg) Handbuch Unternehmenskommunikation. Gabler, Wiesbaden

Mast C (2010) Unternehmenskommunikation. 4., neue u. erw. Aufl. Lucius & Lucius, Stuttgart

Mast C, Stehle H (2009) Kommunikationsexperten als Navigatoren. Auf dem Weg zu einer Neudefinition von Verantwortlichkeiten der Unternehmen. PR-Magazin 40(6):63–68

McAfee AP (2006) Enterprise 2.0: the dawn of emergent collaboration. MIT Sloan Manage Rev 47306:21–28

McManus S, Seville E, Brunsdon D, Vargo J (2007) Resilience management: a framework for assessing and improving the resilience of organisations. Resilient organisations research report 2007/01, New Zealand

Men LR (2011) Measuring the impact of leadership style and employee empowerment on perceived organizational reputation. University of Miami, IPR-Newsletter 12/2011. http://www.instituteforpr.org/wp-content/uploads/KEPRRA-the-Impact-of-Leadership-Style-and-Employee-Empowerment-on-Perceived-Organizational-Reputation.pdf. Zugegriffen: 10. Aug. 2011

Mintzberg H (1989) Mintzberg on management. Inside our strange world of organizations. Free Press, New York

Mintzberg H (2009) Führung neu definieren. Harvard Business Manager. Oktober:96–102

Möslein KM, Neyer A-K (2009) Open Innovation. Grundlagen, Herausforderungen, Spannungsfelder. In: Zerfaß A, Möslein KM (Hrsg) Kommunikation als Erfolgsfaktor im Innovationsmanagement. Strategien im Zeitalter der Open Innovation. Gabler, Wiesbaden

Müller K (2011) Kommunikative Aspekte des EFQM-Modells: Ansätze zur Integration der Unternehmenskommunikation in die gesamtunternehmerische Steuerung der Business Excellence im Rahmen des EFQM-Excellence-Modells. Masterarbeit an der Fachhochschule Hannover, Hannover

Myjobgroup.co.uk (2010) Social media in the workplace. http://www.myjobgroup.co.uk/socialmediawhitepaper/SocialMediaWhitepaper.pdf. Zugegriffen: 10. Aug. 2011

Nielsen J (2006) Participation inequality. http://www.useit.com/alertbox/participation_inequality.html. Zugegriffen: 10. Aug. 2011 (9. Okt 2006)

Oetinger B von (2003) Die Fundamente der Strategie – Carl von Clausewitz` Begriff der Strategie als Maßstab für Unternehmensstrategie. In: Ringlstetter MJ, Henzler H, Mirow M (Hrsg) Perspektiven der Strategischen Unternehmensführung. Theorien – Konzepte – Anwendungen. Gabler, Wiesbaden, S 3–24

Ortmann G, Sydow J (2001) Strukturationstheorie als Metatheorie des Strategischen Managements – Zur losen Integration der Paradigmenvielfalt. In: Ortmann G, Sydow J (Hrsg) Strategie und Strukturation. Strategisches Management von Unternehmen, Netzwerken und Konzernen. Gabler, Wiesbaden, S 421–447

Petersen D, Witschi U, Kötter W, Bahlow J (2011) Den Wandel verändern. Change-Management anders gesehen. Gabler, Wiesbaden

Petty RE, Cacioppo JT (1986) Communication and persuasion: central and peripheral routes to attitude change. Springer, New York

Pfannenberg J, Zerfaß A (2005) Wertschöpfung durch Kommunikation. Wie Unternehmen den Erfolg ihrer Kommunikation steuern und bilanzieren. F.A.Z.-Institut, Frankfurt a. M.

Pfannenberg J, Zerfaß A (2010) Wertschöpfung durch Kommunikation. Kommunikations-Controlling in der Unternehmenspraxis. F.A.Z.-Institut, Frankfurt a. M.

Pieczka M (2011) Public relations as dialogic expertise? J Commun Manage 15(2):108–124

Piwinger M, Porák V (Hrsg) (2005) Kommunikations-Controlling. Kommunikation und Information quantifizieren und finanziell bewerten. Gabler, Wiesbaden

Preusse J, Thummes K (2010) Erfordernisse zur Weiterentwicklung aktueller Verfahren des Kommunikations-Controllings. In: Bentele G, Piwinger M, Schönborn G (Hrsg) Kommunikationsmanagement (Loseblattwerk). Neuwied (u.a.), Beitrag 4.34

Quirke B (2008) Making the connections. Using internal communication to turn strategy into action, 2. Aufl. Gower, Aldershot

Reeves M, Deimler M (2011) Adaptability: the new competitive advantage. Harvard Bus Rev July-August:135–141

Rogers EM (2003) Diffusion of innovations, 5. Aufl. Free Press, New York

Roland Berger Strategy Consultants (2008) Die Firmenzentrale im Mittelpunkt. In: Think:act Content

Rolke L (2011) Der Stakeholder-Kompass. In: Herbert P, Volrad W (Hrsg) Instrumente des strategischen Managements. Grundlagen und Anwendung. Oldenbourg, München, S 111–121

Rolke L, Zerfaß A (2010) Wirkungsdimensionen der Kommunikation. Ressourceneinsatz und Wertschöpfung im DPRG/ICV-Bezugsrahmen. In: Pfannenberg J, Zerfaß A (Hrsg) Wertschöpfung durch Kommunikation. Kommunikations-Controlling in der Unternehmenspraxis. F.A.Z.-Institut, Frankfurt a. M.

Rosenstiel L von (2003) Grundlagen der Organisationspsychologie. Basiswissen und Anwendungshinweise. 5., überarb. Aufl. Schäffer-Poeschel, Stuttgart

Röttger U (2005) Kommunikationsmanagement in der Dualität von Struktur. Die Strukturationstheorie als kommunikationswissenschaftliche Basistheorie. Medienwissenschaft Schweiz Nr. 1(2):12–19

Röttger U (2001) Issues Management – Mode, Mythos oder Managementfunktion? In: Röttger U (Hrsg) Issues Management. Theoretische Konzepte und praktische Umsetzung. Eine Bestandsaufnahme. Westdeutscher Verlag, Wiesbaden

Röttger U, Preusse J, Schmitt J (2011) Grundlagen der Public Relations. Eine kommunikationswissenschaftliche Einführung. VS Verlag für Sozialwissenschaften, Wiesbaden

Röttger U, Hoffmann J, Jarren O (2003) Public Relations in der Schweiz, eine empirische Studie zum Berufsfeld Öffentlichkeitsarbeit. UVK, Konstanz

Ruhwedel P, Werder A von (2011) Entwicklungstrends in der Konzernorganisation. Auf dem Weg zu einer zentralen Führungsorganisation. zfo 1:42–50

Sandman P (2012) The Peter M. Sandman risk communication website. http://www.psandman.com/. Zugegriffen: 10. Jan 2012

Sargut G, McGrath RG (2011) Learning to live with complexity. Harvard Bus Rev September:68–76

Scherer AG, Baumann D (2007) Corporate Citizenship: Herausforderung für die Unternehmenskommunikation. In: Piwinger M, Zerfaß A (Hrsg) Handbuch Unternehmenskommunikation. Gabler, Wiesbaden, S 857–873

Schimank U (2002) Organisationen: Akteurskonstellationen – korporative Akteure – Sozialsysteme. In: Allemdendinger J, Hinz T (Hrsg) Organisationssoziologie. Westdeutscher Verlag, Köln

Schindler M-C (2010) Wie verändern Social media die PR? http://mcschindler.mediaquell.com/2010/06/16/schweizer-umfrage-wie-veraendern-social-media-die-pr-9856/. Zugegriffen: 30. Aug. 2012

Schmid BF, Lyczek B (2008) Die Rolle der Kommunikation in der Wertschöpfung der Unternehmung. In: Meckel M, Schmid BF (Hrsg) Unternehmenskommunikation. Kommunikationsmanagement aus Sicht der Unternehmensführung. 2., überarb. u. erw. Aufl. Gabler, Wiesbaden,
   S 3–150
Schulz A (2009) Strategisches Diversitätsmanagement. Unternehmensführung im Zeitalter der kulturellen Vielfalt. Gabler, Wiesbaden
scm – school for communication and management (DPRG – Deutsche Public Relations Gesellschaft
   e.V. (Hrsg) (2011) Trendmonitor Interne Kommunikation 2010: Entwicklungen und Potenziale
   des Berufsstandes. Prismus, Berlin
Sheffi Y (2005) The resilient enterprise. Overcoming vulnerability for competitive advantage. MIT
   Press, Cambridge
Sison MD (2010) Recasting public relations roles: agents of compliance, control or conscience.
   J Commun Manage 14(4):319–336
Sommer C (2007) Vision und Realität des Kommunikationscontrollings. Eine Befragung der Kom-
   munikations-, Marketing- und Finanzdirektoren führender deutscher Aktienunternehmen. In:
   Bentele G, Piwinger M, Schönborn G (Hrsg) Kommunikationsmanagement (Loseblattwerk).
   München, Nr. 4.27
Sommerfeldt EJ, Taylor M (2011) A social capital approach to improving public relations' efficacy:
   diagnosing internal contraints on external communications. Public Relat Rev 31:197–206
Sottong H (2008) His Master's Voice geht nicht mehr – Warum immer mehr Botschaften bei zu-
   nehmendem Mediendruck das Ziel bei Interner Kommunikation verfehlen. In: Dörfel L (Hrsg)
   Instrumente und Techniken der Internen Kommunikation. Trends, Nutzen und Wirklichkeit.
   scm c/o prismus GmbH, Berlin
Starr R, Newfrock J, Delurey M (2003) Enterprise resilience: managing risk in the neworked econo-
   my. strategy + business 30
Steinmann H, Schreyögg G (2005) Management. Grundlagen der Unternehmensführung. Konzepte
   – Funktionen – Fallstudien, 6. vollst. überarbeitete Aufl. Gabler, Wiesbaden
Stephenson A (2010) Benchmarking the resilience of organisations, canterbury. http://ir.canterbury.
   ac.nz/bitstream/10092/5303/1/THESIS_BENCHMARKINGTHERESILIENCEOFORGANISA-
   TIONS.pdf. Zugegriffen: 30. Aug. 2012
Stuber M (2009) Diversity. Das Potenzial Prinzip. Ressourcen aktivieren, Zusammenarbeit gestalten,
   2. Aufl. Luchterhand, Köln
Stumpf M (2005) Erfolgskontrolle der Integrierten Kommunikation. Messung des Entwicklungs-
   standes integrierter Kommunikationsarbeit in Unternehmen. Gabler, Wiesbaden
Sukowski O (2002) Der Einfluss der Kommunikationsbeziehungen auf die Effizienz des Wissens-
   transfers – Ein Ansatz auf Basis der Neuen Institutionenökonomie, Diss. St. Gallen. http://www1.
   unisg.ch/www/edis.nsf/SysLkpByIdentifier/2737/$FILE/dis2737.pdf. Zugegriffen: 30. Aug. 2012
Szebel-Habig A (2004) Mitarbeiterbindung: Auslaufmodell Loyalität? Beltz, Weinheim
Szyszka P (2006) Interne PR- Arbeit als Instrument der internen Kommunikation. PR-Magazin
   7/6:55–62
Szyszka P (2008) Interne Kommunikation. In: Bentele G, Fröhlich R, Szyszka P (Hrsg) Handbuch der
   Public Relations. Wissenschaftliche Grundlagen und berufliches Handeln. VS Verlag für Sozial-
   wissenschaften, Wiesbaden
Szyszka P, Schütte D, Urbahn K (2009) Public Relations in Deutschland. Eine empirische Studien
   zum Berufsfeld Öffentlichkeitsarbeit. UVK, Konstanz
Terpitz K (2008) Mitarbeiter als Markenbotschafter. Handelsblatt 6.6.2008
Theis-Berglmair AM (2003) Organisationskommunikation. Theoretische Grundlagen und empiri-
   sche Forschungen. LIT, Münster
Thießen A (2011) Organisationskommunikation in Krisen: Reputationsmanagement durch situative, integrierte und strategische Krisenkommunikation. VS, Wiesbaden

Thomson K (2011) Employee advocacy. The new emotional capital UK report 1. http://lenton. com/Documents/Employee%20Advocacy%20The%20New%20Emotional%20Capital%20-%20 2011%20UK%20Report%201.pdf. Zugegriffen: 30. Aug. 2012

Tschibo Blog (2011) Herr Bohne geht ins Netz. http://blog.tchibo.com/aktuell/unternehmen/ video-social-media-guidelines-bei-tchibo-teil-1-oder-%E2%80%9Eherr-bohne-geht-ins-netz%E2%80%9C/. Zugegriffen: 10. Mai 2011

Ungericht B, Wiesner M (2011) Resilienz. Zur Widerstandskraft von Individuen und Organisationen. Zeitschrift Führung Organ 3(80):188–194

Van Riel CBM, Berens G, Dijkstra M (2005) The Influence of Employee Communication on Strategic Business Alignment, ERIM REPORT SERIES RESEARCH IN MANAGEMENT. http://papers. ssrn.com/sol3/papers.cfm?abstract_id=830287##. Zugegriffen: 5. Jan. 2012

Van Riel CBM (2011) The alignment factor. Academic Foundations & Practical Applications. http:// www.instituteforpr.org/wp-content/uploads/IPR-Award-Presentation-November-2011-CVR-Final.pdf. Zugegriffen: 4. Jan. 2012

Vascellaro JE (2009) Why email no longer rules. The Wall Street Journal 12.10. 2009. http://online. wsj.com/article/SB10001424052970203803904574431151489408372.html. Zugegriffen: 30. Aug. 2012

Voß A (2011) Die Skepsis der Leitwölfe. PR-Magazin 3:64–69

Watrinet C (2008) Indikatoren einer diversity-gerechten Unternehmenskultur. Univ.-Verl. Karlsruhe, Karlsruhe

Watson T, Zerfaß A (2011) Return on investment in public relations: a critique of concepts used by practitioners from communication and management sciences perspectives. Prism 8(1). http:// www.prismjournal.org/fileadmin/8_1/Watson_Zerfass.pdf. Zugegriffen: 30. Aug. 2012

Watson T, Zerfaß A, Grunig J (2011) A dialogue on ROI. http://instituteforpr.org/2011/10/a-dialog-on-roi. Zugegriffen: 30. Aug. 2012

Weber J, Nevries P, Breiter D, Jeschonowski DP, Kramer S (2009) Operative Planung: Funktionen, Umsetzung und Erfolgsfaktoren (Advanced Controlling). WILEY-VCH, Weinheim

White C, Vanc A, Stafford G (2010) Internal communication, information satisfaction and sense of community: the effect of personal influence. J Public Relat Res 22(1):65–84

Wimmer R, Trebesch K, Minx E, Doppler K, Lauterburg C (2011) Die Zukunft des Change Management. Organisationsentwicklung. Zeitschrift Unternehmensentwicklung Chang Manage 16–20

Wimmer R (2009) Führung und Organisation – zwei Seiten ein und derselben Medaille. Rev Postheroisches Manage 4:20–33

Wimmer R, Nagel R (2000) Der strategische Managementprozess. Organisationsentwicklung 1:4–19

Wulf T, Krys C, Brands C, Meissner P, Stubner S (2011) Ein Radar für die Strategieplanung. Harvard Bus Rev März:57–62

Zerfaß A (2006) Unternehmensführung und Öffentlichkeitsarbeit: Grundlegung einer Theorie der Unternehmenskommunikation und Public Relations. 2., erg. Aufl. VS Verlag für Sozialwissenschaften, Wiesbaden

Zerfaß A (2007) Unternehmenskommunikation und Kommunikationsmanagement. Grundlagen, Wertschöpfung, Integration. In: Piwinger M, Zerfaß A (Hrsg) Handbuch Unternehmenskommunikation. Gabler, Wiesbaden, S 21–70

Zerfass A, Verhoeven P, Tench R, Moreno A, Vercic D (2011) European Communication Monitor 2011. Empirical Insights into Strategic Communication in Europe. Results of an Empirical Survey in 43 Countries. EACD, EUPRERA, Brussels. http://www.communicationmonitor.eu/. Zugegriffen: 5. Jan. 2012

U. Buchholz, S. Knorre, *Interne Unternehmenskommunikation in resilienten Organisationen*,   183
DOI 10.1007/978-3-642-30724-9, © Springer-Verlag Berlin Heidelberg 2012

Ingram Content Group UK Ltd.
Milton Keynes UK
UKHW030048160323
418650UK00007B/158